法律常识全知道

赵子一 主编

汕头大学出版社

图书在版编目(CIP)数据

法律常识全知道 / 赵子一主编. -- 汕头：汕头大学出版社，2018.5(2020.6 重印)
ISBN 978-7-5658-3484-4

Ⅰ.①法… Ⅱ.①赵… Ⅲ.①法律-基本知识-中国 Ⅳ.①D920.5

中国版本图书馆 CIP 数据核字(2018)第 054067 号

法律常识全知道　FALÜCHANGSHI QUANZHIDAO

主　　编：赵子一
责任编辑：邹　峰
责任技编：黄东生
封面设计：松　雪
出版发行：汕头大学出版社
　　　　　广东省汕头市大学路 243 号汕头大学校园内　邮政编码:515063
电　　话：0754-82904613
印　　刷：北京楠萍印刷有限公司
开　　本：880mm×1270mm　1/32
印　　张：11.5
字　　数：246 千字
版　　次：2018 年 5 月第 1 版
印　　次：2020 年 6 月第 2 次印刷
定　　价：36.00 元
ISBN 978-7-5658-3484-4

版权所有，翻版必究
如发现印装质量问题，请与承印厂联系退换

前　言

法律是国家为维系社会生活而要求人们共同遵守的行为规范，它规定了当事人的权利和义务。在改革开放和发展社会主义市场经济的形势下，经济全球化、信息网络化、观念多元化的态势日趋明显，尤其是各种思想观念、生活方式、行为准则相互碰撞，由此形成的相对复杂的社会环境，向社会秩序提出了挑战。因此，加强全民法制教育建设尤为重要和紧迫。公民通过学法律、讲法律既可以约束自己，也能够用法律武器保护自己，为构建法制社会、和谐社会做出应有的贡献。

法制教育是一项政治性、思想性、理论性、知识性、实践性很强的综合性教育，不仅要有明确的目标，规范的内容和相对稳定的教育渠道，而且必须有符合普通公民认知规律，适合社会大众口味的教育资料。用"以案释法"的方式，结合人们生活中常见的故事，选取典型生动的案例，以通俗易懂的方式普及法律知识，是公民法制教育的一种有效形式。

《法律常识全知道》针对社会生活的各个领域，力求贴近人们日常生活的实际，有针对性地选取了与人民群众社会生活密切相关的法律常识，内容包括公民基本权利和义务、社会保险、劳动保障、婚姻家庭、房地产、经营管理、食品医疗安全、合同、刑事、民事、行政、诉讼、赔偿、交通、环境、非物质文化遗产保护、弱势群体保护、教育、农民工与"三农"等各个方面，精选、汇聚了1000多个现实案例编写成书。 本书选取的法律法规领域，尽量以贴近大众生活的内容为主，比如近年来人们在社会保障、劳动纠纷、食品药品安全、交通事故、房地产投资及物业管理等方面遇到的问题越来越多，案例情节也越来越离奇，这些在本书中都有体现。 另外，针对某些社会热点以及公众普遍关注的领域及相关事件，如农民工社会保险问题、河南农民工张海超"开胸验肺"事件等，本书在编写时也都有意识地增加选取篇幅。 还有，对于全球关注的环境保护问题、非物质文化遗产保护问题，以及国内社会普遍重视的妇女儿童保护与老年人权益问题，我们在编写时也都加大了收编力度。 总之，本书面向社会，视野开阔，题材广泛，服务百姓，主题明确。

本书结构严谨，案例无一虚构，法律法规引用一律取自案件本身。 当然需要指出的是，有些案件由于涉及个人隐私，或者涉及未成年人等原因，案例本身在最初披露时对有些当事人使用了化名，对此我们予以了保留，以尊重法律原则。 同时本着对读者负责的态度，编者对书中案例与法律法规的对照引用也逐一做了查找核对。

随着时代的进步，我国的许多法律法规也在逐步健全和完善过程中，例如当前备受关注的"疑罪从无"原则，就是一个有力的证明。 我们正是通过案例来诠释中国法律法规的不断完善与进步，并通过案例来引导读者学法懂法。 本书可以说是一本方便快捷的法律案例读本，使读者能够对照自身实际，快速找到解决法律难题的门径。 因此，本书可以作为公民个人、社会工作者、普通商人与企业家、社会团体等常备的法律工具书。

2018年4月

目 录

第一章 父母子女：法理与亲情的融合与碰撞
  亲生父亲能被剥夺监护权吗 / 001
  单亲父母无力抚养孩子，能将孩子送人吗 / 002
  离婚后，父母该如何行使对孩子的监护权 / 003
  父母在世，可以由别人成为未成年人的监护人吗 / 004
  受委托照管未成年人，需要承担未成年人致人
  损害的赔偿责任吗 / 005
  未成年人致人损伤的，由谁承担责任 / 006
  父母可以随意处分未成年子女的财产吗 / 007
  "托老"也须明确约定 / 008
  子女"常回家看看"被写入法律 / 009
  继承纠纷重在确定遗产继承权 / 010
  放弃继承就可不赡养吗 / 010
  立遗嘱不能侵害弱者权益 / 011
  儿媳对婆婆尽了主要赡养义务，应当作为
  第一顺序继承人 / 012

第二章 妇女儿童：法律是弱势群体的坚强后盾
  女职工享受怎样的产假待遇 / 014

丈夫虐待妻子，妻子应该怎么办 / 015
女工怀孕期间的待岗、调薪决定均无效 / 016
劳动合同中能否包含"禁止生育"条款 / 017
未婚而育能享受生育保险待遇吗 / 018
男女职工的福利待遇应一样 / 019
怀孕女工被辞退得补偿 / 020
不能安排女工从事禁忌劳动 / 021
案件中未成年被告人的年龄如何认定 / 022
9岁少年的交易行为有效吗 / 023
学生上课不认真，老师能体罚吗 / 024
未成年学生旷课、逃学，学校应怎么处理 / 025
未成年人的发明创造可以申请专利吗 / 025
未成年人可以自己更改姓名吗 / 026
未成年人有不良行为，监护人该怎么办 / 027
企业必须缴纳残疾人就业保障金吗 / 028

第三章　婚姻家庭：让法律为家庭撑起爱的保护伞

老公不管病妻，不尽扶养义务怎么办 / 030
夫妻一方擅自转让股权，转让协议是否有效 / 031
妻子和他人骗取丈夫钱财能否构成诈骗 / 032
离婚前丈夫的借款，债权人有权要求妻子偿还吗 / 034
丈夫与他人同居，妻子提出离婚，丈夫承担哪些
损害赔偿责任 / 035
夫妻假离婚逃避债务，债权人有权要求共同偿还 / 036

家庭暴力导致离婚，家产怎样分割 / 037
丈夫欺诈离婚，是否有效 / 038
丈夫遗书列出遗产分配"霸王条款"，限制
妻子再婚合法吗 / 039
被宣告死亡后"复活"，婚姻关系可恢复吗 / 040
"婚外情"保证书的效力如何 / 041
离婚时，未成年婚生子女抚养权归谁 / 042
离婚后一方生活困难，另一方还有帮助义务吗 / 043
父母离婚后，孩子跟谁姓怎样判定 / 044
离婚后希望变更儿子的抚养关系，法院怎么判 / 045
婚前房产增值，离婚时法院怎么判 / 046

第四章　日常消费：法律让你的消费更有尊严

商家"售出概不退换"能免责吗 / 048
商品宣传效果与实际不符如何维权 / 049
自定"霸王条款"，商店应负责吗 / 049
价廉质不优，商家要负责吗 / 050
性能与说明书不符，认定欺诈要赔钱吗 / 051
产品标识不合格经销商有无责任 / 052
赠品有质量问题可以索赔吗 / 053
送货上门没检查，质量问题由谁负责 / 054
售出7日后，可不可以要求退货 / 055
电视质量不过关，最终退货满意归 / 056

干洗衣服纠纷起,工商维权得平息 / 057

色拉油过期销售,工商调解退货赔偿 / 057

烫发效果不理想,商家退款 / 058

看房和买房不一,消费者通过工商维权 / 059

第五章 劳动关系:平衡劳资关系的契约

聘用合同不能替代劳动合同 / 061

没有签订劳动合同怎么办,试用期如何确定 / 062

不签无固定期限劳动合同,单位有赔偿责任吗 / 063

退休人员聘用合同是劳动合同吗 / 064

如何确定员工是否胜任工作 / 065

股权变动,单位终止劳动合同有效吗 / 066

劳动者违约解除劳动合同,应赔偿用人单位经济损失 / 067

出差补助约定,公司可以修改变更吗 / 069

解除劳动合同,经济补偿金怎么计算 / 071

员工离职有权领取年终奖吗 / 072

试用期工资能低于最低工资吗 / 073

公司修改员工病假工资标准,需要和员工协商吗 / 074

借口员工不胜任擅自对其调岗降薪,企业的做法违规 / 075

"安全责任自负"的协议有效吗 / 076

扣除劳动者工资每月不能超过20%的标准 / 077

工伤赔偿应否区分劳动关系与民事关系 / 078

工伤认定机关有权直接认定劳动关系 / 079

在工作过程中突发疾病后死亡,算工伤 / 080

雇员违规驾驶死亡，雇主无过错亦赔偿 / 081
在劳动保障行政部门认定工伤之前，工伤
赔偿事项无法起诉 / 082
劳动合同条款违法，须补缴社会保险费 / 084
工伤已认定，可是被诉单位要注销，那该怎么办 / 085
离退休人员受聘新单位，工资待遇纠纷怎样裁定 / 086

第六章 社会保险：覆盖全民的社会稳定器
国企下岗待业职工，社保由谁来交 / 088
生育保险缴费未满1年，保险待遇由谁来负责 / 089
不上社保发补助，公司违反《劳动法》/ 090
社保费单位不缴，职工自缴，能向单位索赔吗 / 092
员工要求单位补缴社保，是否有时限 / 093
诉讼期间公司被注销，也得补缴员工社保费 / 094
由于手续滞后，员工医保账户启用前产生的
医疗费用谁埋单 / 095
用人单位未缴纳医疗保险，应按规定给员工
报销医疗费 / 096
未依法购买失业保险，员工可依法要求赔偿 / 097
解除劳动关系，用人单位不为员工办理档案及
社保关系转移手续怎么办 / 098
参保缴费不满15年，能让单位延续缴费吗 / 099
临时工也有权享受社保 / 100
职工书面声明放弃社保，就无法获得社会保险了吗 / 102

用人单位不能拒绝转移职工的社保关系／103
员工自愿放弃社保，单位也不能不缴纳／104
社会保险费须依法足额缴纳，违法约定无效／105
劳动者与用人单位发生社会保险争议，可否
向法院提起民事诉讼／106
试用期用人单位不缴社会保险违法吗／107
用人单位涨工资不涨社会保险费，你该怎么办／108
个体户也要为雇员缴社保费／109
社保没缴足，职工辞职可获赔／110

第七章　投资债务：为工商经济保驾护航

公民可以申请创办一人有限公司吗／112
什么是法人、法人代表与法定代表人／112
不参与公司经营管理的法定代表人也承担责任吗／113
企业法人改制，债务不应包括集团公司自身债务／114
两家公司法定代表人为同一人，一家违约
能向另一家索赔吗／115
公司"一套班子，两块牌子"，借此逃避
契约责任被判赔偿／117
企业法人分立后，原债务向谁追讨／118
公司法人代表出的欠条，债务应该由谁来偿还／119
公司被吊销，空头支票该由谁来兑现／120
法人代表擅自转让公司财产，合同是否有效／121
以别家名号登记注册，企业也算侵权吗／122

收款人以单位名义出具收据,合伙人的

投资款应由谁返还 / 124

退伙时约定不承担合伙债务,有效吗 / 125

企业被兼并,所欠债务由谁承担 / 126

法定代表人拿走公司财物,股东有权提起诉讼吗 / 127

企业濒临破产,要求中止履行合同是否合法 / 128

转让债权,可以不经债务人同意吗 / 129

债务转让后,原债务人是否还要承担责任 / 130

债务还没到期,能够主张抵销吗 / 131

合伙企业中被除名不服该怎么办 / 132

单个合伙人能否解散合伙企业 / 133

合伙企业的负责人,能否转让合伙企业 / 134

创业合伙人怎样才能退出公司 / 134

公司破产,公司债务该如何处理 / 135

以劳务出资的合伙人要对债务负责吗 / 136

合伙人退伙了还对合伙期间的债务承担责任吗 / 137

个人独资企业以家庭共有财产出资,就以

共有财产承担责任吗 / 138

第八章 合同契约:立字为据,明确权责的依据

合同标的物价格上涨,能否作为解除合同的条件 / 139

没被公证的转让协议有效吗 / 140

父母妻子争一房,合同诊断非赠与 / 141

哥病故银行留存款,弟持公证能否提取 / 142

欠条笔迹潦草惹祸端 / 143
草率签合同吃了哑巴亏，房主忍痛卖房 / 144
征租女友回家过年的合同效力如何认定 / 145
重大情事变更，合同应当解除 / 146
明知以贷还贷，保证人如何担责 / 148
免责条款未告知，保险公司败诉 / 149
高价牟取不正当利益的买卖合同是无效的吗 / 150
没有签订书面合同，但已履行完毕是否有效 / 150
一方没有签字，但是已履行的合同有效吗 / 152
合同对交易价格不明确，应当如何确定 / 152
合同对交易时间不明确，应当如何确定 / 154
对方提前履行合同，造成损失谁来担责 / 155
合同先行履行不符合约定，后行履行该怎么办 / 156
什么是不安抗辩权 / 157
货物价格没有达成一致，买卖合同能否成立 / 158
婚庆公司丢失婚礼录像属于合同违约吗 / 159
卖房又反悔应承担违约责任吗 / 160
因贷款链断裂无法还款，事主算是合同诈骗吗 / 161
房屋已经赠与儿子，父亲再卖房构成合同诈骗罪 / 162

第九章 物权买卖：牵一发而动全身的房地产

卖方违约买房落空，中介费到底该不该退 / 164
假资格购房不成，还得承担赔偿责任 / 165
卖房不提"死过人"惹官司 / 166

开发商"一女多嫁"被判双倍还定金 / 167
房贷失败被索违约赔偿,未明确违约责任难主张 / 168
未告知业主限购令,开发商退还购房款 / 169
绕过中介与房东私下交易,买房人赔偿佣金 / 170
被"一房一价"忽悠有权拒绝履约 / 171
房源无法交易中介拒赔偿,买卖双方共同起诉中介 / 172
经适房借名购买房子归谁 / 173
拿到同贷书就过户,小心房财两空 / 174
办房产证超期开发商赖第三方,法院判开发商赔偿 / 176
开发商虚假宣传,业主撤销合同理据不足 / 177
购房合同成摆设,霸王补充协议捆住消费者 / 178
交了定金始终不见房产证,房主违约双倍还定金 / 179
花千万元买的"山景别墅"变"楼景别墅",业主索赔 / 180
卖房人以写错门牌号为由要求撤销房屋买卖合同 / 181

第十章 拆迁纠纷:别让拆迁拆掉了你的权益

只要户口在一起,拆迁款就有份吗 / 183
为获动迁款闪电结婚,为分动迁款对簿公堂 / 184
有居住使用权没有户口,能分得动迁款吗 / 185
公产房承租人去世,一子一女及外孙女
怎样分配动迁补偿款 / 186
遗产房屋拆迁款,出嫁女儿要分割 / 188
动迁公司员工承诺付拆迁款,产权人未得补偿状告公司 / 189
拆迁款成了遗产,孝子可分得大部分 / 190

房屋买卖未进行产权登记，谁是被拆迁人 / 191
父子为房屋拆迁款对簿公堂，亲人之间也要明算账 / 192
离婚儿媳户口虽在，但分割婆婆房屋动迁款证据不足 / 193
承租人冒领拆迁款接受安置，法院调解房主获补偿 / 194

第十一章 租赁纠纷：租房安家中的法律事宜

出租房被卖出后，租赁合同仍旧有效 / 196
没有产权证会影响租赁合同法律效应吗 / 197
房客过错房东赔钱，房东法庭追偿讨回部分钱款 / 198
私改出租房屋发生火灾，中介公司被判担责 / 199
房屋漏雨修缮不及时，出租人有责房租减半 / 200
一套房被"连环租"三次，租房要看房产证 / 201
一起未定期限的房屋租赁合同纠纷案 / 202
承租人出租屋里遇害，无安全隐患房东不担责 / 203
租房擅改用途，违约被判交还房屋 / 204
房客、中介违约，房主的损失到底该由谁负责 / 205
转租房屋须谨慎，擅自转让有风险 / 206
出租房楼梯未设护栏，借宿人摔死，承租人是否担责 / 207

第十二章 交通安全：日常出行，把法律放到第一位

是车主还是司机该对交通事故负责 / 209
盗抢车辆发生交通事故谁来赔偿 / 210
"准驾不符"不构成保险公司拒赔理由 / 211
赠与车辆出交通事故谁担责 / 212

套牌车与未办理过户登记手续农用车相撞,责任谁负 / 213
损伤原因不明怎样判决交通事故赔偿 / 214
两机动车相撞,乘客受伤谁负责任 / 215
工伤待遇与交通事故能否双重赔偿 / 216
指使他人驾车逃逸致人死亡,构成故意杀人罪 / 217
醉酒者肇事,劝酒者是否应担责 / 218
交通事故同时有好几个受害者,赔偿款怎样分配 / 219
"优者危险负担"在道路交通事故案中适用 / 220

第十三章 人身损害:用法律捍卫个人权益

精神病人刺伤他人,监护人被判赔偿 / 222
死亡赔偿金属于继承的范围吗 / 223
老人购物摔伤,判决商场赔偿 / 224
未成年人骑自行车受伤怎么赔 / 225
屋檐瓦片砸伤人,屋主承担责任 / 226
旅游中发病身亡,谁来赔偿 / 227
上学途中骑车摔伤,如何索赔 / 228
受雇作业身亡,雇主被判赔偿 / 229
邻里吵架引起对方自杀而怠于救助应承担责任 / 230
司机醉驾出事故身亡,同乘人赔偿 5 万元 / 231
老人被邻居狗惊吓致死,代养人被判赔 18 万 / 232
野外拓展摔伤,学校与培训单位共赔 / 233
吵闹后女子跳楼,情夫未制止被判赔偿 / 234
旅行社内洗澡中毒由出租者、经营者共同担责 / 235

采果实触电身亡谁来负责 / 236

小孩喂猴手指被咬残,动物园被判担责 / 237

第十四章 精神损害:无形的损害也要追偿

精神损害赔偿,不是想要就给 / 239

婚前同居酿苦果,诉请精神损害赔偿获支持 / 240

电脑维修中文件丢失,机主诉请精神抚慰金获支持 / 241

村民散布他人婚外情被判赔偿 / 242

"人肉搜索"案宣判,原告胜诉获精神损害抚慰金 / 243

博客照片被错当"韩寒情妇",模特获赔精神抚慰金 / 244

妻子侮辱第三者被判付精神抚慰金 / 246

男子遭同性疯狂骚扰,引发名誉权纠纷 / 247

被宠物咬伤,可索要精神损害赔偿 / 248

迷信行为造成精神损害,谁来担责 / 249

车祸后查出早孕无奈弃胎,索精神赔偿获支持 / 250

女子发短信辱骂前夫,被判精神损失赔偿 / 251

第十五章 刑事犯罪:明晰法律的红线,别越雷池

从《今日说法》著名案例谈刑事犯罪 / 253

私了也要符合法律规定 / 254

强拘熟人索要财物,是否构成犯罪 / 255

与恋人相约自杀而后后悔,对方自杀身亡,
算是故意杀人罪吗 / 255

"不小心"致人死亡是否构成犯罪 / 256

15 周岁少年致人死亡，能被判处死刑吗 / 257

主动投案会减轻处罚吗 / 258

被假释的犯罪分子等于结束服刑了吗 / 258

紧急避险要负刑事责任吗 / 259

私藏"假枪"也犯法 / 260

囚禁他人索债构成犯罪吗 / 261

虐待家人，情节恶劣要被治罪 / 262

花钱"买媳妇"，会承担什么刑事责任 / 262

窝藏赃物要承担什么刑事责任 / 263

将借给别人的财物偷偷拿回并接受赔偿，构成什么罪 / 264

私自吸收公众存款，属于非法集资吗 / 265

非法出售个人信息，要承担责任 / 265

第十六章 正当防卫：理清罪与非罪的界限

故意伤害还是正当防卫 / 267

逃跑中砸伤对方算故意伤害吗 / 268

互殴中正当防卫的认定 / 269

因受侵害杀人是正当防卫吗 / 270

追赶歹徒中将其撞死怎样定罪 / 271

用事先准备的刀具防卫是否正当防卫 / 272

私闯住宅被打，打人者的行为属于正当防卫吗 / 273

正当防卫是否适用法定不起诉 / 274

狗咬人，人打狗是不是正当防卫 / 275

女车主驾车撞死劫匪，法院称系正当防卫 / 276

调戏妇女被杀，法院怎样判 / 277
销售纠纷促成人身伤害怎么判 / 278
见义勇为转变成故意伤害 / 279

第十七章 农村问题：社会转型中的大问题

村民委员会的性质是什么 / 281
村民委员会的任务有哪些 / 281
乡镇人民政府与村民委员会是什么关系 / 282
村民委员会设立、撤销、范围调整的程序是什么 / 283
村干部借款村委会用，由谁负责还款 / 283
村民委员会制定的村规民约有效吗 / 284
村民告倒村委会和开发商，罢免村主任 / 285
缓刑犯能否竞选村委会成员 / 286
未经村民大会讨论决定，村委会与他人
签订的合同无效 / 287
村委会主任擅自填写借条中利息合理吗 / 288
以村委会名义招待他人，餐费由谁负 / 289
村委会有权"出租"集体林地吗 / 290
对经营户隐瞒事实，村委会应承担缔约过失责任 / 291
村委会能否收取村路使用费 / 292
乡党委书记挪用村委会的公款是否构成挪用公款罪 / 293
村委会有权变更鱼塘承包经营权吗 / 294
失去宅基地的责任在谁 / 295
村委会工作人员失误，承包合同补偿款能否追回 / 296

村委会证明不能认定取得宅基地使用权／298

村委会不给"出嫁女"土地补偿款构成侵权／299

村委会私自处分承包土地被告上法庭／300

村委会违反国家政策发包土地的行为无效／301

户口未迁入，不给征地补偿款合法吗／302

外来常住人口如何发放农业集体收益／303

矿产资源不属村委会处分的承包地／304

女儿上大学后承包地被抽走，村民状告
村委会获支持／305

村委会擅自变更土地承包主体应承担过错责任／306

村委会发包违民主议定原则，该承包合同无效／308

宅基地房转让不能过户，买家付款9年后被判退房／309

第十八章 环境保护：守护自然,传承文明

轮船海上燃油泄露要被追责／311

办厂造成污染，被告被追责／312

污染检测谁说了算／313

一次测试结果不能规避污染责任／314

养猪场也要有环保工程保证／316

恶臭气体污染环境受制裁／317

独资建厂生产各种塑料玩具，要控制污染／318

状告电磁辐射污染要有证据／320

环保局为什么没有告赢水利局／321

达标排污不能免除民事责任／322

自家门前也不能随意使用自制乙炔发生器 / 323
能否对刺鼻气体行使诉讼权 / 325
邻居开饭店造成环境污染成被告 / 326
被告养鸽与原告患病有无因果关系 / 327
水产养殖遭污染案，举证缺乏官司未赢 / 328
无举证的排污行为可以适用推定 / 329
排出的废水造成鱼类大量死亡被判赔偿 / 330
商品房楼下水泵房噪声严重，房主状告开发商 / 332
生活污水排放鱼塘，原被告双方和解 / 333
城市排污管道破裂污染鱼塘谁担责 / 334
村民因广播喇叭噪声状告村委会 / 335
饭店在居宅的墙壁上打烟洞被起诉 / 336
村民长期饮用矿井水砷中毒，状告化工企业 / 337
外轮进港撞船，造成所载有毒物质污染海域，
责任如何认定 / 338
住宅旁边修铁路，居民状告铁路局 / 339
京石高速公路噪声扰民，居民状告公路局 / 340
运输途中液氨泄露致损该由谁担责 / 342
符合国家标准排污，造成污染也要承担责任 / 343

第一章 父母子女：法理与亲情的融合与碰撞

亲生父亲能被剥夺监护权吗

[案例]

魏某与甄某婚后一年生下一女小凤。一家三口过得非常幸福。可是好景不长，甄某在一次下班途中遭遇车祸身亡。魏某伤痛不已，很长一段时间无法正常生活，不得已将小凤送到岳母家。经过一年多的调整，魏某渐渐找到了生活的勇气，他决定给女儿小凤爱，让她不致因失去母亲而缺少爱。但当他去岳母家接小凤回家时，岳母却称自己也是小凤的监护人，也有能力抚养小凤，让魏某以后不要再管了。魏某岳母的做法合法吗？

[法律解析]

魏某岳母的行为侵犯了魏某的权利，需要承担相应的民事责任。我国法律规定未成年人的父母是未成年人的监护人。只有出现监护权被剥夺、移转或者消灭，监护权才终止。但剥夺监护权只能由人民法院依法律程序进行，监护权的移转也需要监护人将监护权交他人行使，监护权的消灭只有未成年子女成年或死亡才能立。本案中魏某是小凤的法定监护人，且充分履行了监护人的职责，不存在法律规定的任何除外情形，所以其岳母无权不让魏某抚养自己的女儿。

[援引法条]

《民法通则》第十六条第一款规定：未成年人的父母是未成年人的监护人。

第十八条第二款规定：监护人依法履行监护的权利，受法律保护。

单亲父母无力抚养孩子，能将孩子送人吗

[案例]

小红的父亲因病早逝，母亲身体状况也很差，根本没有能力抚养小红。小红的母亲只好将其送给一家家境殷实且无子女的远房亲戚收养，很快到民政部门办了收养手续。小红的爷爷知道后非常生气，认为自家的孙女未经其允许就给了别人，于是向法院起诉小红的母亲，称自己也是小红的监护人，其母办的收养手续无效，请求依法取回自己对小红的监护权。那么，小红爷爷的请求会得到法院的支持吗？

[法律解析]

小红爷爷的请求无法得到法院的支持。根据我国有关法律规定，夫妻一方死亡后，另一方如果没有能力抚养子女将其送给他人收养，而收养方对子女的健康成长无不利的，并且又办了合法的收养手续，其收养关系就已成立。其他有监护资格的人不得以收养未经其同意主张收养关系无效。本案中，小红的父亲早逝，母亲又无能力抚养小红才将其送给他人收养，且收养的家庭没有对其健康成长不利，又办了合法的收养手续。因此，小红的母亲将小红送给他人收养的行为有效，小红的爷爷无权干涉。

[援引法条]

《民法通则意见》第二十三条规定：夫妻一方死亡后，另一方将子女送给他人收养，如收养对子女的健康成长并无不利，又办了合法收养手续的，认定收养关系成立。其他有监护资格的人不得以收养未经其同意为由而主张收养关系无效。

离婚后，父母该如何行使对孩子的监护权

[案例]

女孩芳芳的父母在芳芳4岁时因生活琐事经常吵架，最终导致离婚。法院判定，芳芳跟母亲生活，父亲按时给芳芳生活费。但离婚后芳芳的母亲就搬离了原来的生活住处，也没有通知前夫。芳芳的父亲思女心切，几经打听终于找到了她们母女，但芳芳的母亲拒绝前夫见女儿，还声称如果前夫再骚扰她们的话，她会报警，芳芳的爸爸很是苦恼，他是否有权利见到自己心爱的女儿？

[法律解析]

芳芳的爸爸可以见到自己的女儿。我国法律规定，父母是未成年人的法定监护人，依法享有监护权。父母分居或离异，其监护人的资格不受影响。也就是说，与子女共同生活的一方无权取消另一方对子女的监护权。除非一方对子女有犯罪行为、虐待行为或者对子女有明显不利的，可以由人民法院取消其监护权。本案中，芳芳的爸爸是芳芳的监护人之一，依法享有监护权，他没有虐待孩子或者有明显对其不利的行为，所以芳芳的母亲无权拒绝前夫探视女儿。

[援引法条]

《民法通则》第十六条第一款规定：未成年人的父母是未成年人的监护人。

《民法通则意见》第二十一条规定：夫妻离婚后，与子女共同生活的一方无权取消对方对该子女的监护权。但是未与该子女共同生活的一方，对该子女有犯罪行为、虐待行为或者对该子女明显不利的，人民法院认为可以取消的除外。

《婚姻法》第三十八条第一款规定：离婚后，不直接抚养子女的父或母，有探望子女的权利，另一方有协助的义务。

父母在世，可以由别人成为未成年人的监护人吗

[案例]

小华12岁，他的父母身体一向不好，父亲长期卧病在床；更加不幸的是，在上一年的一次交通意外中，他的母亲左腿被轧，造成残疾，父母现在已经没有能力抚养小华。同村的耿某很同情小华一家，于是他向小华的母亲提出，让自己担任小华的监护人，抚养小华，供他生活、读书。这样可以吗？

[法律解析]

耿某可以成为小华的监护人。《民法通则》第十六条第一、二款规定，父母是未成年人的监护人，包括亲生父母、有抚养关系的养父母、继父母。如果父母均在世或者有一方还在世，但是缺乏监护能力，如身体患有严重疾病，或经济困难，没有能力抚养子女等，可以由别人来担任未成年人的监护人。

[援引法条]

《民法通则》第十六条规定：未成年人的父母是未成年人的监护人。未成年人的父母已经死亡或者没有监护能力的，由下列人员中有监护能力的人担任监护：

（一）祖父母、外祖父母；

（二）兄、姐；

（三）关系密切的其他亲属、朋友愿意承担监护责任，经未成年人的父、母的所在单位或者未成年人住所地的居民委员会、村民委员会同意的。

对担任监护人有争议的，由未成年人的父、母的所在单位或者未成年人住所地的居民委员会、村民委员会在近亲属中指定。对指定不服提起诉讼的，由人民法院裁决。对没有第一款、第二款规定的监护人的，由未成年人的父、母的所在单位或者未成年人住所地的居民委员会、村民委员会或者民政部门担任监护人。

受委托照管未成年人，需要承担未成年人致人损害的赔偿责任吗

[案例]

小明的爸爸妈妈因工作需要出国学习半年。在他们出国之前，爸爸妈妈将8岁的小明委托给亲戚孙某照管。在孙某照管期间，一次小明和小伙伴阿毛打斗，将阿毛打伤。阿毛的父母后来找到孙某，要求其承担赔偿责任。孙某感到很无奈，理由是自己并不是小明的监护人，只是代为看管。这种情况，孙某需要承担赔偿责任吗？

[法律解析]

需要视具体情况而定。《民法通则意见》第二十二条规定，监护人可以将监护职责部分或者全部委托给他人。因被监护人的侵权行为需要承担民事责任的，应当由监护人承担，但另有约定的除外；被委托人确有过错的，负连带责任。本案中，小明的爸爸没有和孙某就其委托责任另行约定，可视为全部委托。所以，孙某就此事应承担赔偿责任。

[援引法条]

《民法通则意见》第二十二条规定：监护人可以将监护职责部分或者全部委托给他人。因被监护人的侵权行为需要承担民事责任的，应当由监护人承担，但另有约定的除外，被委托人确有过错的，负连带责任。

未成年人致人损伤的，由谁承担责任

[案例]

陈某11岁的儿子小军活泼好动，常常惹出一些麻烦。星期天下午，小军在小区内与小伙伴一起玩，不小心将伙伴小鹏推倒了，造成小鹏小腿擦伤，送到医院治疗。后来，小鹏的家长找到陈某，说要告小军。陈某觉得莫名其妙，小军才11岁，告他没有法律依据，小军无须承担责任。陈某的理由成立吗？

[法律解析]

陈某的理由不成立。依据法律规定，被监护人造成他人损害的，由监护人承担民事责任。本案中，小军将小鹏推倒导致其受伤的行为，造成了小鹏的人身伤害，侵害了小鹏的人身利益。根据"对于侵害公民身体造成伤害的，应当赔偿医疗费、因误工减少的收入、残废者生活补助费等费用；造成死亡的，并应当支付丧葬费、死者生前扶养的人必要的生活费等费用"这一法律规定，小军应对小鹏的身体伤害赔偿医疗费1000元。但因为小军属于限制行为能力人，无力承担民事责任，所以按照上述司法解释的规定，应由其父陈某承担民事责任。

[援引法条]

《民法通则》第一百一十九条规定：侵害公民身体造成伤害的，应当赔偿医疗费、因误工减少的收入、残废者生活补助费等费用；造成死亡的，并应当支付丧葬费、死者生前扶养的人必要的生活费等费用。

《民法通则意见》第一百五十九条规定：被监护人造成他人损害的，有明确的监护人时，由监护人承担民事责任，监护人不明确的，由顺序在前的有监护能力的人承担民事责任。

父母可以随意处分未成年子女的财产吗

[案例]

过年时，亲戚们给12岁的小芳红包总计有1000多元，小芳的爸爸要求小芳将这些钱交给他保管。后来，小芳的爸爸在与朋友赌博时，输掉了其中1000元。小芳的爸爸做法对吗？父母可以随意处分未成年子女的财产吗？

[法律解析]

小芳的爸爸做法不对，父母不可以随意处分未成年子女的财产。《民法通则》第十八条第一款规定，未成年人的父母或者其他监护人可以保管并保护未成年人的财产，其使用或处分该财产必须对未成年人有利。因此父母不可以随意使用未成年人的财产，更不可以将未成年人的财产赠送他人、出售或者做其他对未成年人不利的处分。

[援引法条]

《民法通则》第十八条第一款规定：监护人应当履行监护职责，保护被监护人的人身、财产及其他合法权益，除为被监护人的利益外，不得处理被监护人的财产。

"托老"也须明确约定

[案例]

73岁的刘大爷日前将所住养老院诉至法院，原因是养老院对其进行人身伤害。原来，刘大爷喜好喝酒，3月的一天，刘大爷酗酒归来，养老院嫌其扰乱环境，强行让其上床睡觉，结果导致手腕及背部软组织挫伤。养老院的管理是否涉嫌违法？

[法律解析]

法官认为，养老院应采取妥善方式避免发生意外，判决养老院承担全部责任。律师提醒：老年人或家属要与养老院签订正式的书面合同，对养老院应履行何种程度的看护义务要有明确约定，不能只达成口头协议。这样，老年人出了意外或受到伤害，双方就有明确责任。

[援引法条]

《合同法》规定：当事人应当按照约定全面履行自己的义务。

子女"常回家看看"被写入法律

[案例]

第六次全国人口普查显示，中国60岁以上老年人口已达1.78亿人，全国老龄办2012年发布的数据显示，我国城市老年人"空巢家庭"比例已达49.7%。有专家分析，本次对1996年制定的老法进行修改，最大背景就是人口老龄化。修改后的《老年人权益保障法》从6章50条扩展到了9章85条。新法增加了社会保障、社会服务，同时也强调作为子女赡养人有经济上供养、生活上照料、精神上抚慰，照顾老年人特殊需求的义务。虽然法律规定了经常看望问候的义务，却没有规定罚则。

[法律解析]

《老年人权益保障法》明确，国家建立健全家庭养老支持政策，鼓励家庭成员与老年人共同生活或者就近居住，为老年人随配偶或者赡养人迁徙提供条件，为家庭成员照料老年人提供帮助。同时，地方各级人民政府在实施廉租住房、公共租赁住房等住房保障制度或者进行危旧房屋改造时，应当优先照顾符合条件的老年人。

[援引法条]

《老年人权益保障法》规定：老年人养老以居家为基础，家庭成员应当尊重、关心和照料老年人。

继承纠纷重在确定遗产继承权

［案例］

王大娘有俩儿子,大儿子早年身亡,老伴后病故留房屋两套。小儿子私自将其中一套出租房出售,并办理过户,随后又将其暂居房过户自己名下。事后,王大娘要求小儿子返还所得价款。

［法律解析］

律师认为:首先,应先将共同财产的一半分出来为配偶所有,其余为遗产。 其次,配偶、子女、父母是第一顺序继承人,也就是说,王大爷遗产继承人应是王大娘、小儿子和大儿子的孩子。

［援引法条］

《继承法》规定:被继承人的子女先于被继承人死亡的,由被继承人的子女的晚辈直系血亲代位继承。

放弃继承就可不赡养吗

［案例］

贺大爷夫妇有俩儿子,老两口跟大儿子生活。小儿子结婚时与父母签协议:不要彩礼,不继承遗产,今后也不赡养双亲。后来大儿子收入低,无法承担老两口昂贵医疗费,贺大爷便要求小儿子尽些赡养义务,并负担部分费用。小儿子拒绝。贺大爷将小儿子告上法庭。

[法律解析]

法院认为,小儿子以不要财物和放弃继承权为由,拒绝履行赡养父母义务违反法律规定,属无效协议,应履行义务。

[援引法条]

我国《婚姻法》第二十一条规定:父母对子女有抚养教育的义务;子女对父母有赡养扶助的义务。

立遗嘱不能侵害弱者权益

[案例]

郑女士夫妇育有一女,又于早年收养一男孩郭某。某年1月,60岁的郭某因车祸受重伤立下遗嘱,将个人全部财产归其子继承,后死亡。同年3月,已86岁高龄的郑女士提起诉讼,要求重新分割遗产。双重继承如何解决?

[法律解析]

法院认为,郭某生前所立遗嘱虽合法有效,但原告与郭某系养母子关系,依靠郭某赡养。根据法律规定,遗嘱继承应对没有劳动能力又缺乏生活来源的继承人保留必要份额,剩余遗产再按遗嘱继承。

[援引法条]

《最高人民法院关于贯彻执行〈继承法〉若干问题的意见》规定：遗嘱人未保留缺乏劳动能力又没有生活来源的继承人的遗产份额，遗产处理时，应当为该继承人留下必要的遗产，所剩余的部分，才可参照遗嘱确定的分配原则处理。

儿媳对婆婆尽了主要赡养义务，应当作为第一顺序继承人

[案例]

杨某与孙某未生育子女，年近50岁时，资助了一些经济有困难的亲戚的子女。从夫妇两人的干部履历表显示被收养的孩子有3人。其中两个是一对亲兄妹，是孙某的侄孙杨某某、侄孙女孙某某。另一个被收养的男孩叫孙勇（孙勇与前妻生有一子陈某某后离婚，与魏某某再婚。陈某某现定居于加拿大）。此外夫妇俩还资助了杨aa、杨bb两个孩子，但未有收养关系记录。1987年杨某去世后，孙某原单位分配给其公房一套，后经估价价值为人民币2 469 280元。孙某出资购买登记为产权人，后孙勇与魏某某出资对该房屋进行装修并入住。2005年4月23日孙勇因病死亡。2006年2月8日孙某因病死亡，未留遗嘱。之后，上述子女就房屋继承发生纠纷，养子女杨某某、孙某某将儿媳魏某某起诉至徐汇区人民法院，要求对孙某名下房产遗产进行分割，同时杨aa、杨bb也作为第三人参与了诉讼。"尽主要赡养义务"的儿媳魏某某是否可认定为第一顺序继承人？

[法律解析]

二审法院认定：1. 杨某某在孙某晚年和老人之间有一定矛

盾，未尽到主要赡养义务，故在分配遗产时予以酌情少分。 2. 魏某某虽工作生活于金山，但仍往返于市、郊两地，探望关心孙某，对其生活进行安排，在其生病期间予以照顾和陪护，并在其死后安排料理善后事宜，因此魏某某所尽的义务属于继承法规定的"尽了主要赡养义务"的情形，认定为第一顺序继承人，并依法改判。 内容如下：1. 争议房屋产权仍归杨某某所有；2. 杨某某应在魏某某交付争议房屋之日起 60 日内，给付孙某某、魏某某房屋折价款各 61 万元，并给付魏某某房屋装修款 49 730 元；3. 其余内容维持一审原判（略）。

[援引法条]

《中华人民共和国继承法》规定：对被继承人尽了主要扶养义务或者与被继承人共同生活的继承人，分配遗产时，可以多分。

第二章 妇女儿童：法律是弱势群体的坚强后盾

女职工享受怎样的产假待遇

[案例]

小洋和丈夫都是外企职员。2012年初，小洋生了个龙宝宝。公司人事讲，小洋产假是90天，产假期间，公司不发工资，叫小洋向社保部门申领生育生活津贴。小洋在公司属于中层管理人员，小洋本人的社保费缴费基数是封顶计算的，而小洋本人的工资也高于公司职工平均工资。小洋打听了一下，其能获得的生育生活津贴远低于小洋原来的工资标准，这之间的差额怎么办？小洋能不能要求公司支付呢？而且，小洋听说，关于女职工待遇，国家最近有了新的规定，不知道小洋能享受怎样的产假待遇？

[法律解析]

律师认为，上海市政府在《贯彻实施<女职工劳动保护特别规定>调整本市女职工生育保险待遇的有关规定》中明确规定，此种情况应按照《中华人民共和国妇女权益保障法》第二十七条第一款和《女职工劳动保护特别规定》第五条执行，即用人单位不得因女职工怀孕、生育、哺乳降低其工资。 显然根据上述意见，差额部分用人单位应予补足。 因此，按照新颁布的规定，小洋可以享受98

天的产假,如果属于晚育,另享有30天的晚育假。

[援引法条]

《女职工劳动保护特别规定》规定:将女性产假由90天延长到98天。此后,上海也下发了意见明确符合计划生育晚育条件的,增加晚育假30天。

丈夫虐待妻子,妻子应该怎么办

[案例]

钢铁厂职工胡某与某中学老师李某是夫妻。胡某是个大男子主义思想严重的人,他一直用"三从四德"的一套来管束妻子,不但要求妻子工资、奖金全部交给他,而且每日还要为他做饭、炒菜、打理家务,稍不如意便恶语相向,李某稍有争辩,胡某就对其拳脚相加。妻子李某受不了丈夫胡某的虐待,她应该怎么办?

[法律解析]

丈夫胡某的行为已经违反了我国法律的相关规定,侵犯了李某在家庭中的平等权及人身权利。李某为了维护自身权益,可以向胡某所在单位和其他组织反映情况,要求对胡某进行批评教育。如果胡某虐待妻子手段和情节恶劣,李某还可以向人民法院提出刑事自诉,要求对胡某的行为进行制裁,也可以向法院提出离婚的诉讼请求,人民法院将根据有关的法律规定,做出切实保障妇女权益的判决和调解。

[援引法条]

《宪法》第四十八条第一款规定：中华人民共和国妇女在政治的、经济的、文化的、社会的和家庭的生活等各方面享有同男子平等的权利。

女工怀孕期间的待岗、调薪决定均无效

[案例]

宋某2001年6月入职北京某公司，双方签订的最后一份劳动合同期限自2008年2月1日至2010年1月31日，合同约定其岗位为会计，月基本工资为4200元。宋某2008年4月被查出怀孕，同年11月9日，她正常生产。其间，她请假一周并提供假条。公司2008年6月24日发出通报，内容为鉴于宋某提供虚假假条，违反了公司《员工手册》，本应辞退，但考虑其已怀孕，所以决定免去她会计职务，待岗时间至合同到期，合同到期后将不再续签，且不支付任何补偿。该公司于2008年7月21日通知宋某在家待岗保胎休息，自2008年6月至2010年1月每月发放800元工资。2009年，宋某向仲裁委申请仲裁，要求公司支付其2008年6月至2010年的工资、解除劳动合同经济补偿金等。

[法律解析]

仲裁委做出裁决后，公司不服向法院提起诉讼。经法院判决，该公司最终支付宋某2008年6月至2010年1月的工资差额62 675.65元，支付终止劳动合同经济补偿金10 500元。

[援引法条]

《女职工劳动保护规定》第四条规定:不得在女职工怀孕、产期、哺乳期降低其基本工资,或解除劳动合同。

劳动合同中能否包含"禁止生育"条款

[案例]

杨某在一家制药厂找到一份待遇不错的工作,在签订劳动合同时,杨某发现其中有一条规定是合同期内禁止妇女生育。杨某很是疑惑,但姐妹劝说她,夫妻两人还没买房,也没经济实力养孩子,这时候多赚点钱,以后再要孩子。杨某于是签订了合同。但一年后,杨某还是怀孕了。厂里通知她要么堕胎要么辞职。杨某不禁陷入了两难的境地,她既不想失去工作,更不想把孩子做掉。

[法律解析]

女职工行使其生育权,必然引起自身生理功能发生一系列变化,对所从事的工作带来一定影响,因此,一些用人单位在劳动合同中规定了诸如"禁止生育"等条款,这侵犯了妇女的生育权。我国《宪法》规定,婚姻、家庭、母亲和儿童受国家的保护。《中华人民共和国妇女权益保障法》规定妇女有按照国家规定生育子女的权利。本案中劳动合同中规定"禁止生育"条款是违法的无效条款。

[援引法条]

《宪法》第四十九条规定:婚姻、家庭、母亲和儿童受国家的保护。夫妻双方有实行计划生育的义务。

《妇女权益保障法》第五十一条规定：妇女有按照国家有关规定生育子女的权利，也有不生育的自由。

《合同法》第五十二条规定：有下列情形之一的，合同无效：

（一）一方以欺诈、胁迫的手段订立合同损害国家利益；

（二）恶意串通，损害国家、集体或者第三人利益；

（三）以合法形式掩盖非法目的；

（四）损害社会公共利益；

（五）违反法律、行政法规的强制性规定。

未婚而育能享受生育保险待遇吗

［案例］

贾某2004年6月成为某酒店员工，与该酒店签订了三年劳动合同，试用期三个月。2004年8月，未婚的贾某发现自己怀孕了，经慎重考虑，她打算生下这个孩子。2004年，贾某向酒店申请产假时人力资源部负责人认为她从未交过生育保险费，不能享受生育保险待遇；同时认为贾某未婚先孕，不符合酒店关于生育女职工可以获得1200元的生育津贴包干制度规定。因此贾某被告知，可以休产假，但产假期间酒店将不支付工资，也不能享受任何与生育相关的待遇。贾某不服，将该酒店诉至劳动争议仲裁委员会。

［法律解析］

首先，生育保险的设立是为了保障计划生育政策的顺利贯彻，违反计划生育政策者是不能享受相关保险待遇的。其次，妇女生育期间的产假是法定的，不管其生育是否符合计划生育政策，员工提出休产假要求时企业都应当无条件地批准。国家规定90天产假，目的是为了能够保障产妇有足够的时间恢复身体健康，享受产假不以是否符合计划生育政策为前提条件，只要有生育的事实，就应当享受90天的合法产假。

[援引法条]

《中华人民共和国妇女权益保障法》第二十五条规定：任何单位均应根据妇女的特点，依法保护妇女在工作和劳动时的安全和健康，不得安排不适合妇女从事的工作和劳动。妇女在经期、孕期、产期、哺乳期受特殊保护。

男女职工的福利待遇应一样

[案例]

华某于1966年9月参加工作，1993年8月退休，在某印刷厂工作了27年。华的丈夫李某也在该厂工作。1978年，厂方以李的名义分给李家一套42.25平方米的单元楼房，1993年初，李某擅自离职受聘到外单位，经厂方多次劝告无效，执意不回。为严肃厂纪，该厂于1993年11月将李做除名处理。同时，厂方又根据厂职代会通过的"关于自动离职被除名、开除人员处理办法"的规定，要求李某交出住房，否则将按对外租房的标准加收租金。经查，从1993年12月份开始，华某家的房租已由每平方米1元涨至2.8元，房租开始从华某的退休金中逐月扣除。

[法律解析]

根据国家有关保护女工权利的规定,仲裁委员会做出裁决如下:1. 某印刷厂退还对华某加收的房租费。 2. 仲裁费60元由某印刷厂负担。

[援引法条]

《妇女权益保障法》第四章第二十三条规定:实行男女同工同酬,在分配住房和享受福利待遇方面男女平等。

怀孕女工被辞退得补偿

[案例]

陶某某,女,27岁,与某某艺术礼品有限公司于1996年1月签订劳动合同。合同期限为三年(1996年1月至1999年1月),合同约定陶某某的职务为公关部经理,月薪为人民币1800元。1997年1月,公司得知陶某某已怀孕五个月,即以其不能胜任工作为由,将陶某某辞退。陶某某遂向当地劳动争议仲裁委员会提出仲裁申请,要求公司一次性给付相当于劳动合同期全部工资收入的经济补偿金43 200元,以补偿给其造成的损失。

[法律解析]

在本案中,公司以陶某某怀孕为由,将其辞退是违法的。 但陶某某并未对被解除劳动关系提出异议,而是向公司提出经济补偿金的要求。 为此,仲裁委员会对本案做出了调解。 当地劳动争议仲裁机构经向双方做调解,公司给付陶某某补偿金人民币21 600元(相当于一年的工资总额)。

［援引法条］

《劳动法》第二十九条规定：女职工在孕期、产期、哺乳期内，用人单位不得解除劳动合同。

不能安排女工从事禁忌劳动

［案例］

齐某等26名女工是1987年被某电镀厂招收的正式职工。进厂后，厂方安排她们从事镀镉池的操作工作。该厂并未对其进行培训就上岗工作。1991年先后有7名女操作工感觉不适，经检查，医务部门确认与其工作接触镉等化学物质有关。其他几名女工也注意到现在工作期间不时有不适的感觉。几名女工就此事向厂长提出疑问，厂长声称绝对没有问题。女工们向有关部门询问，咨询结果是电镀厂不应安排女工从事直接接触镀镉液池的操作工作，从事该工作也应给有毒有害岗位津贴。女工向厂方提出调整岗位，给予津贴补偿的要求。电镀厂不仅不予解决，还以要辞退这些女工相威胁，女工们只好向劳动仲裁委员会申诉，维护她们的合法权益。

［法律解析］

经劳动仲裁委员会进行调解，争议双方达成了如下调解协议：
1. 某电镀厂将26名女工全部调离有毒有害直接接触的工作岗位。
2. 补发给26名女工工作期间应得到的有毒有害岗位津贴。 3. 仲裁费60元由某电镀厂负担。

[援引法条]

《女职工禁忌劳动范围的规定》第五条规定：已婚待孕女职工禁忌从事的劳动范围：铅、汞、苯、镉等作业场所属于《有毒作业分级》标准中第Ⅲ、Ⅳ级的作业。

案件中未成年被告人的年龄如何认定

[案例]

2010年6月，年仅17周岁的辛某独自离家来到城市在某餐厅短期帮工，并与餐厅老板口头约定每日报酬50元。但工作期满后，餐厅老板仅以每日10元的标准向辛某支付了共计50元的工资，辛某心生报复，在返回餐厅讨要说法时，无意中发现了老板抽屉中的钱包，遂盗取钱包离开现场。案发后，公安机关了解到，虽然辛某户籍证明上的出生日期为1992年8月1日，但他的父亲表示辛某的实际年龄要比户口本上小一岁，应为1993年8月1日。仅因农村大多希望孩子早点结婚，才形成了上述登记信息。在法庭上，控辩双方对于辛某的盗窃事实并无异议，焦点集中在对辛某实际年龄的认定以及是否应当对其从轻或减轻处罚。

[法律解析]

律师认为，在根据规则仍无法确认被告人真实年龄的情况下，应当确认该案件的证明程度未达到排除合理怀疑的证明标准，对于临界年龄的被告人应当推定其未达到相应刑事责任年龄，在定罪中推定不负刑事责任或在量刑中予以从轻或减轻处罚。

[援引法条]

最高人民法院《关于审理未成年人刑事案件的若干规定》第十六条规定：对于人民检察院提起公诉的未成年人刑事案件，人民法院除依照《最高人民法院关于执行〈中华人民共和国刑事诉讼法〉若干问题的解释》的有关规定进行审查外，还应当查明是否附有被告人年龄的有效证明材料。

9岁少年的交易行为有效吗

[案例]

苟再锁在过9周岁生日时收到外公给的一本珍贵的集邮册，苟再锁很高兴，他拿着这本集邮册在市场柜台上换了另外一本他更喜欢的集邮册。可是拿回家父母发现，这本集邮册的价值远远低于上一本，于是要求苟再锁将集邮册换回。可是当他们找到那个集邮柜台，以苟再锁未成年为由要求退货时，对方却说9岁的孩子已经是小学生了，他的行为是有法律效力的。

[法律解析]

苟再锁换集邮册的行为不受法律保护，无效。因为不满10周岁的未成年人是无民事行为能力人，他的民事行为需要由他的法定代理人代理。本案中，苟再锁换集邮册的行为发生时仅9岁，并没有满10周岁，可见，其是无民事行为能力人。无民事行为能力人的民事行为是无效的。

[援引法条]

《民法通则》第十二条规定：十周岁以上的未成年人是限制民

事行为能力人,可以进行与他的年龄、智力相适应的民事活动;其他民事活动由他的法定代理人代理,或者征得他的法定代理人的同意。不满十周岁的未成年人是无民事行为能力人,由他的法定代理人代理民事活动。

学生上课不认真,老师能体罚吗

[案例]

上三年级的小军非常调皮,上数学课期间,他不认真听课,还经常主动找其他同学讲话。数学老师很头疼,批评了小军多次,但小军仍是如此。一怒之下,数学老师罚小军去操场外面站立。请问老师能体罚学生吗?

[法律解析]

学生上课不认真,老师可以批评,但不能体罚,对此,我国多部法律都做出了明确的规定。

[援引法条]

《未成年人保护法》第五条规定:保护未成年人的工作,应当遵循下列原则:(一)尊重未成年人的人格尊严;(二)适应未成年人身心发展、品德、智力、体质的规律和特点;(三)教育与保护相结合。

第六十三条规定:学校、幼儿园、托儿所侵害未成年人合法权益的,由教育行政部门或者其他有关部门责令改正,情节严重的,对直接负责的主管人员和其他直接责任人员依法给予处分。学校、幼儿园、托儿所教职员工对未成年人实施体罚、变相体罚或者其他侮辱人格行为的，由其所在单位或者上级机关责令改正；情节严重的，依法给予处分。

未成年学生旷课、逃学，学校应怎么处理

［案例］

五年级学生小海学习成绩较差，每次考试都不及格，他觉得自己在同学面前抬不起头，于是产生了厌学的心理。有一段时间，他经常逃学，独自一人去校园外玩。后来小海逃学的事情被学校知道了，学校应该怎么处理？

［法律解析］

学校应该尽快和未成年学生小海的监护人及时取得联系。

［援引法条］

《预防未成年人犯罪法》第十六条规定：中小学生旷课的，学校应当及时与其父母或者其他监护人取得联系。未成年人擅自外出夜不归宿的，其父母或者其他监护人、其所在的寄宿制学校应当及时查找，或者向公安机关请求帮助。收留夜不归宿的未成年人的，应当征得其父母或者其他监护人的同意，或者在二十四小时内及时通知其父母或者其他监护人、所在学校或者及时向公安机关报告。

未成年人的发明创造可以申请专利吗

［案例］

初中生小迪是个很爱动脑的孩子，他在课余时间动手制作了很多模型，他希望自己也能发明创造出一些对人类有用的东西，可是他心里又有一个担忧，自己还未成年，假使真的有一项发明创造，能申请专利吗？

[法律解析]

申请专利和年龄的大小无关，未成年人的发明创造，一样可以申请专利。《未成年人保护法》第四十六条规定，国家依法保护未成年人的智力成果和荣誉权不受侵犯。未成年人的发明创造属于未成年人的智力成果，只要符合法律法规规定的申请专利的条件，就可以申请专利。

[援引法条]

《未成年人保护法》第四十六条规定：国家依法保护未成年人的智力成果和荣誉权不受侵犯。

未成年人可以自己更改姓名吗

[案例]

正在上初三的李小福15岁，很喜欢文学。随着阅读文学书籍的增多，他逐渐开始对李小福这个名字感到不满意，觉得很俗气，于是很想给自己取一个高雅的名字。可是由于他才15岁，还未成年，他感到有些担忧，他自己能更改姓名吗？

[法律解析]

公民享有姓名权，可以自己决定、使用和改变姓名。未成年人既可以随父姓，也可以随母姓。因此，未成年人可以自己决定更改姓名。但是,根据《中华人民共和国户口登记条例》(以下简称《户口登记条例》)第十八条第一款,更改姓名不可以随意进行,必须由未成年人本人或者其父母、收养人向户口登记机关申请变更登记。

[援引法条]
《户口登记条例》第十八条规定:公民变更姓名,依照下列规定办理:一、未满十八周岁的人需要变更姓名的时候,由本人或者父母、收养人向户口登记机关申请变更登记;二、十八周岁以上的人需要变更姓名的时候,由本人向户口登记机关申请变更登记。

未成年人有不良行为,监护人该怎么办

[案例]
初中生刘某近来经常与社会上一些不三不四的人混在一起。受那些人的影响,刘某学会了抽烟,说脏话,还动不动就打骂同学。后来刘某的行为被班主任和他的养父母发现,他们应该怎么办?

[法律解析]
未成年人的不良行为,是指轻微违法或违背社会公德的行为,如旷课、夜不归宿、打架斗殴、辱骂他人、参与赌博或者变相赌博等,《预防未成年人犯罪法》第二十二至二十四条规定,父母或者其他监护人对未成年人有直接教育责任,应当以健康的思想、品性和适当的方式教育未成年人,引导未成年人进行有益身心健康的活动,预防和制止未成年人的不良行为;学校发现未成年人有不良行

为的，应当对其加强教育管理，而不可以不闻不问，任由其实施不良行为，更不可以歧视有不良行为的未成年人。

[援引法条]

《预防未成年人犯罪法》第二十二条规定：继父母、养父母对受其抚养教育的未成年继子女、养子女，应当履行本法规定的父母对未成年子女在预防犯罪方面的职责。

第二十三条规定：学校对有不良行为的未成年人应当加强教育、管理，不得歧视。

第二十四条规定：教育行政部门、学校应当举办各种形式的讲座、座谈、培训等活动，针对未成年人不同时期的生理、心理特点，介绍良好有效的教育方法，指导教师、未成年人的父母和其他监护人有效地防止、矫治未成年人的不良行为。

企业必须缴纳残疾人就业保障金吗

[案例]

上海某B企业，共有职工100人，其中招用了一名盲人职工主要负责加工一些简易的工件。长期以来，该企业一直未缴纳残疾人就业保障金，后来，B企业的负责人听说所有单位如果招用的残疾人没有达到职工总人数1.6%的，要缴纳残疾人就业保障金，而自己企业这个指标目前只达到1%，于是向人保部门咨询应如何缴纳该笔保障金，是否需要补缴以前的费用。

[法律解析]

按照目前上海市的规定，除集中安排残疾人就业的福利型企业、事业单位外，上海市辖区范围内的国家机关、社会团体、企业、事业单位均须按本单位上一年度在职职工平均人数1.6%的比例安排残疾人就业；如果安排就业的残疾人没有达到上述比例，用人单位就应当按本单位上一年度职工工资总额1.6%的比例缴纳残疾人就业保障金。在具体计算人数和保障金时有一些特别规定，如在计算残疾人人数时，用人单位招用一名盲人时，可以按两名残疾人计算；在计算保障金时，单位上一年度职工平均工资超过上海市职工上一年度平均工资300%以上的部分，不计入缴纳残疾人就业保障金的基数。回到本案，B企业招用一名盲人职工可以按2名残疾人计算，因此，B企业招用残疾人的比例为2%，已经超过了法定的1.6%的要求，因此，无须再缴纳残疾人就业保障金，也无须补缴。

[援引法条]

按照上海市有关规定，如果公司没有录用残疾人的，必须缴纳工资总额的1.6%作为残疾人保障金。

第三章 婚姻家庭：让法律为家庭撑起爱的保护伞

老公不管病妻，不尽扶养义务怎么办

[案例]

一位女士向律师咨询："去年我检查得了糖尿病，我老公就不再管我了。今年3月份，他说要离婚，我不同意，也就没办离婚手续，但是他已经不在家住了。请问律师，我该怎么办？"

[法律解析]

根据《婚姻法》的规定，夫妻间有扶养的义务。夫妻双方有互相扶养的义务，一方不履行扶养义务的，需要扶养的一方，有要求对方给予扶养费的权利。此时，这位妇女可以要求对方支付扶养费。对方不支付的，可以去法院起诉，请求法院的支持。在索要扶养费时，需要考虑很多因素确定扶养费到底给多少。具体因素有：1.双方的经济能力；2.配偶双方在家庭内部的分工及对婚姻贡献大小；3.双方婚姻存续时间长短；4.双方当事人的年龄和健康状况；5.发生纠纷前的生活水平及目前双方生活水平的差异程度；6.夫妻双方各自的谋生能力；7.双方当事人各自的经济负担；8.双方当事人对当前纠纷的过错；9.双方是否存在婚前财产或财产约定。

[援引法条]

《宪法》第四十九条规定：婚姻、家庭、母亲和儿童受国家的保护。

《婚姻法》第二十条规定：夫妻有互相扶养的义务。一方不履行扶养义务时，需要扶养的一方，有要求对方付给抚养费的权利。

夫妻一方擅自转让股权，转让协议是否有效

[案例]

2008年5月，魏某与王某登记结婚，2008年10月，魏某和好友姜某共同出资50万元成立北京某文化公司，魏某和姜某各占50%的股权，2009年6月，魏某和王某感情破裂，王某起诉魏某离婚，被法院驳回。魏某在收到法院判决并征得姜某同意后，和同学李某商量，想将其持有北京某文化公司的50%股权转让给李某，李某在明知魏某和王某已经起诉离婚的情况下，仍与魏某签订了股权转让协议，并约定转让价款为10万元，后王某得知该情况后，将魏某和李某起诉至法院，要求确认该股权转让协议无效。

[法律解析]

律师认为，夫妻一方擅自转让股权的行为是否有效，主要取决于两个方面：第一，受让人是否属于善意。这里的"善意"主要是指受让人不知股权属于夫妻共同财产是善意，即受让人不知道或不应当知道受让的股权属于夫妻共同财产。如果受让人明知股权属于夫妻共同财产或应当知道该股权属于夫妻共同财产仍受让的，就不

应认定为善意。第二,受让人是否有偿取得。这里的"有偿"取得,不仅仅指受让方为受让股权支付了一定价款,而应指受让人必须是依照合理的价格受让股权。否则,虽受让人支付了一定价款,但若支付的转让价款明显不合理的,侵犯夫妻另一方合法权益的,仍不能认定为有偿取得,该转让行为仍可能被认定为无效。

本案中,魏某同学李某在明知魏某和王某系夫妻,股权为二人夫妻共同财产,且二人已起诉离婚的情况下,仍与魏某签订股权转让协议,并以较低的转让价格受让该股权,该转让行为明显侵犯了王某的合法权益,不符合善意取得的要件,依法该行为应当被认定为无效。

[援引法条]

《最高人民法院关于贯彻执行中华人民共和国民法通则若干问题的意见(试行)》第八十九条规定:共同共有人对共有财产享有共同的权利,承担共同的义务。在共同共有关系存续期间,部分共有人擅自处分共有财产的,一般认定无效。但第三人善意、有偿取得该财产的,应当维护第三人的合法权益;对其他共有人的损失,由擅自处分共有财产的人赔偿。

妻子和他人骗取丈夫钱财能否构成诈骗

[案例]

2010年7月8日,李某向自己的牌友兼好友夏某倾诉,称自己丈夫花某近几年生意做大后,忽视了与自己的交流,担心花某将来会抛弃自己,问夏某该怎么办。夏某想了一会儿,与李某协商:李某给夏某出具一张假借条,称借夏某20万元钱用于炒股,借期为三个月，无息，等花某还了夏某钱后，夏某把该笔钱给李某，李某给其1000元好处费。三个月后，夏某把李某夫妇诉至法院，要求偿还借款。法院查明，花某还了20万元给夏某，但夏某拒绝将该钱给李某。李某无奈，便将事实真相告知其夫，夫妻二人将夏某告到公安局。经多次讯问，夏某承认自己起初就想占有这20万元。便向李某献计，要到钱后从未想过要给李某。李某伙同他人骗取自己丈夫钱财的行为是否构成诈骗罪？

[法律解析]

律师认为，李某的行为符合诈骗罪第二个构成要件，是否构成诈骗罪，则要看李某的行为是否符合第一、三要件了。李某与花某是夫妻，根据相关法律规定，花某经营的个人独资公司，根据《中华人民共和国婚姻法》第十七条规定，夫妻在婚姻关系存续期间，所得的下列财产，归夫妻共同所有……（二）生产、经营的收益，夫妻对共同所有的财产有平等的处理权……

花某的公司财产系花某、李某的夫妻共同财产，李某的行为针对的不是他人的财产而是自己的财产；其次，从本案中李某的行为来看，她并非想将这18万元的夫妻共同财产归个人所有，而是想拥有支配权，故李某的行为不符合诈骗罪的第三要件，其行为不构成诈骗罪。

[援引法条]

《刑法》规定：要构成诈骗罪必须符合以下构成要件：1. 主观上以非法占有为目的；2. 客观上虚构或伪造了事实，并致使让人做出了错误决定；3. 想占有的是他人的财产。

离婚前丈夫的借款，债权人有权要求妻子偿还吗

[案例]

甲女士与丈夫乙先生因感情问题离婚。乙先生的朋友丙某因乙先生借款10万未还，将夫妇俩一起告到法院。丙某称，2004年4月，乙先生向自己借款10万元，两年后又借了5万元。乙某向丙某就之前的借款补充出具借条一张，但至今未归还借款。丙某说，借款发生于乙先生夫妻关系存续期间，属于夫妻共同债务。于是，他将乙先生及甲女士告上法庭，请求判令共同偿还15万元。乙先生表示，借款是用于家庭共同生活开支，应由夫妻共同偿还。对此，甲女士大呼冤枉。她说：乙先生从2004年3月起就在外居住，这15万元借款自己毫不知情，也未用于共同生活开支。

[法律解析]

夫妻共同债务是指为满足夫妻共同生活需要所负的债务。夫妻共同债务主要是基于夫妻的共同生活需要，以及对共同财产的管理、使用、收益和处分而产生的债务。最后法院以借条上只有乙的签名，并且乙没有证据表明甲知道借款一事，也没有证据表明该借款是用于双方共同生活的开支，最后判决债务由乙个人承担。

[援引法条]

《最高人民法院关于民事诉讼证据的若干规定》第一条规定：原告向人民法院起诉或者被告提出反诉，应当附有符合起诉条件的相应的证据材料。

第二条规定：当事人对自己提出的诉讼请求所依据的事实或者反驳对方诉讼请求所依据的事实有责任提供证据加以证明。没有证据或者证据不足以证明当事人的事实主张的，由负有举证责任的当事人承担不利后果。

丈夫与他人同居，妻子提出离婚，丈夫承担哪些损害赔偿责任

［案例］

梁某向当地派出所举报称，江某在一出租房内嫖娼。民警接报后调查发现，报案人梁某是被调查人江某的妻子，江某与涉事单身女子刘某同住一出租屋，江某坚决否认自己嫖娼，坚称与女子刘某仅是合租关系。据梁某介绍，她发现丈夫江某与女子刘某有不正当关系，之后夫妻失和、感情恶化，自2010年底夫妻分居，随后丈夫江某与单身女子刘某同住一个出租屋，并保持不正当关系长达两年多。江某则表示，两人仅是普通朋友关系，房子租金也是由两人共同承担。妻子提出离婚，丈夫承担哪些损害赔偿责任？

［法律解析］

法院审理发现，江某庭审时的陈述与其在派出所所做的陈述并不一致，且江某与刘某在派出所所做的陈述中，关于共租的起始时间、租金承担的陈述也不一致，而江某均未能做出合理解释。东莞市第三人民法院认为，即便真如江某所说，他与刘某不存在不正当关系，但江某在婚姻存续期间，长期与其他女子共同租住一个一室一厅的出租屋的行为，势必对夫妻感情带来伤害、破坏婚姻关系。而在双方矛盾激化的情况下，江某仍不收敛其行为，最终导致夫妻感情破裂，认定江某存在较大过错。根据我国婚姻法规定，有配偶者与他人同居导致离婚的，无过错方有权请求损害赔偿。最后，法院判定夫妻共同财产，妻子梁某占70%，丈夫江某占30%。

[援引法条]

《婚姻法》第三条规定：禁止有配偶者与他人同居。

夫妻假离婚逃避债务，债权人有权要求共同偿还

[案例]

陈某于1996年娶黄某为妻，婚后生有一女。夫妻二人在外打拼，日子过得颇红火。但后来，陈某在外投资失败，债台高筑，无力偿还。为躲避债务，两人决定假离婚，转移财产。2004年1月，两人签订《离婚协议》，并办理了离婚手续，约定女儿由黄某抚养，房屋等财产全部归黄某所有，所欠一切债务由陈某负责偿还。离婚后，双方仍在一起共同生活，并以夫妻名义出入各种场所。后来，黄某与陈某感情逐渐淡化。陈某要求重新分割夫妻共同财产，2007年9月，双方签订协议，约定2004年订立的离婚协议作废，并重新分割财产。但协议签订后，黄某拒绝履行义务。离婚协议能否规避债务？

[法律解析]

该案实质上是夫妻协议离婚后，对原财产分割协议反悔的纠纷。根据最高人民法院关于适用《中华人民共和国婚姻法》若干问题的解释(二)第九条的规定，男女双方协议离婚后一年内就财产分割问题反悔，请求变更或者撤销财产分割协议的，人民法院应当受理。而陈某3年后才提出，已经超过法定期间，依法不予支持。此外，当事人的离婚协议已经对夫妻财产分割问题做出处理的，债权人仍有权就夫妻共同债务向男女双方主张权利。只要是两人的共同债务，即使双方约定所欠债务由一方偿还，债权人仍有权要求两人共同偿还。

[援引法条]

《婚姻法》第四十一条规定：离婚时，原为夫妻共同生活所负的债务，应当共同偿还。共同财产不足清偿的，或财产归各自所有的，由双方协议清偿；协议不成时，由人民法院判决。

家庭暴力导致离婚，家产怎样分割

[案例]

原告小丫听力不好，社会认知能力差一些，在瞒着原告家人的情况下，与小飞偷偷领了结婚证。双方婚前没有感情基础，草率结婚，婚后未建立起感情，经常因家庭琐事吵闹。被告小飞还时常殴打原告，致原告身上多处受伤，被告把租的房子玻璃都砸碎了，结婚证也撕了，2010年11月份原告父亲住院期间，被告在原告娘家殴打原告，原告头上起了一个大包，原告96岁的爷爷被吓得在沙发上躺了十几天。原告在娘家被打之后，一直在娘家居住，被告一次也没来看过。现在双方感情已经完全破裂，无和好可能，起诉离婚。因夫妻一方实施家庭暴力导致离婚的，无过错方有权要求损害赔偿吗？

[法律解析]

本案原告与被告感情确已破裂,无和好可能,应准予离婚。被告具有过错,应少分财产。律师代理原告在调解方面做了充分准备,最后法院调解结案,维护了原告的合法权益。

[援引法条]

《婚姻法》第三十二条规定:男女一方要求离婚的,可由有关部门进行调解或直接向人民法院提出离婚诉讼。

第四十六条规定:因实施家庭暴力导致离婚的,无过错方有权请求损害赔偿。

丈夫欺诈离婚,是否有效

[案例]

文某与马某于1997年结婚。婚后,文某在外做生意,马某在家料理家务。文某做生意赚了一些钱,生活条件日渐富裕,对马某越看越不顺眼,三天两头找碴儿打骂马某。2002年,文某提出离婚。马某考虑到两个孩子均已长大,夫妻之间有多年的感情,坚决不同意。文某转而采取欺骗的手段,他告诉马某居住的房子要拆迁,如果两人离婚,政府将多给补偿金。文某担心马某会看出破绽,所以签订离婚协议时非常草率,仅表明夫妻双方自愿离婚,对有关问题未做约定。文某又托熟人在马某未到场的情况下为两人办理了离婚登记。离婚后,文某即独自搬到在市中心购买的新房子里,与情妇同居,对马某和两个孩子不闻不问。马某发现上当后,找到有关部门,要求撤销离婚登记,恢复其与文某的婚姻关系。欺诈离婚是否有效?

[法律解析]

文某以欺骗的手段，在违背马某真实意愿的情况下与其签订了离婚协议，违反了《婚姻法》的有关规定，离婚协议不具有法律效力；同时从《民法》的角度来看，马某是在违背其真实意思的情况下，与文某达成的离婚协议，属于无效的民事行为。在文某与马某的离婚协议中未对子女的抚养和财产分割等问题做出约定，不符合《婚姻法》对于协议离婚的要求；文某采取托熟人、走后门的办法，在马某未到场的情况下办理了离婚登记，违反了法定程序。因此，本案中文某与马某的离婚登记无效，应当依法予以撤销。

[援引法条]

我国《婚姻法》和《婚姻登记管理条例》规定：当事人协议离婚，应当具备三个条件：一是协议离婚必须是夫妻双方完全自愿。二是当事人在离婚协议中已经对子女和财产等问题做出适当处理。三是必须双方当事人亲自到婚姻登记机关办理离婚登记。

丈夫遗书列出遗产分配"霸王条款"，限制妻子再婚合法吗

[案例]

张建元病故前在遗书中列出"如妻子今后嫁人，三间平房归其侄子张超军所有"这一限制性条款，妻子蔡丽珍再婚后，这份特殊的遗书引发了侄子和婶婶间的遗产之争。蔡丽珍觉得她的再婚并非前夫遗书中的"嫁人"，依据农村习俗，出嫁到丈夫家中生活才视为嫁人，所以她一直住在三间平房内，逢年过节也祭拜前夫，并没有违背前夫的遗书要求。

[法律解析]

遗嘱约束性内容违背了宪法和婚姻法中保障婚姻自由的规定,所以这一遗赠内容在法律上是无效的,张超军没有受遗赠权。前不久,锡山法院判决驳回张超军的诉讼请求。张超军不服判决,现已提起上诉。

[援引法条]

我国《婚姻法》第二条规定:实行婚姻自由、一夫一妻、男女平等的婚姻制度。保护妇女、儿童和老人的合法权益。

被宣告死亡后"复活",婚姻关系可恢复吗

[案例]

黄流于4年前突然失踪,其妻子费某依法向人民法院申请宣告其死亡,后回娘家住,并一直未再嫁人。突然有一天,黄流回到家中,来到费某娘家找到费某,让她跟他回家。费某拒绝,黄流认为费某依然是自己的合法妻子,而费某则认为黄流被宣告死亡后两人的夫妻关系就不存在了,不同意跟黄流回去。黄流的要求合法吗?

[法律解析]

黄流的要求符合法律规定。我国法律规定,失踪人被宣告死亡后,其与配偶的婚姻关系自死亡宣告之日起消灭。法律同时又规定,在原配偶尚未再婚的情况下,被宣告人被撤销死亡宣告后,两者的婚姻关系自行恢复。因此,本案中,只要黄流向人民法院申请撤销死亡宣告,那么他与原配偶费某的婚姻关系就自动恢复。所以,费某不能简单地以黄流被宣告死亡,婚姻关系就自动消灭为由

拒绝恢复与黄流的婚姻关系。如果黄流被宣告死亡后费某改嫁再婚，后又离婚或者再婚后配偶又死亡的，则黄流与费某的婚姻关系不能自行恢复。

[援引法条]

《民法通则意见》第三十七条规定：被宣告死亡的人与配偶的婚姻关系，自死亡宣告之日起消灭。死亡宣告被人民法院撤销，如果其配偶尚未再婚的，夫妻关系从撤销死亡宣告之日起自行恢复，如果其配偶再婚后又离婚或者再婚后配偶又死亡的，则不得认定夫妻关系自行恢复。

"婚外情"保证书的效力如何

[案例]

小迎与大伟经依法登记结婚。婚后不久，小迎发现大伟有"婚外情"情况。大伟向小迎求情，并出具了保证书，其内容为："本人从今至后保证不再与情人往来，若违反承诺，全部家产归小迎所有。""婚外情"风波之后，夫妻感情开始逐渐疏远。大伟不甘寂寞，便与情人又有了往来，被小迎再次发现。之后，小迎提出离婚。大伟同意离婚，但要求夫妻财产平均分割。双方因夫妻共同财产分割不能形成一致意见，小迎诉至法院，向法院请求离婚，并要求判决全部家产归其所有。

[法律解析]

根据2001年《婚姻法》立法精神，夫妻双方可以对婚前和婚姻存续期间的财产协议约定其归属，也可以在离婚时通过协商达成分割协议。 如果符合下列条件则财产归属协议产生拘束力：第一，夫妻双方在进行财产约定时具备完全民事行为能力；第二，夫妻双方在平等自愿的基础上，通过协商对财产进行约定；第三，财产约定合法，并不超过夫妻所享有财产的范围；第四，约定内容比较明确；第五，不违背强制法。 夫妻在约定中可以附条件或者附期限。因此，本案中，小迎与大伟是自愿达成财产归属协议，则协议应当是合法有效的，法院可以将其作为分割家庭财产的依据。

[援引法条]

《合同法》第一百零七条规定：当事人一方不履行合同义务或者履行合同义务不符合约定的，应当承担继续履行、采取补救措施或者赔偿损失等违约责任。

离婚时，未成年婚生子女抚养权归谁

[案例]

兰和鹏同居在一起。同居期间，兰稍有不满意，便耍脾气，甚至深更半夜离家出走。但鹏认为二人感情尚可，婚后应该会有所改变，双方便于1992年8月领取结婚证。婚后，兰懒惰的性格逐渐显现；尤其是兰只有初中文化，与大学毕业的鹏缺乏交流。1993年8月，儿子出世。儿子出世后，鹏的父母从乡下来到鹏的家中，帮助带小孩。由于鹏父母的亲戚较多，经常来往。兰对此颇为不满，到后来更是破口大骂。鹏的父母不堪忍受，于2000年8月外出居住；鹏非常气愤，带着儿子一同与父母居住，兰单独一个人在家居住。此种情况一直延续至2003年12月，由于分居日久，鹏认为夫妻感情确已破裂，于是向广州市天河区人民法院起诉离婚并要求儿子归自己抚养。如何处理离婚父母对于未成年子女的抚养权？

[法律解析]

天河区人民法院经审查认为：鹏与兰性格不合，尤其是因感情不和分居已达3年，夫妻感情确已破裂，准予离婚。综合双方的生活条件和环境，婚生儿子一直和鹏生活在一起，而鹏的父母也一直帮忙抚养，尤其是经征询儿子的意见，儿子只愿意与父亲生活，而不愿意与母亲生活，故儿子归男方抚养。

[援引法条]

最高人民法院《关于人民法院审理离婚案件处理子女抚养问题的若干具体意见》指出：人民法院审理离婚案件，对子女抚养问题，应当依照《中华人民共和国婚姻法》相关法律规定，从有利于子女身心健康，保障子女的合法权益出发，结合父母双方的抚养能力和抚养条件等具体情况妥善解决。

离婚后一方生活困难，另一方还有帮助义务吗

[案例]

原告高某（女）与被告龙某（男）于2000年8月在民政局协议离婚，双方在协议中约定将龙某工资收入70%及单位一切福利待遇归原告所有。离婚后，双方如约履行至2003年9月被告退休。后被告以退休金70%给原告后自己基本生活已无法保障为由，请求协商，原告不同意。2004年6月，被告采取挂失方式重新办理银行存折，同时将存折内原告存款1708元持为己有，并拒

绝给付原告扶养费，为此，原告诉至法院。被告要求重新协商扶养费条款约定合理吗？

[法律解析]

本案经一、二审法院审理认为，原、被告双方协议离婚合法有效，但给付扶养费的条款约定不妥。经二审法院调解，双方就扶养费达成协议，即被告至2005年1月止，从总退休金中扣除70%支付给原告；自2005年2月起，被告每月自愿给付原告扶养费200元；原告自愿放弃被告已支取的存款1708元。

[援引法条]

《婚姻法》第四十二条规定：离婚时，如一方生活困难，另一方应从其住房等个人财产中给予适当帮助。具体办法由双方协议，协议不成时由人民法院判决。

父母离婚后，孩子跟谁姓怎样判定

[案例]

龙先生与张女士婚后于2000年2月生育一子取名龙波，2004年7月双方经法院主持调解离婚后，儿子龙波一直由张女士单方抚养。2006年张女士与胡先生登记结婚后，未经龙先生同意将儿子姓名变更为胡波，并对户籍进行了相应变更。2010年6月，龙先生起诉至成都某法院称张女士擅自更改儿子姓氏，违反了我国法律规定，请求判令张女士将儿子姓氏更改回来。夫妻双方离婚后，母亲是否享有子女姓氏更改权？

[法律解析]

变更儿子姓氏虽未经龙先生同意，但这样做对孩子有利，一个家庭，母亲姓张，继父姓胡，儿子姓龙，对孩子成长不利，而且孩子亦不愿改回原名，因此法院判决驳回龙先生的诉讼请求。

[援引法条]

《民法通则》及《婚姻法》规定：公民依法享有姓名权，可以按照有关法律规定对其姓名予以变更。

离婚后希望变更儿子的抚养关系，法院怎么判

[案例]

原、被告原系夫妻关系，2007年5月29日双方经法院调解签订离婚协议，协议约定：双方自愿离婚，婚生儿子褚某随被告共同生活，由被告自行抚育至18周岁止。嗣后，原告就褚某的探望权问题提起诉讼，法院判决原告于判决生效当月起对儿子褚某行使探望权，被告朱某具有协助义务。起初，原告依照判决规定的内容履行，但此后不久就未将褚某送回被告处，被告见状主动至原告处领回儿子，却遭到原告的拒绝，原告认为儿子不愿回到被告处，其留在原告处更有利，而被告则坚决要求原告依照离婚协议和判决内容履行，双方无法达成一致意见，以致涉讼。

[法律解析]

本案中，原、被告双方在离婚时约定儿子随被告共同生活，对于原告如何行使对儿子的探望权经法院判决也予以了确定，原、被告理应依照约定和判决内容履行。现原告要求儿子改随其共同生

活,理由是其认为褚某近期实际一直随原告共同生活,但造成此情况的原因是原告违反离婚协议的约定和关于探望权纠纷判决的内容,被告也从未放弃与儿子共同生活的意愿。判决如下:驳回原告褚某要求变更抚养关系的诉讼请求。案件受理费人民币50元,减半收取,由原告负担。

[援引法条]

最高人民法院《关于人民法院审理离婚案件处理子女抚养问题的若干具体意见》第十六条规定:一方要求变更子女抚养关系有下列情形之一的,应予支持:

(1)与子女共同生活的一方因患严重疾病或因伤残无力继续抚养子女的;

(2)与子女共同生活的一方不尽抚养义务或有虐待子女行为,或其与子女共同生活对子女身心健康确有不利影响的;

(3)十周岁以上未成年子女,愿随另一方生活,该方又有抚养能力的;

(4)有其他正当理由需要变更的。

婚前房产增值,离婚时法院怎么判

[案例]

2001年,张某和孙某经人介绍,步入了婚姻的殿堂。婚后,双方居住在由张某婚前购买的房屋。如今,双方因家庭琐事闹得不可开交,直至诉至法院离婚。双方争议的焦点便是房产归属。该房产系婚前张某签的购房合同,首付由张某支付,但该房存在银行贷款,婚后双方共同归还了部分贷款,目前还有贷款没有还完。当年50万元买的房子如今已经增值到140万元了，这个房屋该如何分配呢？双方各执一词，互不退让。

[法律解析]

夫妻双方经济上是各自独立的，还款是从各自收入中拿钱一起还，共还了40万元左右，双方还款比例大约在3：2，按照这个比例，增值的90万元，男的要给女方补偿约36万元，加上共同还款中女方出的16万元多，最后一共给女方52万元。法院将房屋判给了张某，而共同还款部分作为债权债务处理，增值部分根据双方婚后还款比例予以分割，张某须按比例将共同还款部分及房屋的增值款补偿给孙某，并承担未来还剩下贷款的还款义务。

[援引法条]

《婚姻法解释(三)》第十条规定：夫妻一方婚前签订不动产买卖合同，以个人财产支付首付款并在银行贷款，婚后用夫妻财产还贷，不动产登记于首付款支付方名下，离婚时双方当事人不能达成协议的，可以判决该不动产归产权登记一方，尚未归还的贷款为产权登记一方的个人债务，双方婚后共同还贷的款项及其相应的财产增值部分根据相关法律规定的原则，由产权登记一方对另一方进行补偿。如果经济不独立，双方混在一起的，就要根据《婚姻法》第三十九条，视实际情况处理。

《婚姻法》第三十九条规定：离婚时，夫妻的共同财产由双方协议处理；协议不成时，由人民法院根据财产的具体情况，按照照顾子女和女方权益的原则判决。

第四章　日常消费：法律让你的消费更有尊严

商家"售出概不退换"能免责吗

[案例]

在促销活动中，小秦买了一台饮水机，当时牌子上写着"促销产品售出概不退换"。出差一周回来后，小秦按照说明上的要求操作，擦洗干净了机身的内外部，发现热水管总是不停地滴水。小秦于是找到柜台要求退货或赔偿，但是店长说事先是小秦自己没有考虑清楚，也没有检查清楚，柜台不负任何责任。

[法律解析]

商家不能免责。本案中，这家柜台只是告诉小秦正在搞促销，但是并没有说商品是次品，存在质量问题，小秦正是基于这种信任才购买了这台饮水机，因此商场不能免除其保证质量的义务。这家柜台以店堂告示的方式声明"促销商品售出概不负责"，不具备任何法律效力，不能以此对抗消费者的索赔请求。

[援引法条]

《中华人民共和国消费者权益法》规定：消费者享有知悉其购买、使用的商品或者接受的服务的真实情况的权利。

商品宣传效果与实际不符如何维权

[案例]

2008年11月,何先生将新房进行装修,墙面漆是某品牌的净味全效涂料。半年后,家中还会闻到一股刺鼻的味道。当初销售人员承诺的是两三天就一点儿味道都没有了。于是何先生去找销售商,但是他们说涂料销售前经检测没有质量问题,让何先生找厂家解决。何先生应该怎么办?

[法律解析]

何先生可以先找有关部门进行检测,如果发现确实是涂料的质量问题,可以要求退货或赔偿。何先生可以找销售者解决。

[援引法条]

《中华人民共和国消费者权益法》规定:消费者因购买、使用商品或者接受服务受到人身、财产损害的,享有依法获得赔偿的权利。

自定"霸王条款",商店应负责吗

[案例]

2007年8月,袁某在商场给儿子买了一台录放机。回到家中,儿子使用时发现该录放机缺少自动倒带功能,而且有个按钮已不太灵敏。于是,袁某赶到商场要求退货。售货员往墙上一指说:"你看,我们商场墙上贴着告示,上面写着'商品售出,概不退换'。我没法给你退货!"一气之下,袁某便向法院提起诉讼,要讨个说法。

[法律解析]

商场应当负责退货。法律不允许经营者在经营场所设立损害消费者权益的告示、声明、通知,即使设立了,其内容也是无效的,并不能免除经营者应承担的责任和义务。

[援引法条]

《中华人民共和国消费者权益法》规定:消费者在购买商品或者接受服务时,有权获得质量保障、价格合理、计量正确等公平交易条件,有权拒绝经营者的强制交易行为。

价廉质不优,商家要负责吗

[案例]

某建材超市老板向李先生推荐一种便宜的乳胶漆,李先生买了十桶。他并未注意到该乳胶漆外包装上没有具体的生产厂名、厂址和合格证。一个月后搬进新家时,才发现粉刷过的墙面多有剥落,且墙体出现漏水的现象。于是李先生一纸诉状,将该建材超市告上法院。该建材超市要负责吗?

[法律解析]

建材超市要负责。本案中,被告建材超市所出售的乳胶漆不仅不符合产品出售时所必须具备的基本条件，而且客观上在产品使用过程中也有了不合格的表现，因此应当认定为不合格产品。在建材超市销售者没有证据证明原告李先生在购买时已经知道乳胶漆不合格的情况下，销售者当然要对出售不合格产品承担相应的法律责任。

［援引法条］

《中华人民共和国消费者权益法》规定：经营者向消费者提供商品或者服务，应当依照《中华人民共和国产品质量法》和其他有关法律、法规的规定履行义务。

性能与说明书不符，认定欺诈要赔钱吗

［案例］

2006年8月28日，樊先生在市某通信商场买手机。销售人员向其推荐了一款品牌手机，樊先生欣然购买下来。随后，他发现手机没有摄像功能，于是要求退货。但经销商认为这不属于商品质量问题，拒绝退货。樊先生向法院提起诉讼，以经销商欺诈消费者为由，要求退货并双倍赔偿购机款。

［法律解析］

商场应承担赔偿责任。售出的产品不符合产品说明书标明的质量状况的，销售者应当负责修理、更换、退货。通信商场向樊先生出售手机的性能不符合产品说明书标明的质量状况，其行为构成欺诈。

[援引法条]

《中华人民共和国消费者权益法》规定：经营者应当向消费者提供有关商品或者服务的真实信息，不得做引人误解的虚假宣传。

产品标识不合格经销商有无责任

[案例]

被告某供销合作社将不含磷的氮化钾复合肥与含氮、磷、钾的进口阿康复合肥做了类似包装，上面都标着"16-16-16"的显著字样。由于土豆种植氮、磷、钾是其肥料的三要素，供销社的类似包装误导了大批种植土豆的农民前来采购了上述氮化钾复合肥，以致千亩土豆绝收。该事件被列为福建省年度十大消费者投诉事件之一，受到社会的极大关注。而供销社一方大声喊冤辩称他们没有欺诈，是采购化肥的农民自己判断失误。因为所售氮化钾复合肥包装上清楚地标着 N、K2O、BS 的英文字样，产品合格证上也注明所含元素是氮、钾和硫、镁，无论中英文都没有土豆肥料所必需的磷（P）。

[法律解析]

中院二审受理上诉后，合议庭成员走访了福建省分析测试中心，确认确是农民对英文标识缺乏了解造成损失。但主审法官并没有简单地依据法律事实进行判决，而是先找到了供销社，指出供销社将不含磷的国产复合肥与进口含磷阿康化肥在外包装上做了类似标识，才造成了农民的重大误解，也是有责任的。同时，法官又耐心地给农民做思想工作，最终使双方达成协议，即由供销社一次性退还农民化肥款,尽可能减轻农民的负担。

[援引法条]

《中华人民共和国产品质量法》第二十七条规定:产品或者其包装上的标识必须真实,并符合下列要求:(一)有产品质量检验合格证明。(二)有中文标明的产品名称、生产厂厂名和厂址。(三)根据产品的特点和使用要求,需要标明产品规格、等级、所含主要成分的名称和含量的,用中文相应予以标明;需要事先让消费者知晓的,应当在外包装上标明,或者预先向消费者提供有关资料。(四)限期使用的产品,应当在显著位置清晰地标明生产日期和安全使用期或者失效日期。(五)使用不当,容易造成产品本身损坏或者可能危及人身、财产安全的产品,应当有警示标志或者中文警示说明。

赠品有质量问题可以索赔吗

[案例]

国庆节期间,周某到超市购买了一台饮水机,超市为促销随赠了一盒礼品,内装巧克力、瓜子、花生、核桃等食品。周某回家后发现花生等食品有异味且部分霉变,要求超市退还,或予赔偿。超市则认为礼盒是赠送品,不属赔偿范畴,拒绝退货或赔偿。赠送商品存在质量问题时,能否要求退换或赔偿呢?

[法律解析]

赠品有质量问题也可以要求赔偿。从《合同法》角度来说,商家所谓"赠与"与一般的赠与不同,消费者只有根据商家要求,在指定地点、指定商品消费总额达到一定数量时,才能获得"赠与"商品,因此商家的这一"赠与"是附条件的,而不是无偿的:超市应当对赠与商品的质量负责。

[援引法条]

《中华人民共和国消费者权益法》规定:经营者应当保证在正常使用商品或者接受服务的情况下其提供的商品或者服务应当具有的质量、性能、用途和有效期限;但消费者在购买该商品或者接受该服务前已经知道其存在瑕疵的除外。

送货上门没检查,质量问题由谁负责

[案例]

韩某于2007年5月10日在某电器商场购买了一款空调,等新居装修完毕后安装。5月16日,空调送到,韩某收货时没有开包装检查。6月5日,韩某新居装修完毕,要安装空调时,经安装人员调试发现不能制冷。韩某找到商场要求换空调,商场声称购买已超过15天,不予退换。韩某有权要求换货吗?

[法律解析]

韩某有权要求换货。销售者在出售商品时,应当开箱检验,正确调试,介绍使用及维修事项等。也就是说,销售者负有验货义务,应该对售出的商品进行开箱检验,调试商品功能是否完好、配件是否齐全等。在本案中,商场没有履行验货义务,应视为有过失，应该为此承担责任。

[援引法条]

《中华人民共和国消费者权益法》规定：经营者应当保证在正常使用商品或者接受服务的情况下其提供的商品或者服务应当具有的质量、性能、用途和有效期限；但消费者在购买该商品或者接受该服务前已经知道其存在瑕疵的除外。

售出7日后，可不可以要求退货

[案例]

李先生买了一辆电动车，但是骑了10天左右以后，却怎么也充不上电了，于是李先生找到专卖店要求退货。专卖店的负责人说已经售出7日了，不能退货，只能换一辆或者是帮忙修理好。售出7日以后，到底可不可以要求退货呢？

[法律解析]

不能退货。根据《部分商品修理更换退货责任规定》，产品自售出之日起7日内，发生性能故障，消费者可以选择退货、换货或修理；产品自售出之日起15日内，发生性能故障，消费者可选择换货或者修理。本案中李先生购买电动车已经超过了7天，所以不能要求退货，而又在售出后15日内，因此专卖店的负责人的说法是成立的。

[援引法条]

《部分商品修理更换退货责任规定》规定:产品自售出之日起7日内,发生性能故障,消费者可以选择退货、换货或修理;产品自售出之日起15日内,发生性能故障,消费者可选择换货或者修理。

电视质量不过关,最终退货满意归

[案例]

2013年1月18日,12315指挥中心接到申诉:石先生于2013年1月1日在呼市回民区中山西路TCL专卖店内购买了一台电视,价值6500元。使用不到一周时电视出现无法正常开启的质量问题,找商家维修后仍不能正常使用,于是商家为消费者先后更换了两台电视,但无法正常开启的问题依然存在,无奈之下,消费者要求商家予以退货,商家拒绝。

[法律解析]

经回民区工商分局文化宫街工商所的执法人员调查了解,情况属实。依据《中华人民共和国消费者权益保护法》的规定,最终令商家为消费者退货并退还货款6500元。

[援引法条]

《中华人民共和国消费者权益保护法》第二十三条规定:经营者提供商品或者服务,按照国家规定或者与消费者的约定,承担包修、包换、包退或者其他责任的,应当按照国家规定或者约定履行,不得故意拖延或者无理拒绝。

干洗衣服纠纷起，工商维权得平息

［案例］

2013年1月21日，呼市工商局12315指挥中心接到消费者申诉：称其于2012年11月2日在交警花园东巷今喜衣鞋坊内支付了80元服务费干洗皮衣，去取时发现衣服被洗串色并且皮面发硬，要求经营者赔偿损失，经营者拒绝，双方发生纠纷。

［法律解析］

经赛罕区工商分局丰州路工商所的执法人员调查了解，情况属实。依据《内蒙古自治区实施〈中华人民共和国消费者权益保护法〉办法》规定，令商家赠送消费者一张300元的洗衣卡并赔偿经济损失500元。

［援引法条］

《内蒙古自治区实施〈中华人民共和国消费者权益保护法〉办法》第二十四条规定：从事洗染、熨烫业的经营者，应当按照约定提供服务。造成衣物损坏、串染色、遗失的，经营者应当退还收取的费用，并视物品的实际购买价格、物品折旧等因素承担相应的赔偿责任。

色拉油过期销售，工商调解退货赔偿

［案例］

赵女士于2013年1月22日在呼市回民区维多利超市内购买了

一桶色拉油，价值49.9元，食用时闻到一股刺鼻的异味，仔细查看发现该桶色拉油已过期，随后找到超市要求退货，遭到拒绝。

[法律解析]

经回民区工商分局文化宫街工商所的执法人员调查了解，情况属实。依据《中华人民共和国食品安全法》的规定，商家为消费者全额退款并赔偿经济损失，共计600元。

[援引法条]

《中华人民共和国食品安全法》第二十八条第八项规定：禁止生产经营超过保质期的食品；

第九十六条第二款规定：生产不符合食品安全标准的食品或者销售明知是不符合食品安全标准的食品，消费者要求赔偿损失外，还可以向生产者或者销售者要求支付价款十倍的赔偿金。

烫发效果不理想，商家退款

[案例]

呼市新城区工商分局接到李女士申诉，称其在中山东路一家美发店内烫发，烫完后发现自己的发型与烫发前区别不大，效果不理想，店内负责人同意为消费者重新烫发，但消费者认为再次烫发不仅损伤发质而且未必能烫出理想效果，要求退款时，遭到商家拒绝。

[法律解析]

经新城区工商分局东街工商所的执法人员调查了解，情况属实。依据《内蒙古自治区实施＜中华人民共和国消费者权益保护法＞办法》的规定，商家退还消费者全额烫发款580元。

[援引法条]

《内蒙古自治区实施＜中华人民共和国消费者权益保护法＞办法》第二十五条规定：从事美容美发业的经营者，应当事先向消费者明示美容美发达到的效果、美容美发后应当注意的事项。美容美发达不到约定效果的，应当按照消费者的要求给予重做或者原价退还已收取的费用。

看房和买房不一，消费者通过工商维权

[案例]

2011年，消费者张先生通过千岛湖镇新安大街106-8号永达中介买房，看房的时候该中介给消费者张先生看的是1幢的房子，购买后中介给了4幢的钥匙，与原签订的合同不符，消费者张先生多次来找到该中介，双方协商无果，心里很着急，不知所措，只好向工商部门投诉。

[法律解析]

经淳安工商工作人员调解，双方协商达成意见如下：1. 中介同意对张先生免除中介费6000元，张先生已经预付给该中介的2000元现金退还给张先生。2. 因消费者张先生要买的房子是新安东路488号1幢201室，而中介提供的不是新安东路488号4幢201室，故而中介赔偿损失6000元给消费者张先生，以上两项合计应付给申诉方消费者张先生8000元。3. 其他无争议。消费者张先生露出笑容，

双手感谢工作人员,表示满意。

[援引法条]

《合同法》第六十条规定:当事人应当按照约定全面履行自己的义务。当事人应当遵循诚实信用原则,根据合同的性质、目的和交易习惯履行通知、协助、保密等义务。

第一百零七条规定:当事人一方不履行合同义务或者履行合同义务不符合约定的,应当承担继续履行、采取补救措施或者赔偿损失等违约责任。

第五章　劳动关系：平衡劳资关系的契约

聘用合同不能替代劳动合同

［案例］

赵某、王某、董某三人系供电公司下属电管站职工，分别于1986年、1987年正式调到乡镇电管站工作。明确了工资待遇，并办理了商业保险。2001年，市政府下发了《关于印发市电力局招聘供电所农电工实施办法》的通知，要求供电所农电工实行合同制管理。在签订劳动合同时，单位以三人为农电工身份为由，签订短期合同。赵某等认为：三人都是城市户口，参加工作以后正式调入供电站并且连续工作十年以上，根据《劳动法》的规定，应当订立无固定期限的劳动合同。三人要求与单位签订无固定期的劳动合同，双方协商未果，到市劳动争议仲裁委员会申诉。被诉单位辩称：三人属于聘用制，单位不负责社会保险是双方同意的，双方是自愿签订的聘用合同。

［法律解析］

仲裁委在深入调查的基础上，多次与企业和职工联系，面对面地交流、沟通，耐心细致地讲解有关政策，促使企业与职工在平等自愿的基础上达成了一致意见：恢复三人的正式职工待遇；签订无固定期限劳动合同；补缴社会保险。

[援引法条]

《劳动法》第二十条规定：劳动者在同一用人单位连续工作满十年以上，当事双方同意续延劳动合同的，如果劳动者提出订立无固定期限的劳动合同，应当订立无固定期限的劳动合同。

没有签订劳动合同怎么办，试用期如何确定

[案例]

周某于2011年2月到某工厂上班，工厂老板口头告知周某先试用一段时间，如果符合要求双方再正式签订劳动合同。一个月后，周某多次找工厂老板要求签订劳动合同，均被以各种理由推脱。2011年5月，工厂以试用期内不符合录用条件为由，通知周某不用再来上班。周某以单位违法解除劳动合同为由，申请劳动仲裁，主张双倍工资及相应的经济赔偿金。

[法律解析]

周某与工厂在事实上建立劳动关系，其合法权益应该受到劳动合同保护。试用期作为劳动者与用人单位相互了解、选择的考察期，并不是劳动合同法的必备条款，可由双方按照法律规定进行协商约定。虽然工厂告知周某先行试用一段时间，但是双方并未签订劳动合同，也未就试用期期限达成一致，应该视为工厂没有与周某约定试用期，解除劳动关系违法。

[援引法条]

《劳动合同法》第三十九条,对用人单位解除劳动合同做了明确限定。

不签无固定期限劳动合同,单位有赔偿责任吗

[案例]

上海华联罗森有限公司在大部分股权被日本方面收购后,开始对公司内部员工进行"换血",在大量招聘新人的同时,将与许多劳动合同即将到期的老员工终止劳动关系。在这些老员工中,许多已经在公司连续工作满十年。对此,上海罗森表示,将按照《劳动合同法》的有关规定对即将被终止劳动关系的员工进行经济补偿,即按员工在公司工作每满一年支付一个月工资的标准进行补偿,从2008年新《劳动法》颁布后开始计算。终止劳动关系怎样赔偿?

[法律解析]

在本案中,这些已经工作满十年的老员工,虽然已合同期满,但如果向上海罗森提出签订无固定期限劳动合同的要求,上海罗森也无权通过支付经济补偿的方式终止与这些老员工的劳动关系。在此种情况下,如上海罗森不同意签订无固定期限劳动合同,则构成违法终止劳动关系,应当按照《劳动合同法》第四十八条承担经济赔偿金责任,即根据劳动者的工作年限,每满一年支付两个月工资的标准向劳动者支付经济赔偿金,而不是按员工在公司工作每满一年支付一个月工资的标准补偿,从2008年新《劳动法》

颁布后开始计算。

[援引法条]

《劳动合同法》第五十一条,对企业订立集体合同事项做了明确规定。

退休人员聘用合同是劳动合同吗

[案例]

退休后的张师傅在1996年3月与某企业签订了3年的聘用合同。1998年5月,企业通知张师傅,因减员增效与他解除合同。张师傅认为解除合同的企业应当按照原国家劳动部《违反和解除劳动合同的经济补偿办法》的规定:由用人单位解除劳动合同的,单位应根据劳动者在本单位工作年限,每满一年发给相当于一个月工资的经济补偿金,不满一年的按一年发,他应得三个月工资的补偿。企业未同意。将劳务合同作为劳动合同是发生争议的主要原因。

[法律解析]

订立合同的依据不同。劳务合同由《民法通则》《经济合同法》(当前仍有效)等规范。如《经济合同法》的第十二条明确规定,劳务是经济合同应当具备的标的之一。劳务合同是指因一方当事人向另一方当事人提供劳务所签订的合同。劳动合同由《劳动法》规范。

[援引法条]

最高人民法院《关于审理劳动争议案件适用法律若干问题的解释（三）第七条》规定：用人单位与其招用的已经依法享受养老保险待遇或领取退休金的人员发生用工争议，向人民法院提起诉讼的，人民法院应当按劳务关系处理。

如何确定员工是否胜任工作

[案例]

刘先生在一家合资公司工作，任业务部经理，2006年8月份，公司以刘先生不胜任业务部经理工作，影响公司业务的推动和开展为由，向刘先生发出了解除劳动合同的通知。刘先生不服，把公司告到了劳动争议仲裁委员会。在仲裁调查中，公司称是以4个理由来认定刘先生不胜任工作，对其解除劳动合同的。首先，刘先生任职以来的考核成绩不佳，在公司7个部门经理中，刘先生在全年12个月中有8个月排名第5，全年总成绩也排名第5。根据《考核制度》，该考核结果应判定为"一般"，达不到"中等"水平；其次，刘先生工作纪律性较差，经常迟到，全年共迟到50多次，最高纪录1个月迟到14次；再次，其他几个部门的经理均认为其团队合作性差；最后，在业务上拓展无任何思路、举措。公司所说的理由是否可以构成员工不胜任工作的理由呢？

[法律解析]

以不胜任工作为由解除劳动合同的前提必须是劳动者存在不胜

任第一个岗位的情形,然后经过用人单位培训或调整岗位以后,又出现了第二次不胜任工作的情形,用人单位才可以以不胜任工作为由解除员工的劳动合同。并且,用人单位对员工的两次不胜任工作需要承担举证责任。在本案中,公司以不胜任工作为由解除与刘先生的劳动合同,至少存在两个漏洞,一是不存在两次不胜任工作的前提,二是没有履行提前30日通知的义务。因此,公司解除刘先生劳动合同的做法是不合法的。

[援引法条]

我国《劳动法》第二十六条第二款规定:劳动者不能胜任工作,经过培训或者调整工作岗位,仍不能胜任工作的,用人单位可以单方解除劳动合同。

股权变动,单位终止劳动合同有效吗

[案例]

郭明等人是万佳公司的职工,与万佳公司均签有终止期限为2003年12月31日的劳动合同。2003年9月,万佳公司转让部分股份,进行股权重组,同时将公司名称变更为鸿佳商务公司。公司更名后没有与郭明等人变更劳动合同,也未重新签订劳动合同,郭明等人继续在原岗位工作,按原标准按月领取工资。2003年11月28日,鸿佳商务公司向郭明等职工分别发出《终止劳动合同证明书》,通知对方双方签订的劳动合同将于2003年12月31日终止,不再续签,通知书的落款处加盖的是万佳公司的公章。2003年12月31日,双方终止劳动合同。郭明等人认为,万佳公司从2003年9月名称变更后主体已不存在，原劳动合同自然解除，由于合同未到期，原企业应支付解除劳动合同的经济补偿金，作为原企业的义务承担者，鸿佳商务公司应承担支付经济补偿金的义务。名称变更后原劳动合同有效吗？

[法律解析]

万佳公司于2003年9月名称变更为鸿佳商务公司后，与郭明等人签订的劳动合同仍然具有法律效力，鸿佳商务公司作为劳动关系的一方主体，继续履行原来的劳动合同至合同期满符合有关规定精神。双方虽然未协商变更劳动合同中的法人名称，但并不影响劳动合同的法律效力。双方劳动合同于2003年12月31日到期，鸿佳商务公司提前一个月以书面形式通知郭明等人终止劳动合同，没有违反法律规定。因此，双方因劳动合同期满终止合同，并非解除，郭明等人不属于享有解除劳动合同的经济补偿金的情形。

[援引法条]

《关于企业法人名称发生变化后变更劳动合同有关问题的复函》（京劳关函〔1998〕1号）规定：企业因股权转让等原因变更法人名称属企业经济行为，原企业与职工订立的劳动合同仍然有效。

劳动者违约解除劳动合同，应赔偿用人单位经济损失

[案例]

曹某于1995年从清华大学汽车工程专业毕业后，到某汽车公司工作，并与该公司上级主管单位某县供销社签订了3年期劳动合同。1997年8月经县政府协调,征得供销社和其本人同意后将曹某调至中英合资某保安器材公司工作。曹某在保安器材公司先后担任生产部、技术部和销售部经理。1998年11月30日,曹某与供销社经办协商续签了3年期劳动合同,合同期限至2001年11月29日。1999年1月,曹某又与保安器材公司签订了1年期劳动合同。在所签合同中约定:曹某(乙方)有义务在合同终止或合同解除时,妥善交接工作。乙方经保安器材公司(甲方)出资培训,在甲方同意乙方解除合同要求时,乙方应赔偿甲方的培训费。此后,双方还签订了保密协议。在该协议中包括竞业禁止的条款,具体内容是:乙方辞职或离职后3年内(包括留职培训、学习或进行任何形式的交流活动),不得在甲方行业相同或相似的机构中任职,乙方个人也不得直接或间接从事与甲方行业相同或相似的商业经营活动。如果因乙方上述行为导致甲方应得利益的减少,甲方有权运用一切合法手段,追究乙方的法律责任,并要求乙方赔偿损失。此外,曹某的社会保险一直由供销社为其办理缴纳手续。为了提高曹某的业务能力和技术水平,保安器材公司于1997年9月至11月派其到英国进行了为期12周的技能培训,又于1998年9月至1999年7月参加英方专家所做的为期84天的培训。保安器材公司为曹某共支付培训费用10.22万英镑(折合人民币117.1万多元),并为其支付出国培训的交通、置装等费用9642元。1999年10月20日曹某向保安器材公司发出要求辞职的传真件,随后即到国内同行业竞争企业某集团公司工作。保安器材公司为此申诉至劳动争议仲裁委,要求曹某支付培训费并按照竞业禁止的约定赔偿损失。曹某是否该退还培训费？

[法律解析]

仲裁委经审理后裁决：1. 曹某支付保安器材公司培训费82.69万元。 2. 支付保安器材公司出国培训机票加保险费、置装费9182元。 曹某对该裁决不服，起诉至法院。 一审法院经审理认为，曹某与供销社于1998年11月30日续签的为期3年的劳动合同应为无效。 曹某与保安器材公司签订的劳动合同应认定为有效。 曹某于1999年10月20日给保安器材公司的法定代表人发出辞职传真件后，在未获单位批准的情况下，既未办理工作交接手续，也未办理解除劳动合同手续，即不再到单位工作，违反了有关法律规定。 判决：曹某支付保安器材公司培训费21.34万元；驳回曹某的其他诉讼请求。

[援引法条]

原劳动部《违反＜劳动法＞有关劳动合同规定的赔偿办法》（劳部发〔1995〕223号）和原劳动部办公厅《关于试用期内解除劳动合同处理依据问题的复函》（劳办发〔1995〕264号）的有关规定。

出差补助约定，公司可以修改变更吗

[案例]

2005年9月16日，李某与某食品公司签订3年期劳动合同。李某的职位为客户经理，月薪5000元，话费补助每月100元，出差补助每月1000元。李某转正后，公司一直按照合同约定标准向其支付工资报酬。2008年2月，公司为了规范管理，召集职工代表、公司领导，经过几轮协商，制定了新的规章制度，并组织公司员工培训学习。新制度提高了话费补助标准，将原有的包干出差补助变更为按照出差天数计算。2008年3月，新制度施行，李某的话费补助由原来的100元，涨到200元；因李某当月没有出差，工资中减少了出差补助1000元。李某不满意，要求公司继续按照劳动合同约定发放工资，不能自行降低标准。公司答复说，公司在制定规章制度时征求了职工代表的意见。

[法律解析]

规章制度是用人单位对员工管理的依据，管理范围为多数员工的一般行为，是管理劳动权利义务的一般标准；劳动合同形成于劳动者与用人单位双方，是双方协商一致的结果，也是规范双方权利义务的特殊约定。按照"特殊优于一般"的法律效力原则，用人单位与劳动者在劳动合同中的特殊约定的法律效力高于规章制度的一般规定。因此，在劳动合同约定与规章制度规定出现冲突时，应当以劳动合同的特殊约定作为劳资双方履行劳动权利义务的依据。本案中，公司与李某在劳动合同中明确约定了工资待遇，包括每月1000元的出差补助，此约定是用人单位对李某的承诺，具有法律效力。

[援引法条]

最高人民法院《关于审理劳动争议案件适用法律若干问题的解释(二)》第十六条规定：用人单位制定的内部规章制度与集体合同

或者劳动合同约定的内容不一致，劳动者请求优先适用合同约定的，人民法院应予支持。

解除劳动合同，经济补偿金怎么计算

[案例]

1985年韩某在某水利水电工程局工作。双方于1996年1月签订了期限为五年的劳动合同。2000年7月14日，工程局因经营困难，决定裁减韩某所在部门。经与韩某协商，工程局向韩某发出《解除劳动合同通知书》，在办理手续时，双方因经济补偿金问题产生分歧。韩某认为按照《劳动法》第二十六条第二款第（三）项，及通知书、劳动合同书中所写条款，应支付他16个月工资的经济补偿金。工程局认为通知局中所写《实施办法及附件》第四章第二十一条第九款的内容是：用人单位濒临破产进行法定整顿期间，或者生产经营状况发生严重困难，确需裁减人员的企业可以解除劳动合同。通知书中引用此条款是工作失误，仅同意支付12个月工资的经济补偿金。韩某领取了12个月工资的经济补偿金及违约金后，又再次要求补付4个月经济补偿金4680元及额外经济补偿金2340元。

[法律解析]

工程局在韩某同意与公司解除劳动合同后，提出双方属于协商解除劳动合同，只支付12个月的经济补偿金，是一种背信弃义的行为，它违反在订立合同时应本着诚实信用的原则的基本要求。所以，应当裁决工程局败诉，再支付韩某4个月的经济补偿金，由于工程局没有按照承诺全额支付韩某经济补偿金，所以还应支付相当于该部分的50%的额外经济补偿金。

[援引法条]

《违反和解除劳动合同的经济补偿金补偿办法》第十条规定：除支付经济补偿金的差额外，还应支付相当于该部分的50%的额外经济补偿金。

员工离职有权领取年终奖吗

[案例]

张先生2003年5月进入上海某合资公司工作，2005年9月离职。2006年1月，张先生得知公司发放2005年年终奖，认为自己也应拿到一半奖金。公司不同意，说只有发放年终奖时仍然在册的员工才能享受年终奖，而张先生已经离职，无权再拿年终奖。张先生不服，向劳动争议仲裁委员会提起仲裁。双方争议焦点：离职员工是否有权领取年终奖？

[法律解析]

仲裁委员会审理后最终裁决：公司有权自主制订年终奖分配方案，但是由于本案中公司规章制度和劳动合同都没有对年终奖进行明确规定，因此，按照同工同酬的原则，张先生应当得到相应的年终奖。

[援引法条]

国家统计局《〈关于工资总额组成的规定〉若干具体范围的解

释》规定：年终奖主要包括超产奖、质量奖、年终奖（劳动分红）等。由此可见，年终奖是奖金的一种，它是工资的一部分，属于劳动报酬的范围。

试用期工资能低于最低工资吗

[案例]

我自2009年2月被用人单位招聘为劳动合同制工人，合同期为5年。合同规定实行6个月的试用期，从2009年2月至2009年8月。试用期待遇按用人单位规定的标准发给。2009年，当地人民政府发布了本地区最低工资标准。4月，我到企业财务部门领工资，工资低于本地区最低工资标准。我随即要求单位按照最低工资标准发给，单位以最低工资不适用于试用期工人为由拒绝发给。请问：职工试用期工资能低于最低工资吗？

[法律解析]

根据《劳动合同法》第二十条：劳动者在试用期的工资不得低于本单位相同岗位最低档工资或者劳动合同约定工资的百分之八十，并不得低于用人单位所在地的最低工资标准。所以这家公司给员工的工资不能低于当地最低工资。

[援引法条]

《劳动部关于贯彻执行〈中华人民共和国劳动法〉若干问题的意见》规定：劳动者与用人单位形成或建立劳动关系后，试用、熟练、见习期间，在法定工作时间内提供了正常劳动，其所在的用人单位应当支付其不低于最低工资标准的工资。

公司修改员工病假工资标准，需要和员工协商吗

[案例]

李女士在劳动合同到期的前两天病倒了，一直在家休假，2006年春节过后，李女士发现单位没有足额发放自己1、2月份的病假工资。原来，在年初时，公司就修改并在公告栏发布了新的《员工手册》，新《员工手册》规定，当年病假累计超过十天的，病假工资待遇按政府规定的标准执行，该《员工手册》生效日期为2006年1月1日，以前的公司政策、规章制度等与新《员工手册》内容不一致的，按新《员工手册》内容执行。而李女士在进公司时和公司签订的劳动合同中，作为合同附加条款的《员工手册》规定的员工病假工资是其病假前月工资的75%（高过新《员工手册》中执行的政府标准）。李女士认为，旧的《员工手册》中的所有条款都是双方劳动合同的一部分，公司实行新的《员工手册》不能更改自己和公司的劳动合同的约定。

[法律解析]

仲裁委经审理后认为，旧《员工手册》规定的事项经过员工签字确认后，就成为了劳动合同的一部分，双方必须要按约定履行。本案中，虽然用人单位新的《员工手册》已经公示生效，并且对该公司其他员工都有效，但是由于该《员工手册》并没有经过李女士签字确认，因此关于病假工资的规定，双方仍然应该按照旧的《员工手册》执行。 仲裁委最终支持了李女士的仲裁请求。

[援引法条]

《劳动法》规定：变更劳动合同必须经双方协商并达成一致。

借口员工不胜任擅自对其调岗降薪，企业的做法违规

［案例］

唐某于2010年11月1日入职某公司任行政部经理，月薪2万元。双方签订了期限为2010年11月1日至2013年10月31日的劳动合同。2013年3月公司的一名负责人找到他，说领导认为他不能胜任行政部经理一职，并与他协商："将工作岗位调整为行政部顾问，工资待遇保持不变，双方劳动合同于2013年12月31日解除。"唐某不同意该方案。2013年4月11日，该公司在公司内部宣布免去唐某的行政经理职务，将其工作岗位调整为行政部顾问。4月15日，该公司向唐某发出《薪金调整通知》，将月薪调整为税前8000元。唐某签收了《薪金调整通知》，但对公司做出的调岗降薪决定并不满意。唐某为此向仲裁部门提起仲裁，要求公司撤销调岗降薪决定，并按照之前劳动合同中约定的岗位和薪金待遇继续履行。

［法律解析］

律师提醒，若双方因用人单位的单方调岗发生争议的，用人单位应当对劳动者不能胜任工作承担举证责任。具体而言，用人单位应当对以下三个方面的事实和依据承担举证责任：1. 劳动者的岗位职责、工作任务或者工作量等规定清晰明确且已为劳动者所知晓；2. 用人单位建立了合法有效的考核制度，且在已依据公平合理的程序和标准对劳动者的工作情况进行考核或评估之后，做出有关劳动者的处理决定；3. 用人单位已经通过直接送达、邮寄送达或公告送

达等有效形式向劳动者送达了处理决定。

[援引法条]

《劳动合同法》第四十条规定：劳动者不能胜任工作，经过培训或者调整工作岗位仍不能胜任工作的，用人单位可以解除劳动合同。

"安全责任自负"的协议有效吗

[案例]

张某原系一家化工厂的职工，因工厂效益不佳，便离厂自己拉起了一支装运队伍，做起了装运生意，陈某为此成了张某手下的一名雇工。考虑到装运可能会发生一些安全问题，细心的张某与陈某某达成了"一切安全由装运人员自负"的协议。2004年9月17日，意想不到的事件偏偏发生了，陈某某在向汽车上装载豆饼时，不小心摔倒在汽车的护栏上，同伴将其送到海安县人民医院治疗，被诊断为右侧第十肋骨骨折，后陆续治疗休息了数月。张某辩称：这次事故本来就是陈某某不小心造成的，而且自己与陈某某等人有约在先，生产过程中的一切安全责任由装运工人自负，陈某某告到法庭，真是太不可理解了。

[法律解析]

海安县人民法院认为，张某与陈某某等人所做的安全由雇工自负的约定，违反了我国宪法及相关劳动法的规定，没有法律效力。经调解，被告张某在已付费用的基础上另行一次性赔偿原告陈某某医疗费、误工费2500元。

[援引法条]

《劳动法》规定：用人单位必须建立、健全劳动安全卫生制度，对劳动者进行劳动安全卫生教育，防止事故，减少职业危害；为劳动者提供符合国家规定的劳动安全卫生条件和必要的劳动防护用品，对从事有职业危害作业的劳动者进行定期的健康检查；对从事特种作业的劳动者进行专门培训。

扣除劳动者工资每月不能超过20％的标准

[案例]

黄某于1996年4月与某铁路分局机电设备厂签订了无固定期限的劳动合同。根据劳动合同约定，乙方因工作失职给甲方造成损失的，乙方应承担赔偿责任。1996年5月21日，厂方派黄某去黄山开订货会。5月22日晨，在黄山招待所，黄将用于开会的2万元现金丢失。黄当即报案，但此案一直未破。1997年1月，厂方以黄"保管财务不善，工作严重失职"为由，决定由黄承担赔偿责任，并于1997年3月至6月从申诉人工资中分别扣除240元、320元、219.20元、396.6元，用于丢失现金的赔付。1997年6月，申诉人提请仲裁。厂方退还多扣除的黄某1997年3月至6月份的工资共计516元。

[法律解析]

黄某工作失职丢失现金2万元，应按劳动合同的约定承担赔偿责任。另据《工资支付暂行规定》（劳部发〔1994〕489号）第十六条规定，"因劳动者本人原因给用人单位造成经济损失的，用人单位可按照劳动合同的约定要求其赔偿经济损失，经济损失的赔偿，可从劳动者本人的工资中扣除。但每月扣除的部分的不得超过劳动者当月工资的20％。若扣除后的剩余工资部分低于当地月最低工资标准，则按最低工资标准支付"。本案中，厂方每月扣除黄某的工资超过了20％的标准，应当依法退还。

［援引法条］

《劳动法》第十七条规定：劳动合同依法具有法律约束力，当事人必须履行劳动合同规定的义务。

工伤赔偿应否区分劳动关系与民事关系

［案例］

某山庄在本单位院内搭建蒙古包，责成山庄主管基建的负责人通过承揽该项工程干铁活的领班找来木工王某。当时口头约定由王某自带工具负责做蒙古包工程的木工活，山庄每天给付40元劳动报酬。一天下着小雨，王某在往蒙古包上铁板时，因下雨板滑砸致双脚后跟跟腱断裂。当地劳动行政部门依据王某申请，认定其为工伤。但该山庄不服，以王某并非其职工，伤是私自帮铁工干活时造成，而且王某伤后除支付其治疗费外已一次性给付5000元，不应再承担工伤保险责任为由起诉至法院。本案反映出确认承担事故责任主体的问题，即是工伤事故责任还是民事伤害责任？

[法律解析]

律师认为，根据劳动部关于贯彻执行《中华人民共和国劳动法》若干问题的意见中关于事实劳动关系的规定，山庄虽然没有与王某签订劳动合同，但以日工资形式发放劳动报酬，有具体工作内容，王某服从于山庄的工作安排，属于临时用工，形成事实劳动关系。在此期间发生伤害事故应认定工伤。也就是说，山庄与王某之间是劳动关系，应受《劳动法》调整，而非一般的民事关系。

[援引法条]

《关于贯彻执行〈中华人民共和国劳动法〉若干问题的意见》规定：中国境内的企业、个体经济组织与劳动者之间，只要形成劳动关系，即劳动者事实上已成为企业、个体经济组织的成员，并为其提供有偿劳动，适用《劳动法》。

工伤认定机关有权直接认定劳动关系

[案例]

2009年3月1日，原告吴江市鑫联旅游用品有限公司与第三人陈小强签订了劳动合同，劳动合同开始日期为2009年3月1日，结束日期为2010年3月1日，解除或终止日期为2009年8月21日。2009年4月8日，陈小强在工作时左手2~5指被机器压伤，经苏州瑞兴医院诊断为2~5指冲压伤。2009年9月9日，被告吴江市劳动和社会保障局受理了第三人提出的工伤认定申请，于2009年11月18日做出工伤认定决定。原告向吴江市人民政府提起行政复议，吴江市人民政府做出维持被告做出的工伤认定决定的行政复议决定。原告不服,向法院提起诉讼。原告诉称,工伤认定部门无权直接对劳动者的劳动关系做出判断。

[法律解析]

法院经审理认为,吴江市劳动和社会保障局劳动保障监察提供的合同信息清单足以证实双方在发生本案所涉的事故时存在劳动关系,被告根据该合同信息清单认定劳动者与用人单位存在劳动关系并做出工伤认定决定并无不当。依照《中华人民共和国行政诉讼法》第五十四条第(一)项的规定,判决:维持吴江市劳动和社会保障局于2009年11月18日做出的吴江工伤认字〔2009〕第02088号工伤认定决定。

[援引法条]

《工伤保险条例》第十八条规定:授予劳动保障行政部门对劳动关系的认定权。

在工作过程中突发疾病后死亡,算工伤

[案例]

2006年8月23日7时许,原为山东金宇建筑集团有限公司职工的孙家岭在工作过程中突发疾病,被送往医院救治,诊断为脑出血破入脑室、脑疝。当日医院进行了手术治疗,次日凌晨2点40分孙家岭停止呼吸,血压降低,主要靠呼吸机控制呼吸,升压药维持血压。8月24日18点,其家属向医院提出拒绝治疗申请书和自动出院申请书,放弃了对病人的治疗,病人于25日

凌晨死亡。随后,医院出具诊断证明,处理意见为"抢救无效死亡"。2006年10月10日死者孙家岭家属向东营市劳动和社会保障局申请工伤认定,该局于12月31日做出工伤认定决定书,认定死者孙家岭的死亡视同工伤。山东金宇建筑集团有限公司不服,将东营市劳动和社会保障局告上了法庭。

[法律解析]

在本案中,出现了死者家属拒绝治疗的细节,这是否可以构成认定工伤的阻碍因素。经法院审理查明,所谓的拒绝治疗决定书实质上是医院出具的格式合同,其并不能证明当时患者的真实病情状态,在患者已经停止呼吸,仅靠呼吸机来维持生命的情况下,放弃治疗实属无奈之举,这并不违反法律的禁止性规定,因而是允许的。12月13日,山东省东营市中级人民法院做出了驳回上诉、维持原判"维持劳动和社会保障局做出的具体行政行为"的终审判决。

[援引法条]

《工伤保险条例》第十五条规定:在工作时间和工作岗位,突发疾病死亡或者在48小时之内经抢救无效死亡的,可以视同工伤。

雇员违规驾驶死亡,雇主无过错亦赔偿

[案例]

祝某的家人诉称,2008年10月29日,祝某受刘某雇用,驾驶重型自卸货车行驶至北京市门头沟区军庄铁路桥以东处,车辆的车厢处于升起状态,致使车厢前端与路上的限高设施相撞后,限高设施坠落砸在车辆驾驶室上,造成车辆驾驶员祝某当场死亡,车辆严重损坏。事故发生后,刘某给付祝某的家人2万余元。现祝某的家人诉至法院,要求刘某赔偿自己丧葬费、死亡赔偿金、被抚养人生活费等共计29万余元。刘某辩称,祝某违规驾驶造成了自己死亡、车辆严重损坏的后果。此次事故系祝某的重大过错所致,根据相关法律规定,应减轻或者免除赔偿义务人的赔偿责任。

[法律解析]

法院经审理认为,雇员在从事雇佣活动中受到人身损害,雇主应当承担赔偿责任。祝某违反《道路交通安全法》,是导致交通事故发生的主要原因,祝某存在过错,应当减轻赔偿义务人的赔偿责任,一审判决刘某赔偿祝某家人丧葬费、死亡赔偿金、被抚养人生活费、法医检验费、精神损害抚慰金共计14.5万元。

[援引法条]

《民法通则》规定:受害人对于损害的发生也有过错的,可以减轻侵害人的民事责任。

在劳动保障行政部门认定工伤之前,工伤赔偿事项无法起诉

[案例]

原告自2001年11月经人介绍到被告某公司工作,双方签订了为期1年的劳动合同,但未依法办理各项社会保险。2002年12

月 24 日原告在正常操作机械的过程中，因机械故障导致右肢严重受伤，后经住院手术治疗。原告受伤后，被告一直没有为原告申报工伤，2004 年 7 月经该市劳动能力鉴定委员会鉴定，做出受伤致残六级的结论。原告在向劳动仲裁委员会申请仲裁被不予受理的情况下，向法院提起诉讼，要求被告立即给付医药费、护理费、住院伙食补助费、工伤津贴及伤残抚恤金等合计人民币 173427 元；案件诉讼费由被告负担。被告辩称：原告在未经劳动保障行政部门进行工伤认定的情况下，向法院起诉要求被告按工伤保险待遇标准对其进行赔偿，不属人民法院受理案件范围，请求法院驳回原告的起诉。

[法律解析]

法院经公开审理后认为，工伤认定和工伤等级鉴定是处理工伤劳动争议的两个不可或缺的必要前提条件。劳动者或用人单位对工伤认定结论不服的，可以依法申请行政复议；对复议决定仍不服的，可以提起行政诉讼。因此工伤认定属于劳动保障行政部门的职责和权限，人民法院无权对劳动者是否构成工伤做出认定，也无权改变劳动保障行政部门的工伤认定结论。本案中，原告右肢受伤属实，但其在未对该损伤是否属工伤进行认定的情况下，即以工伤争议赔偿为由向本院起诉，要求被告某公司给予工伤保险待遇，不符合我国法律所规定的起诉条件，原告可通过行政救济途径解决。据此，法院驳回原告的起诉。

[援引法条]

国务院《工伤保险条例》规定：用人单位未按规定提出工伤认

定申请的，工伤职工或其直系亲属、工会组织可在事故伤害发生之日起一年内直接向用人单位所在地统筹地区劳动保障行政部门提出工伤认定申请。

劳动合同条款违法，须补缴社会保险费

［案例］

2011年6月1日，刘某应聘于某广告设计咨询有限责任公司，从事策划工作。双方签订了为期一年的书面劳动合同，约定月工资2250元，实行8小时标准工作时间，享受国家带薪年假待遇，公司不负责缴纳社会保险费。2012年1月10日，刘某发现该公司存在延时加班未支付加班费的情形，在与公司负责人就支付加班费问题多次协商未果的情况下，向劳动争议仲裁委员会提起劳动仲裁申请，要求该公司依法支付加班费，并补缴社会保险费。律师认为，本案值得思考的法律问题主要有以下三点：第一，缴纳社会保险费是用人单位强制性的法定义务吗？第二，协议约定用人单位不为劳动者缴纳社会保险费的条款有效吗？第三，劳动者对用人单位不缴纳社会保险费有何维权途径？

［法律解析］

只要建立了劳动关系，用人单位就必须为劳动者缴纳社会保险。据此，刘某依法向劳动争议仲裁委员会提出由用人单位支付加班费和缴纳社会保险费的请求，符合法律强制性规定，得到了仲裁机构的支持。后经劳动仲裁委员会裁决，公司支付刘某的加班费，并补缴刘某在职期间的社会保险费。

[援引法条]

《劳动法》规定：建立社会保险制度，使劳动者在年老、患病、工伤、失业、生育等情况下获得帮助和补偿，用人单位和劳动者必须依法参加社会保险，缴纳社会保险费。

工伤已认定，可是被诉单位要注销，那该怎么办

[案例]

当事人S，男，25岁，1997年到烟台市某电子有限公司工作，第二年公司把他派到公司下属的北京一家汽车用品公司。2000年9月30日下午一点多钟因公开车外出遇交通事故导致翻车，致其左臂肩关节以下8厘米处截肢。经申请，北京市朝阳区劳动和社会保障局向S发放了工伤证，认定其为伤残4级，完全丧失劳动能力。2001年8月15日，律师依法代理S向北京市朝阳区劳动争议仲裁委员会提起了仲裁申请，要求汽车用品公司按照国家法律的有关规定，给予其工伤待遇。2001年8月，北京市朝阳区劳动争议仲裁委员会仲裁庭决定于9月27日公开开庭审理。正当此时，2001年8月25日，《北京工商报》刊出该汽车用品公司已成立清算组的注销公告。此时，律师急中生智，找到市法律援助中心，又找到朝阳区劳动和社会保障局主管劳动争议仲裁的局领导和仲裁科科长，以仲裁委的名义向朝阳区工商局发函要求延缓注销汽车用品公司，同时决定将开庭日期提前10天即9月17日开庭。可是接着发现，被诉人汽车用品公司的工商注册资金才只有50万元，并且市劳动保障行政部门至今也没有制订一次性计发有关待遇的具体办法。在这种情况下，律师提出最后

一条路，那就是促成汽车用品公司补缴工伤保险费。如果补缴了工伤保险费，那么 S 的后半生应该有保障了。

[法律解析]

2001 年 10 月 12 日，经社会保险经办机构批准，S 的工伤待遇如下：1. 按月领取定期伤残抚恤金 1326 元，直至退休或死亡；2. 一次性伤残补助金 31 817 元；3. 安装假肢 1600 元，每两年可更换一次。

[援引法条]

《关于贯彻执行＜北京市企业劳动者工伤保险规定＞若干问题的意见》第三十一条规定：企业补缴工伤保险费的，社会保险经办机构可予以结算。

离退休人员受聘新单位，工资待遇纠纷怎样裁定

[案例]

姜某系某单位退休职工。2006 年 5 月 16 日，姜某进入被告某物业公司工作，岗位为门卫，但 2006 年、2007 年双方均未签订合同。2008 年 1 月 28 日，双方签订书面合同。在工作时间上，被告对门卫岗位每天分三班滚动作息，姜某每周 6 天每日轮值班一次，轮休一天。从 2006 年 6 月至 2007 年 12 月，被告每月发放姜某基本工资 520 元，2008 年起每月发放基本工资 750 元，在上述期间内，如遇国家法定节假日上班和中、夜班值班，发放相应的加班工资。2008 年 11 月 11 日，被告做出辞退姜某的决定。

2009年1月6日，姜某向浙江省海盐县劳动仲裁委员会申请仲裁，该委员会以姜某主体不适合为由未予受理。其后，姜某诉至法院，要求被告补足对原告已发工资中不足最低工资的部分和按照劳动法律法规所应当发放给原告的加班工资。

[法律解析]

律师认为，本案原告已经超过退休年龄，又有相应的社会生活保障，因此本案不属于劳动法律关系，应属于雇佣法律关系。《中华人民共和国劳动合同法实施条例》第二十一条规定"劳动者达到法定退休年龄的，劳动合同终止"，上述规定从其解释上也应当理解为劳动者达到法定退休年龄之后受聘至他人单位工作，不应再适用劳动法调整。

[援引法条]

《合同法》第二十一条规定：劳动者达到法定退休年龄的，劳动合同终止。

第六章　社会保险：覆盖全民的社会稳定器

国企下岗待业职工，社保由谁来交

[案例]

福安市17名国有企业下岗职工，1998年开始先后下岗待业。他们称，这几年公司多处经营场所变卖收入几百万元，但所欠职工的社保、医保、失业保险费和职工待岗工资分文未解决。为维护他们的合法权益，将"老东家"——福安市食品公司推上该市劳动争议仲裁庭，要求公司支付每人1998年9月至2005年12月的待岗基本生活费，每人每月350元；同时，要求公司为他们补交2001年1月至2005年12月止的养老保险费、2003年3月起的医疗保险费和1998年7月起的失业保险费。食品公司代理律师坦言，养老保险和失业保险的欠费现象，只要公司财务状况允许，就会立即补缴所欠费用，而为职工办理医疗保险也已列入企业的改制方案。但对方提出的每人每月350元的生活费法律依据不足。

[法律解析]

福安市劳动争议仲裁委员会认为食品公司应按国家劳动法律法规的有关规定为他们办理职工基本养老保险、失业保险和基本医疗保险手续并缴费。同时，就职工提出的每人每月350元生活费，仲裁委员会认为食品公司支付的每人每月100元待岗基本生活费并无不当。另外，17名申诉人也已经默认并领取了这每月100元的基本生活费，且申诉人没有在发放之时提出仲裁请求，时至今日再提出补发待岗基本生活费的观点，已明显超过劳动法规规定的申请劳动仲裁时效。

[援引法条]

《中华人民共和国劳动法》规定：企业必须与职工签订劳动合同，同时必须按照有关规定缴纳社会保险。

生育保险缴费未满1年，保险待遇由谁来负责

[案例]

于某自2011年2月开始到文登市某电子公司从事文职工作，双方订立了2年期限劳动合同，约定于某每月工资为2600元。2012年1月，电子公司开始为于某缴纳社会保险费。2012年9月，于某生育后休产假。由于社保机构不支付其生育保险待遇，产假期满后，于某要求公司支付，但电子公司认为已为于某缴纳了生育保险费，生育保险待遇应由社保机构支付，双方由此产生分歧。2013年4月底，于某一纸诉状将电子公司告至文登市劳动人事争议仲裁院，要求电子公司为其报销生育医疗费用，并支付生育津贴。于某在工作期间，用人单位为其缴纳了生育保险费，但她在生育后却无法享受到社会保险经办机构支付的生育保险待遇，这是为什么呢？

[法律解析]

仲裁院审理认为：《社会保险法》明确规定，用人单位应自行申报、按时足额缴纳社会保险费，非因不可抗力等法定事由不得缓缴、减免。 职工应当参加生育保险，由用人单位按照国家规定缴纳生育保险费。 用人单位已经缴纳生育保险费的，其职工享受生育保险待遇。 生育保险待遇包括生育医疗费用和生育津贴。 但是于某生育时生育保险费未连续足额缴费1年以上，以致不能从社保机构获得生育保险待遇，因此，于某的生育保险待遇应由电子公司负担。 经调解，单位为于某报销生育医疗费用，并支付其生育津贴。

[援引法条]

《中华人民共和国社会保险法》第五十三条规定：职工应当参加生育保险，由用人单位按照国家规定缴纳生育保险费，职工不缴纳生育保险费。

第五十四条规定：用人单位已经缴纳生育保险费的，其职工享受生育保险待遇；职工未就业配偶按照国家规定享受生育医疗费用待遇。 所需资金从生育保险基金中支付。

不上社保发补助，公司违反《劳动法》

[案例]

小杨是计算机专业的本科毕业生，最近刚刚转到一家规模较大的软件公司工作。令他意外的是，在签订劳动合同时，公司人事主管问他，是否选择上社会保险，如果不上保险，公司每月多发给他200元的补助。

诧异之下，小杨向同事们打听。他发现，公司里许多员工确实都选择了不上保险而领取200元的补助。他的同事还说，一般IT企业的工资都在2000元左右，如按这个工资给员工上社会保险，每个员工公司就要付出500多元，不上保险发补助，公司能省下不少钱。业内人士说，小杨遇到的情况在职场中确实存在。天津社会保险目前覆盖职工250万人左右，基本上和城镇职工的人数持平。但这里面并没有包括新增就业者的数量。因为许多新增就业者把档案存在了中介公司，这也给少数单位逃避社保创造了条件。

[法律解析]

有关专家指出，如果用人单位以减少支出为目的，帮助职工逃避社保，是违反《劳动法》的行为，应该受到劳动监察部门的查处。同时，由于基本养老保险兑现晚，基本医疗保险"门槛费"较高，所以参加社保的年轻人目前享受不到社保的好处，结果就有一种"自己拿钱给上年纪人做贡献"的感觉。对此，这位专家认为，在宣传养老保险必要性的同时，可以适当提高全年无报销的医保个人账户的返还比例，或者相应降低门诊费自负担比例，让年轻人也感受到社保的好处，不再拒绝社保。

[援引法条]

《劳动法》规定：劳动者享有平等就业和选择职业的权利、取得劳动报酬的权利、休息休假的权利、获得劳动安全卫生保护的权利、接受职业技能培训的权利、享受社会保险和福利的权利、提请劳动争议处理的权利以及法律规定的其他劳动权利。

社保费单位不缴,职工自缴,能向单位索赔吗

[案例]

苏某在某环境卫生管理所从事环卫工作,该所为某经济开发区城市管理局下属事业单位,具有独立法人资格。2012年8月,该城市管理局根据相关政策,按照苏某的工作年数,向苏某支付了10 560元,将苏某辞退。苏某自2009年2月1日起,由于单位没有给上社会保险,遂自行缴纳养老保险花费45 704.66元。苏某被辞退后,向法院提起诉讼,要求其单位赔偿其工作期间应由单位缴纳的社会保险费及利息和滞纳金。原告认为自己承担了本应由被告承担的法定义务,所以,有权要求环卫所返还其工作期间本应由单位缴纳的社会保险费。

[法律解析]

一审法院经审理认为,因被告未及时为原告办理养老保险等社会保险,导致原告自行承担了本应由单位承担的部分。被告与原告间形成不当得利的关系,对于原告的损失,被告应予以返还。法院遂判决被告支付原告缴纳养老保险费用40 000元。

[援引法条]

我国《劳动法》《社会保险法》等法律规定:国家建立基本养老保险、基本医疗保险、工伤保险、失业保险、生育保险等社会保险制度,用人单位和劳动者必须依法参加社会保险、缴纳社会保险费。

我国《民法通则》第九十二条规定：没有合法根据，取得不当利益，造成他人损失的，应当将取得的不当利益返还受损失的人。

员工要求单位补缴社保，是否有时限

[案例]

周某某1996年9月到旺旺酒家工作，其间从事过统计员、出纳员、收银员、仓库保管员等岗位，从2000年3月起旺旺酒家为其参加了社会保险，直至2002年5月，旺旺酒家全面停止经营后，为周某某办理了停保手续。同年6月，周某某到了佛山市生生堂休闲饮食有限公司工作。旺旺酒家自1996年9月至2000年2月，侵害了周某某依法享有参加社保的合法权益，但周某某没有在法定时效内向劳动保障行政部门举报。之后，2004年9月8日，原告周某某向佛山市禅城区劳动和社会保障局举报：佛山市禅城区旺旺海鲜酒家没有为其办理1999年7月至2000年2月的社会保险。被告接到投诉后，根据《行政处罚法》"劳动者一般应自用人单位违法行为发生之日起两年内进行举报"的规定，做出了"对周某某2004年9月8日的举报依法不予受理"的《告知书》。原告不服，于2005年5月12日提起本案诉讼。

[法律解析]

法院认为：本案中劳动部门责令用人单位补缴社会保险费的行为不属于行政处罚行为，不适用《中华人民共和国行政处罚法》关于违法行为追诉时效的规定，被上诉人以上诉人举报用人单位不按规定缴纳社会保险费的违法行为超过举报时效为由，做出不予受理举报的《告知书》，认定事实不清，适用法律错误，依法应予撤销。判决由被上诉人佛山市禅城区劳动和社会保障局对上诉人周某某的举报重新做出具体行政行为。

[援引法条]

《社会保险费征缴暂行条例》规定：缴费单位逾期拒不缴纳社会保险费、滞纳金的，由劳动保障行政部门或者税务机关申请人民法院依法强制征缴。

诉讼期间公司被注销，也得补缴员工社保费

[案例]

1996年9月，陈先生到多尼尔上海分公司工作，双方签订了《聘任合同》。在多尼尔医疗系统有限公司上海分公司工作4年之后，2000年12月6日，陈先生发觉公司没有及时为他缴纳社保费，甚至还存在少缴现象，遂向劳动仲裁委提起申诉，仲裁委认为，单位应为他补缴社保费5.9万元。当陈先生持生效仲裁书向法院申请执行时却得知，在此之前，多尼尔上海公司已经被上级公司多尼尔医疗技术亚洲有限公司登报宣布进入清算程序，仲裁结果出来后不久，多尼尔上海公司被工商部门注销。陈先生于是找到了公司原来的两位股东：西安无线电所和多尼尔亚洲公司，要求他们代替已经被注销的多尼尔上海公司支付社保金，然而遭到了两家公司的拒绝。陈先生一纸诉状将两家公司告上了法院，要求补缴社保费。

[法律解析]

法院认为,涉案裁决书已生效,虽然在裁决过程中多尼尔上海分公司已进入清算公告程序,但未进行公司债务清偿、财产分配,因此两家公司有义务为陈先生补缴社保费。同时,虽然公司已经被注销,但陈先生在社保费裁决书生效后,申请法院执行就享有优先受偿权。最后,法院做出了一审判决,由多尼尔亚洲公司和西安无线电所向静安区社保中心补缴陈先生社保费5.9万余元。

[援引法条]

《担保法》第三十三条、第六十三条和第八十二条规定:债权人有权以拍卖、变卖抵押物和留置物的价款优先受偿。

由于手续滞后,员工医保账户启用前产生的医疗费用谁埋单

[案例]

2007年4月,史先生与上海图维广告有限公司签订了为期3个月的试用期同意书,约定试用期自2007年4月9日至2007年7月8日止,史先生任资深客户经理,每月底薪3000元。5月24日,史先生因肾结石住院并做了手术治疗。而就在史先生因病住院的同一天,图维公司为他办理了招工入职手续和社保缴费登记,并缴纳了当年4至6月的社保费款。6月,史先生出院结账,共支出了医疗费2万余元。出院后,史先生仍然到岗上班。8月3日,图维公司向史先生发出领取退工单及劳动手册的通知——史先生被辞退了。由于史先生的医保账户是在单位缴费后的6月份才开始启用,这之前史先生支出的2万余元医疗费究竟由谁承

担?史先生与图维公司产生了纠纷。

[法律解析]

法院认为,史先生与图维公司已建立劳动关系,公司应当为史先生缴纳医疗保险费。2007年5月24日,图维公司为史先生办理社保缴费登记,并为史先生缴纳了自2007年4月至2007年6月止的社保费。其间,史先生因住院手术共支出医疗费2万余元,其中,应为社保统筹基金支付的金额为近1.5万余元。据此,在史先生与图维公司劳动关系存续期间,因未享受医疗保险待遇所发生的1.5万元医疗费用,应由图维公司承担。

[援引法条]

《劳动法》规定:劳动者在患病情形下,依法享受社会保险待遇。

用人单位未缴纳医疗保险,应按规定给员工报销医疗费

[案例]

刘某于2009年到苍山县某公司工作,双方未签订劳动合同,公司也没有为其缴纳社会保险费。2011年6月,刘某因病住院,医疗费用约2万元。刘某要求公司报销,遭到拒绝。刘某不服,遂向当地劳动争议仲裁委员会提出申诉。

[法律解析]

仲裁委经审理认为,刘某所在单位未按规定为其缴纳基本医疗保险费,导致李某患病时不能依法享受医疗保险待遇,故其医疗费用应当由单位来承担,但仅限于由社保部门核定属于按规定可以报销的合理医疗费用,并非全部医疗费用。经调解,该公司参照城镇职工医疗保险的有关规定为刘某报销医疗费用1.2万元。

[援引法条]

《劳动法》第七十二条规定:用人单位和劳动者必须依法参加社会保险,缴纳社会保险费。

《社会保险法》第二十三条规定:职工应当参加职工基本医疗保险,由用人单位和职工按照国家规定共同缴纳基本医疗保险费。

未依法购买失业保险,员工可依法要求赔偿

[案例]

员工王某2008年1月1日入职广州某化妆品公司,签订2年固定期限劳动合同。2009年12月31日,公司以合同到期为由解除与王某的劳动合同。其间,公司为员工缴纳2008年2月至2009年12月的社保(含失业保险)。员工王某遂以企业少缴失业保险,导致其少领1个月失业保险金为由,向仲裁委提出申请,要求赔偿1个月失业保险金。

[法律解析]

本案中,公司本应为员工王某参加24个月失业保险,王某离职时可享受2个月失业保险金和医疗补助金。但因公司少缴1个月失业保险,导致员工王某实际享受的只有1个月失业保险金和医疗补

助金。仲裁委依据《广东省失业保险条例》的规定及王某的请求，裁决公司向员工王某支付1个月失业保险金。

[援引法条]

2002年颁布的《广东省失业保险条例》第四十四条规定：单位与职工或者失业人员因失业保险事项发生争议的，按劳动争议处理。

解除劳动关系，用人单位不为员工办理档案及社保关系转移手续怎么办

[案例]

2012年4月12日，××汽车（集团）有限公司职工唐某某向用人单位提出解除劳动关系，但该用人单位却以员工系重要岗位职工需要在6个月的解密期满后才能离职为由，不同意解除劳动关系，也不为员工办理档案及社保关系转移手续。2005年1月1日原告与被告签订了《劳动合同》，双方约定：1.劳动合同期限自2005年1月1日至双方约定的劳动合同终止日期为止；2.原告解除劳动合同，应当提前30日以书面形式通知被告，超过30日，原告可以向被告提出办理解除劳动合同手续，被告予以办理。2012年5月15日原告离开了被告。原告认为自己已经按照《中华人民共和国劳动合同法》第三十七条之规定和双方签订的《劳动合同》之约定，履行了通知义务，被告理应按照《中华人民共和国劳动合同法》第五十条之规定为原告出具解除劳动合同的证明并在15日内为原告办理档案和社会保险关系转移。经多次催促和向重庆市九龙坡区劳动行政部门投诉，被告仍不出具解除劳动合同的证明和办理档案及社会保险关系转移手续。

[法律解析]

协商不成后,唐某某遂委托律师依法提起诉讼,要求确认解除劳动关系、办理档案及社保关系转移手续。2012年9月13日某某区人民法院做出判决支持了员工的诉讼请求。

[援引法条]

《企业职工养老保险基金管理规定》第七条规定:企业缴纳的基本养老保险费,根据本企业职工工资总额(按照国家统计局规定的工资总额构成)和当地政府规定的比例在企业的管理费用中提取,由企业开户银行按月代为扣缴。

参保缴费不满15年,能让单位延续缴费吗

[案例]

张学雷,男,现年55周岁,为威海市环翠区户口,2009年在威海的一家生产企业参保。到60周岁时,老张的养老保险缴费年限能达到8年,还差7年才能达到15年。新实施的《社会保险法》则允许参保人缴费到满15年,再按规定办理退休手续,按月享受养老保险待遇。《社会保险法》让老张看到了希望,老张的观点是:按照法律规定,到2016年,老张60周岁,缴费年限达到8年,企业必须允许老张继续工作并为老张参保缴费至65周岁,到65周岁时仍然差2年才够15年,由企业一次性补足2年的费用,为老张申请办理退休手续。而企业认为,企业不可能使用这么大年纪的劳动者,既然不在我们企业工作就不可能给你缴费,至于没工作的补缴年限就更不可能由企业负担了。

[法律解析]

老张不具备完成15年缴费年限的条件,按照国家人力资源社会保障部第13号令的第三条规定,"参加职工基本养老保险的个人达到法定退休年龄后,累计缴费不足十五年的,可以申请转入户籍所在地新型农村社会养老保险或者城镇居民社会养老保险,享受相应的养老保险待遇……未转入新型农村社会养老保险或者城镇居民社会养老保险的,个人可以书面申请终止职工基本养老保险关系……将个人账户储存额一次性支付给本人。"那么老张可以量力为自己定位一种保障方式。《社会保险法》中的"可以",是国家对不足15年缴费年限人员的照顾,对企业不具有强制性,尤其是老张65周岁时"空补"的2年缴费年限,未给企业形成任何价值,企业也不存在任何责任与义务,应该由老张个人无条件负担。

[援引法条]

《社会保险法》第十六条规定:达到法定退休年龄时累计缴费不足十五年的,可以缴费至满十五年,按月领取基本养老金;也可以转入新型农村社会养老保险或者城镇居民社会养老保险,按照国务院规定享受相应的养老保险待遇。

临时工也有权享受社保

[案例]

张文凤等8名女职工在枣阳盐化公司工作多年,但一直为

"临时工"身份。2008年4月，枣阳盐化公司将张文凤等从事的劳务工作发包给枣阳市某劳务服务站，并通知张文凤等到劳务服务站上班。张文凤等职工认为企业这种做法违反劳动法规，因而拒绝公司的安排，并继续在原工作岗位上工作。2009年2月16日，因枣阳盐化公司不与张文凤等签订无固定期限劳动合同、不为他们缴纳社会保险费，双方发生劳动争议。2009年7月10日，经枣阳市劳动争议仲裁委员会裁决，8名职工获得经济补偿金每人2080元，仲裁委同时裁决企业补缴8名职工2004年9月至2008年5月期间应由公司支付的社保费用。但张文凤等职工对仲裁裁决不满意，并向枣阳法院提起诉讼。

[法律解析]

枣阳法院对该案做出一审判决，枣阳盐化公司为张文凤等职工缴纳2004年9月1日至2008年4月30日期间企业应承担的养老、医疗、失业、工伤和生育等5项社保费，同时判令企业支付8名职工各经济补偿金等8500余元。8名职工对一审法院判决仍然不服，上诉襄樊中院。日前，在两级法院的共同努力下，张文凤等职工与枣阳盐化公司达成调解协议，每名职工获得经济补偿金3.8万余元。张文凤等职工拿到补偿金后说："临时工也有权享受社保待遇，职工的合法权益就是不容侵害。"

[援引法条]

中华人民共和国国务院第259号令《社会保险费征缴暂行条例》规定：临时工和固定工也同样享受包括养老保险在内的所有社会保险待遇。

职工书面声明放弃社保,就无法获得社会保险了吗

[案例]

刘某于 2009 年 4 月 10 日到昌乐县某纺织有限公司工作,双方签订了为期 3 年的劳动合同。在工作期间,单位没有为刘某缴纳社会保险费。2010 年 5 月 16 日,刘某辞职后诉至昌乐县劳动人事争议仲裁委员会,要求公司为其补缴工作期间的社会保险费。公司称,不存在欠缴社会保险费的行为。公司出具了刘某书写的声明,刘某在声明中表示自愿放弃社会保险的权利,同时要求公司把应承担的社会保险费随工资发给自己。

[法律解析]

仲裁委经审理认为,《劳动合同法》第十七条规定,社会保险是国家通过立法建立的劳动者在年老、患病、生育、伤残、失业时从社会获得物质帮助和服务的制度,具有强制性和法定性,用人单位和劳动者必须执行法律、法规有关社会保险的有关规定。参加社会保险既是劳动者和用人单位的权利,也是用人单位的义务,是国家的强制性规定。最后,仲裁委裁决该公司为刘某补缴工作期间的社会保险费,缴纳数额以社保经办机构核定为准,刘某自己承担个人缴纳部分。

[援引法条]

《劳动法》第七十二条规定:用人单位和劳动者必须依法参加社会保险,缴纳社会保险费。

用人单位不能拒绝转移职工的社保关系

［案例］

2006年5月24日，刘某与某房地产公司签订协议书，约定刘某为公司的服务年限不得少于4年，服务期届满前，如刘某因违反公司规章制度而被解除劳动合同，或单方面提出解除劳动合同，须向公司支付违约赔偿金3万元，但为公司服务每满一年减少25%；服务期未满刘某离职时，若拒不交违约金，公司有权不予办理刘某各种关系的转移手续。2006年12月，刘某因个人原因向公司提出辞职申请，并于2007年1月与公司解除了劳动合同关系，但公司一直拒为刘某办理档案和社会保险的转移手续。直至2010年9月，刘某先后诉诸当地劳动争议仲裁委员会与法院，要求公司依法为其办理档案和社会保险关系的转移手续，并承担因未能及时转移而导致其不能依法享受各项社会保险待遇的损失总计3.5万元。该公司认为有合同约定，不应承担为刘某转移各种关系的责任，并提出刘某的诉讼请求已超过申诉及诉讼时效，要求驳回。

［法律解析］

本案中，双方签订的协议书中关于如刘某不交违约金，房地产公司有权不予办理刘某各种关系的转移手续的约定，违反了法律的强制性规定，属于无效约定，故一审法院未采纳该房地产公司的答辩意见，对刘某的诉讼请求予以支持。劳动争议申请仲裁的时效期间为1年。仲裁时效期间从当事人知道或者应当知道其权利被侵害之日起计算。本案中，刘某一直要求房地产公司予以办理转移手续，但公司拒绝为刘某办理档案和社会保险关系转移的行为一直处于持续状态，因此对该房地产公司提出的刘某诉讼请求超过申诉及诉讼时效的抗辩理由，一审法院未予采信。

[援引法条]

《劳动合同法》第五十条规定：用人单位应当在解除或者终止劳动合同后15日内为劳动者办理档案和社会保险关系转移手续。

员工自愿放弃社保，单位也不能不缴纳

[案例]

1998年4月，刘某等4人应聘到某公司，公司在待遇方面提出如果职工坚持要求办理社会保险的话，从职工工资中每月扣除300元。刘某等觉得还是多拿点工资好，至于办不办社会保险，也没什么关系。于是双方签订了3年的劳动合同，在合同中规定每月工资2000元，对社会保险事宜公司不予负责。1999年12月，劳动保障部门在进行检查中发现该单位没有依法为签订劳动合同的职工办理社会保险，遂对其下达限期整改指令书，要求该公司为刘某等办理参加社会保险手续。该公司则认为，公司不负责社会保险是经双方协商同意，在劳动合同中已明确约定的。

[法律解析]

该案中双方虽然在自愿、协商一致的基础上签订了劳动合同，但是由于合同中有关社会保险约定的内容违反了国家现行法律、行政法规的规定，从而导致双方合同中约定的部分条款无效，应当依法予以纠正。

[援引法条]

《劳动法》规定：用人单位和劳动者必须依法参加社会保险，缴纳社会保险费。

社会保险费须依法足额缴纳，违法约定无效

[案例]

2002年10月，苏州一家制衣设备公司聘请了驾驶员刘某。双方签订劳动合同的期限为5年。合同约定，如刘某擅自离职，应赔偿公司为其支付的社会保险费。但公司仅为刘某缴纳了2003年4月至5月的社会保险费525.36元。2003年6月，刘某因和公司发生矛盾而辞职。刘某才发现公司未为自己缴纳2002年10月至2003年3月的社会保险费。为此，刘某向劳动争议仲裁委员会提起劳动仲裁。不久，仲裁委员会裁决公司应向社会保障机构为刘某缴纳2002年10月至2003年6月的社会保险费3152.16元，并为刘某办妥解除劳动关系的手续。公司不服劳动仲裁的裁决，向法院起诉。审理期间，原告自知难以胜诉，向法院提出撤诉。

[法律解析]

本案中，用人单位与劳动者在劳动合同中约定，如劳动者擅自离职，应赔偿用人单位为其支付的社会保险费。这一约定的实质，是用人单位想逃避法律规定应当为劳动者缴纳社会保险金的法定义务。我国《劳动法》明确规定，劳动者享受的社会保险金必须足额支付。所以，双方的约定违反了劳动法规，因而约定是无效的，对双方不具有法律约束力。在法院执行部门的努力下，制衣设备公司终于按裁决书要求履行了相关给付义务，并为申请执行人刘某办妥

了解除劳动关系手续。

[援引法条]

《劳动法》规定：用人单位和劳动者必须依法参加社会保险，缴纳社会保险费。

劳动者与用人单位发生社会保险争议，可否向法院提起民事诉讼

[案例]

原告刘某自1995年10月12日开始在被告公司工作，其间，取得了一定的成绩。原告于1997年3月14日向被告缴纳了1500元保证金，但被告一直未为原告办理社会保险、缴纳社会保险费。2007年6月，被告公司一辆车的二级维护卡因检测签章时效过期而被责令停班，原因并不在原告，但被告却认为是原告导致的，遂于同年8月13日对原告做出停职处理，至今未恢复工作。2009年10月21日，原告向南康市仲裁委员会提出劳动仲裁，主张解除双方的劳动关系并要求相应的经济补偿和社会保险待遇。仲裁委依据《劳动法》第八十二条的规定，认定申请已过仲裁时效，于2009年10月27日下达了不予受理通知书。为此，原告向法院提起诉讼。劳动者与用人单位因缴纳社会保险发生纠纷，是否属于人民法院受理民事诉讼的范围？

[法律解析]

根据我国当前劳动法律法规的规定，用人单位为劳动者缴纳社会保险是劳动者的一项基本劳动权利，而且一般也是劳动合同明确约定的用人单位的义务，因社会保险发生的争议，是否属于劳动争

议，此类争议应由当事人向有关社会保险经办机构或者劳动保障行政部门申请依行政渠道解决，当事人对有关行政行为不服的，可依法提起行政诉讼，而不是向法院提起民事诉讼。因此，社会保险争议不属于人民法院受理民事诉讼的范围。

[援引法条]

最高人民法院《关于审理劳动争议案件适用法律若干问题的解释》关于人民法院受理劳动争议案件范围，对追索社会保险费的案件的适用范围做了明确界定：即追索社会保险费的案件并不适用于与职工解除劳动合同的情形。

试用期用人单位不缴社会保险违法吗

[案例]

小王大学毕业应聘到一家网络公司工作，公司约定试用期为3个月，但这家公司规定，在试用期间，公司不会给买养老保险，要等试用期符合公司要求后，才会给买养老保险，而且，公司还说这是现在很多用人单位的潜规则。公司说试用期本身就说明没有最后确定聘用劳动者，所以不给买养老保险这种做法是符合相关法律规定的，而小王认为试用期也是劳动期，应该享有社会保险。

[法律解析]

《劳动合同法》虽然已实施几年，但一些用人单位仍然存在认识上的误区，有的甚至滥用试用期。现在有很多单位在试用期内不缴纳社会保险，用人单位认为人员流动性较强，签订劳动合同、缴纳社会保险手续繁杂，短期内频繁地入职离职，单位的人力资源部门从简化工作的角度考虑，很多工作就做得不是很规范。试用期尽管是用人单位与劳动者在劳动合同中协商约定的考察期，但试用期应包括在劳动合同期中，也就是说，劳动者实际上已经与用人单位建立了劳动关系，用人单位必须依法与劳动者签订劳动合同，并为其办理社会保险。

[援引法条]

《劳动合同法》第七条规定：用人单位自用工之日起即与劳动者建立劳动关系。用人单位应当建立职工名册备查。

《劳动合同法》第十九条规定：劳动合同期限三个月以上不满一年的，试用期不得超过一个月；劳动合同期限一年以上不满三年的，试用期不得超过二个月；三年以上固定期限和无固定期限的劳动合同，试用期不得超过六个月。

用人单位涨工资不涨社会保险费，你该怎么办

[案例]

许小姐毕业于江苏某著名理工科大学，硕士学位，2002年7月进入上海某从事汽车部件研发的企业从事项目研发工作，签订了10年期的劳动合同，同时也落户上海。由于工作能力强，2007年1月工资涨到月薪12 000元。虽然工资上涨，但是许小姐的社会保险费缴费基数却没有多大变化。2008年6月，公司新来了一位领导，主管项目开发工作，此后，新领导对许小姐的工作方式和能力表示不满意，处处排挤许小姐，导致许小姐心情很不好，思来想去决定离开。但主动辞职可能涉及违反服务期约定，于是许小姐想到寻求律师帮助。律师仔细听取了许小姐的情况介绍，最后建议许小姐以单位未依法缴纳社会保险为由主动提出解除劳动合同，并要求单位支付经济补偿，补缴社会保险。

[法律解析]

本案中反映的问题，也具有普遍性。很多用人单位在实际用工中，并没有严格按照法律规定依法为劳动者缴纳社会保险。本案中，许小姐所在单位每年按照最低缴费基数为许小姐缴纳社会保险，显然违反法律法规的规定，构成违法。对此，2008年1月1日生效的《劳动合同法》有了新的突破，增加了这一劳动者可以主动解除合同的情形。本案中，许小姐所在单位按最低缴费基数为许小姐缴纳社会保险构成违法，许小姐以此为理由主动提出解除劳动合同，要求所在单位补缴社会保险，并支付经济补偿，有理有据，符合法律规定。最后仲裁委员会支持了许小姐的请求。

[援引法条]

《劳动法》第七十二条规定：社会保险基金按照保险类型确定资金来源，逐步实行社会统筹。用人单位和劳动者必须依法参加社会保险，缴纳社会保险费。

个体户也要为雇员缴社保费

[案例]

某个体商场新开张，雇用张某等4人干营业员。工作了一个月后，商场老板称她们经试用合格可继续留任商场工作。但当张某等问及签订劳动合同和缴纳社会保险一事时，老板却说，商场是在工商行政管理机关登记注册的个体工商户,职工才五六个人,都是临时雇请来的,是雇佣关系,不存在劳动关系,无须同她们签订劳动合同和缴纳社会保险费,按规定支付劳动报酬就行。张某等不解,带着疑问向当地劳动保障监察部门咨询。

[法律解析]

工商行政管理机关登记注册成为个体工商户,属于个体经济组织的范畴。该商场雇用张某等4人与之形成劳动关系,他们之间的劳动关系属于《劳动法》调整范围。商场规模虽小,但作为用人单位也应该与所招用的劳动者签订书面劳动合同,缴纳社会保险费。劳动保障监察部门在调查核实后依法向该商场下达了责令改正指令书。目前,该商场已为张某等办理了社会保险登记手续。

[援引法条]

《劳动合同法》第二条规定:中华人民共和国境内的企业、个体经济组织、民办非企业单位等组织与劳动者建立劳动关系,订立、履行、变更、解除或者终止劳动合同,适用本法。

社保没缴足,职工辞职可获赔

[案例]

姜先生从2003年8月份开始在某超市工作,和超市每年签订一次劳动合同。但直到2007年9月,超市一直没有为姜先生足额缴纳社会保险费。姜先生为此与超市协商,超市答应从2007年10月起开始为姜先生足额缴纳社会保险费,并且同意补缴之前的不足部分。但直到2009年6月，超市仍未为姜先生补缴2007年10月前的社会保险费。为此，姜先生向超市提出辞职，并向劳动仲裁提出申请，要求超市支付经济补偿。仲裁委审理后裁决支持了姜先生的申诉请求。对于劳动仲裁的裁决，超市不服，起诉到法院。

[法律解析]

法院经过审理认为，为劳动者足额缴纳社会保险费是用人单位的法定义务。超市没有为姜先生足额缴纳2007年9月以前的社会保险费，姜先生有权解除合同，并要求超市支付经济补偿。因此，法院判决超市支付姜先生经济补偿21 345元，并为姜先生办理解除劳动合同手续。

[援引法条]

《社会保险费征缴暂行条例》规定：缴费单位未按规定缴纳和代扣代缴社会保险费的，由劳动保险行政部门或者税务机关责令限期缴纳；逾期仍不缴纳的，除补缴欠缴数额外，从欠缴之日起，按日加收千分之二的滞纳金。滞纳金并入社会保险基金。

第七章 投资债务：为工商经济保驾护航

公民可以申请创办一人有限公司吗

[案例]

万某大学毕业后在一家广告公司工作了两年，有了一定的经验，想自己创业，但没有找到合伙人。他可以自己出资创办"一人公司"吗？

[法律解析]

如果符合法定的条件，万某可以创办"一人公司"。所谓一人有限责任公司，是指只有一个自然人股东或者一个法人股东的有限责任公司。

[援引法条]

《公司法》规定：允许公民创办一人有限责任公司。

什么是法人、法人代表与法定代表人

[案例]

高中生小梁的爸爸是一个公司的董事长。小梁听见有的场合爸爸被称为梁总，但在一些书面文件上又被称为法人、法人代表或者法定代表人。小梁对这些称呼很头疼,这些概念有什么区别吗?

[法律解析]

法人是指具有民事权利能力和民事行为能力、依法独立享有民事权利和承担民事义务的组织。由此可见,法人是组织而非个人。而法定代表人是代表法人行使职权的主要负责人,它与法人代表是一个意思,所以有时可以混称。在公司企业法人中,公司的法定代表人依照公司章程的规定,由董事长、执行董事或者经理担任,在非公司企业法人如个人独资企业、合伙企业中,总经理或者经理是企业的法定代表人。

[援引法条]

《民法通则》规定:依照法律或者法人组织章程规定,代表法人行使职权的负责人,是法人的法定代表人。

不参与公司经营管理的法定代表人也承担责任吗

[案例]

几年前高某个人出资开设一家有限责任公司,但当时的《公司法》规定,有限责任公司的股东至少为2人。于是高某找到好友宋某,跟宋某说让宋某成为挂名股东并担任董事长,出资额为10万元,实际上这笔钱由高某出,而且宋某也不实际参与公司的经营管理。后来这家公司因违法经营涉嫌单位犯罪,宋某需要承担法律责任吗?

[法律解析]

宋某要承担法律责任。法人出现违法经营情况,作为代表企业行使职权的法定代表人如果未履行职责,则应负有个人责任。本案中,宋某是公司登记机关确定的法定代表人,对外发生法律效力,所以即使对内不参与经营管理,仍应对外承担民事或者刑事责任。

[援引法条]

《中华人民共和国刑法》第三十一条规定:单位犯罪的,对单位判处罚金,并对其直接负责的主管人员和其他直接责任人员判处刑罚。

企业法人改制,债务不应包括集团公司自身债务

[案例]

旭棉集团系独立核算的国有企业。2003年4月18日,旭棉集团将其下属的全资子公司宜昌光达纺织有限公司进行重组,与裕波牛仔公司成立裕波旭光公司。旭棉集团与裕波牛仔公司约定,由裕波旭光公司负担5000万元的银行债务,其余债务由旭棉集团负担。同年5月22日,旭棉集团与裕波牛仔公司签订一份《宜昌光达纺织有限公司资产转让合同》,约定旭棉集团将光达公司以承债方式出售给裕波牛仔公司。裕波牛仔公司购买光达公司后,以光达公司全部资产与投入现金20万元的自然人张毅组建了裕波旭光公司。枝江棉花公司诉称,旭棉集团欠其货款31 211.52元长期未还,却将光达公司10 704.82万元的优质资产以7600万元的价格出售给裕波牛仔公司,成立裕波旭光公

司。裕波牛仔公司、裕波旭光公司应在接受财产的范围内与旭棉集团承担连带责任。旭棉集团辩称，欠款属实，但是我公司现在无力支付拖欠货款。

[法律解析]

本案在审理中，当事人庭外和解，枝江棉花公司在旭棉集团给付30万元后申请撤诉，并获法院审查后裁定准许。律师认为，本案虽然以原告撤诉而使纷争云消雾散，但案件审理中所带来的法律适用争议却耐人寻味，令人掩卷沉思。裕波牛仔公司和裕波旭光公司不应承担责任。理由是，本案债务是旭棉集团的自身债务，而非其子公司光达公司债务。因此要求裕波牛仔公司、裕波旭光公司承担连带责任于法无据。

[援引法条]

《最高人民法院关于人民法院民事调解工作若干问题的规定》规定：当事人在诉讼过程中自行达成和解协议的，人民法院可以根据当事人的申请依法确认和解协议制作调解书。双方当事人申请庭外和解的期间，不计入审限。

两家公司法定代表人为同一人，一家违约能向另一家索赔吗

[案例]

1998年12月26日，某电子公司与吴某签订一份租车协议，约定吴某每日接送电子公司职工上下班，电子公司每月支付租金5500元，除不可抗拒的自然灾害外，双方不得在租赁期内无故终止协议，否则赔偿对方经济损失2万元，协议履行期限自1999年

1月1日起至2001年12月30日止。吴某按约履行,但租金由另一公司凡尔康公司代付。1个月后凡尔康公司开始使用吴某车辆并每月支付租金。至2001年5月,凡尔康公司办公地址搬迁,不再需要接送职工上下班,遂停止租用吴某车辆。吴某为此诉至法院,要求两家公司偿付违约金2万元。经法院审理查明,电子公司系凡尔康公司的中方投资者,但是外方投资一直没有到位,电子公司实际上是凡尔康公司的唯一股东。这两家公司法定代表人为同一人,同在一个地点办公,内部职能机构也互相重合,接送职工由办公室负责统一安排。

[法律解析]

法院经审理认为,凡尔康公司虽然不是签订租车协议的承租人,但其从一开始就代为支付租金,后又一直使用车辆,应该认定为租车协议的承租人。由于电子公司是凡尔康公司的股东,而且与凡尔康公司在机构、职能、人员方面存在重合现象,本案租赁协议的履行应视为吴某对这两家公司履行,所以判决两家公司对2万元的违约金承担连带赔偿责任。

[援引法条]

《公司法》第二十条规定:公司股东应当遵守法律、行政法规和公司章程,依法行使股东权利,不得滥用股东权利损害公司或者其他股东的利益;不得滥用公司法人独立地位和股东有限责任损害公司债权人的利益。公司股东滥用股东权利给公司或者其他股东造成损失的,应当依法承担赔偿责任。公司股东滥用公司法人独立地位和股东有限责任,逃避债务,严重损害公司债权人利益的,应当对公司债务承担连带责任。

公司"一套班子，两块牌子"，借此逃避契约责任被判赔偿

[案例]

原告宝丰公司诉称，2007年10月10日，原、被告双方签订买卖合同一份，合同对产品的名称、规格、数量、价格、付款方式及违约责任进行了约定，原告预付货款265万元，被告至今未交付货物。而被告徐彦、张建宁在背后另注册玉祥公司，故意不履行合同。请求判令被告继续履行合同或返还预付款、赔偿市场差价损失、承担违约金和追款费用。被告智信公司、玉祥公司、徐彦承担连带责任。被告智信公司辩称，违约金过高，赔偿市场差价损失无法承担。被告玉祥公司答辩称，该合同的当事人不是我公司，请求驳回原告宝丰公司的无理诉求。被告徐彦未做任何答辩。

[法律解析]

大丰市人民法院认为智信公司严重违约，应对纠纷负全部责任。被告徐彦滥用公司职权，转移资金，使公司形骸化，规避公司义务和逃避契约责任，严重损害债权人利益，应当对智信公司债务承担连带责任。被告玉祥公司与被告智信公司是"一套班子，两块牌子"，两公司财产混同，经营业务混同，实际控股股东为同一人，故也应对智信公司的本案债务承担连带责任，原告的该诉讼请求应予支持。判决被告智信公司返还原告宝丰公司预付款人民币263.084万元，并承担违约金；被告智信公司赔偿原告宝丰公司追索货物损失人民币2.5万元；被告玉祥公司、徐彦对本判决第一、二

项被告智信公司的返还和赔偿义务承担连带责任。

[援引法条]

《公司法》第三条规定：公司是企业法人，有独立的法人财产，享有法人财产权。公司以其全部财产对公司的债务承担责任。有限责任公司的股东以其认缴的出资额为限对公司承担责任。《公司法》第二十条规定：公司股东应当遵守法律、行政法规和公司章程，依法行使股东权利，不得滥用股东权利损害公司利益或者其他股东的利益，不得滥用公司独立法人地位和股东有限责任损害公司债权人的利益。公司股东滥用公司法人独立地位和股东有限责任，逃避债务，严重损害公司债权人利益的，应当对公司债务承担连带责任。

企业法人分立后，原债务向谁追讨

[案例]

某市农村商业银行购买了某信托投资有限责任公司经中国人民银行批准发行的金融债券3800万元，期限3年。兑付期满后信托投资公司兑付了部分本金及利息，仍有3040万元本金及相应利息未付。嗣后，信托投资公司依照国家有关部门的决定，按照"信证分离原则"，将其证券业务及证券类净资产剥离，以分离出的证券类净资产作为出资，与其他单位另行组建某证券有限责任公司。信托投资公司剥离资产、另行组建证券公司，未通知农村商行。2004年1月，原告农村商行向江苏省高级人民法院提起诉讼，请求判令被告信托投资公司、证券公司连带清偿金融债券本息。证券公司辩称：一、证券公司与信托投资公司是两个彼此独立的企业法人，二者仅存在股权关系，没有任何担保合同关系，故证券公司对信托投资公司的债务无偿还责任；二、证券公司是依法成立的独立法人，依照公司法的规定享有法人财产权，对其股东信托投资公司的债务没有承担义务。

［法律解析］

一审法院判决，证券公司对信托投资公司的债务承担连带清偿责任。最高人民法院于2005年4月做出终审判决，维持一审法院对证券公司承担连带清偿责任的判决。

［援引法条］

《民法通则》第四十四条规定：企业法人分立、合并或者有其他重要事项变更，应当向登记机关办理登记并公告。企业法人分立、合并，它的权利和义务由变更后的法人享有和承担。

公司法人代表出的欠条，债务应该由谁来偿还

［案例］

刘某是惠农区某铁合金有限公司的法定代表人。2008年9月，该铁合金有限公司与李某订立买卖合同，约定由李某向该铁合金有限公司食堂供应面粉，并按季度向李某支付面粉款。后该铁合金有限公司拖欠李某面粉款，该公司法定代表人刘某向李某出具欠条，承诺于2009年12月10日前还清拖欠面粉款。但该公司一直没有履行债务。2010年3月，李某将刘某诉至法院，他认

为，欠条是刘某个人出具的，表明刘某认可该铁合金有限公司的债务转由其个人承担，因此要求刘某个人偿付面粉款及其他费用共计 20 000 余元。

[法律解析]

法院认为，李某是与某铁合金有限公司签订的买卖合同，刘某作为该铁合金有限公司的法定代表人，其为李某出具欠条确认拖欠面粉款的行为，是代表公司进行的职务行为。刘某个人并不是买卖合同的当事人，也不是负担面粉款的义务主体，因此李某要求刘某承担责任，无法律依据。

[援引法条]

《公司法》第三条规定：有限责任公司和股份有限公司是企业法人。有限责任公司以其全部资产对公司的债务承担责任。股份有限公司以其全部资产对公司的债务承担责任。

公司被吊销，空头支票该由谁来兑现

[案例]

2000 年 7 月，张家口原告 A 公司向 B 公司提供牛皮纸，双方口头约定货到付款。原告按约提供给 B 公司价值为 23 000 的牛皮纸。B 公司收货后，签发一张 23 000 元的现金支票给原告。次日，原告持支票向银行提出付款，因"存款不足，无款支付"遭银行退票。于是原告上门向 B 公司追款，B 公司称其没钱，等有钱再付进行搪塞。原告在多次与 B 公司交涉无果的情况下起诉股东李某、张某，请求法院判令B公司的股东李某、张某偿付这笔欠款，并负连带清偿责任。另查，B公司于1998年5月登记为有限责任公司，注册资本50万元，由两位股东组成，股东李某投入30万元，占60%股份，股东张某投股20万元，占40%的股份。张某系B公司的法定代表人。2005年B公司因未进行年检被工商管理部门吊销营业执照，处于停业状态。这笔货款是由B公司清偿还是由B公司的股东李某、张某清偿？

[法律解析]

法院判决：B公司二股东李某、张某滥用B公司法人独立地位，采取欺诈手段，签发空头现金支票，损害原告利益，应揭开B公司法人的面纱，否认B公司法人人格，根据《公司法》第二十条的规定，判决二被告李某、张某承担连带清偿责任。

[援引法条]

《中华人民共和国公司法》第二十条规定：公司股东应当遵守法律、行政法规章程，依法行使股东权利……不得滥用公司法人独立地位和股东有限责任损害公司债权人的利益……公司股东滥用公司法人独立地位和股东有限责任，逃避债务，严重损害公司债权人利益的，应当对公司债务承担连带责任。

法人代表擅自转让公司财产，合同是否有效

[案例]

江西省鄱阳县的陈女士与朋友饶某和薛某共同注册了一家网

络科技公司，饶某占百分之六十的股份并担任法人代表，陈女士占百分之二十、薛某占百分之二十，公司的主要财产是一家大型的网吧。由于数月来网吧一直亏损，于是饶某就想把网吧转让出去，陈女士明确表示不同意，正在二人对公司的去向争执不休时，陈女士的父亲突然生病住院，陈女士只好放下手头的工作照顾父亲。在陈女士不在的期间，饶某与A公司签订了一份由饶某签名并加盖公司印章的房屋转让合同，将公司的网吧以80万元的价格转让给A公司，陈女士得知情况后，遂向法院提起诉讼要求确认网吧买卖合同无效。

[法律解析]

饶某以公司的名义对外出售网吧时该网吧系公司主要财产，饶某未召开股东会对此形成股东会决意，而作为交易另一方的A公司也没对此重大交易行为尽到谨慎的注意义务。主观上有过失，故该房屋买卖行为无效。陈女士的诉讼请求应获得支持。

[援引法条]

《公司法》规定：股东出资成立公司以后，股东即丧失财产所有权，名义上和法律上的财产所有权归公司享有。但公司本身不能像自然人一样去实际管理拥有财产，而只能通过一定的管理机构即公司机关去进行。

以别家名号登记注册，企业也算侵权吗

[案例]

长虹水泥厂是当地一家著名企业。前不久该厂领导屡屡发现：在许多城镇中，无论是灯箱广告、横幅广告，还是以其他形式表现的广告中，都出现了一个名称"长虹水泥厂广厦粉磨站"。自己根本没有这么一个站，怎么凭空出来这么一单位？通过调查，长虹水泥厂弄清了事情的原委。原来，当地有一粉磨站，由于经营不善而长期亏损。这年通过职工大会选出了新的领导班子后，该班子想到要打开局面就要扩大知名度，可"冰冻三尺非一日之寒"，扩大知名度不是一天两天的事，于是又想到在自己企业前冠以长虹水泥厂的名称，并以变更企业名称、经营项目为由，骗取当地工商行政管理部门的登记注册。由于双方就停止侵权、赔偿损失问题交涉未果而诉讼。

[法律解析]

粉磨站的行为具有非法性。侵犯他人名称权的行为包括：非法剥夺他人的名称或者非法禁止享有某一合法名称；非法使用与他人名称相同或相近的名称、容易引起误解的名称等合法形式。从侵犯名称权的角度上看，侵权与否，所考虑的只是是否符合侵权的构成要件，而不在于是否登记注册，因为登记注册是行政管理的范畴，民事侵权则为民法所调整，两者所处理的法律关系、对象、侧重点不同。长虹水泥厂有权要求粉磨站或者诉请人民法院判令粉磨站停止侵害、恢复名誉、消除影响、赔礼道歉、赔偿损失。

[援引法条]

《民法通则》第九十九条规定：法人个体工商户、个人合伙享有名称权。

《企业法人登记管理条例》第十条规定：企业法人只准使用一

个名称。企业法人登记注册的名称由登记主管机关核定,经核准登记注册后在规定范围内享有专用权。

收款人以单位名义出具收据,合伙人的投资款应由谁返还

[案例]

王先生是某建筑公司的法定代表人。他与另三人协商,准备建立一个娱乐中心,地址设在建筑公司院内。几人约定,由王先生负责娱乐中心的审批手续及餐厅的所有设备,其他人则各出部分资金。其中,曹先生先将20万元投资款交给了王先生,王先生把投资款全部交给建筑公司财务人员,由财务人员收款并为曹先生出具了收据。但王先生一直没能办下审批手续,筹建娱乐中心的协议不能履行。曹先生起诉至顺义区法院,要求王先生及建筑公司返还20万元投资款。

[法律解析]

王先生依据合伙协议收取曹先生的投资款,而合伙协议筹建娱乐中心是王先生与另三人共同协商所进行的个人行为。建筑公司出具的收据证明王先生收了曹先生的投资款,这笔投资款由建筑公司负责代为管理。建筑公司本身没有参与娱乐中心的筹建工作,王某的个人行为与建筑公司无关。所以,曹先生的投资款应由王先生负责返还。

[援引法条]

《中华人民共和国民法通则》第四十三条规定:企业法人对它

的法定代表人和其他工作人员的经营活动，承担民事责任。

退伙时约定不承担合伙债务，有效吗

[案例]

张某、李某、沈某各出资5万元合伙开办一家餐馆，经营期间，因经营不善欠了陈某10万元。某日沈某提出退伙，张某、李某均表示同意，三方约定沈某放弃一切合伙权利，也不承担合伙期间的债务。沈某退伙后，张某、李某无力还款，陈某遂诉至法院要求沈某对此债务承担连带责任。沈某辩称其已退伙，债权、债务均与其无关。最终法院一审判决支持原告陈某的诉讼请求。

[法律解析]

本案中，陈某主张的10万元债权，是沈某与张某、李某在合伙期间的合伙债务，三人对此债务应承担连带清偿责任。沈某退伙时虽然三人约定，沈某放弃合伙权利，也不承担合伙债务，但这是合伙人之间的内部约定，对外仍应承担连带清偿责任。沈某在承担清偿责任以后，可以向张某、李某追偿。陈某的诉请于法有据，法院予以支持。

[援引法条]

《民法通则意见》第五十三条规定：合伙经营期间发生亏损，合伙人退出合伙时未按约定分担或者未合理分担合伙债务的，退伙人对原合伙的债务，应当承担清偿责任，退伙人已分担合伙债务的，对其参加合伙期间的全部债务仍负连带责任。

企业被兼并，所欠债务由谁承担

[案例]

某机床厂与广东一家缝纫机总厂签订了一份购买两台全自动模钻床的合同。不久，机床厂即按合同约定的内容，及时向缝纫厂发运去两台钻床。但当向缝纫机厂收货款时，缝纫厂却以"我厂正在整顿，无款可付"为由而拒付。过了一段时间，机床厂发现缝纫厂已被汽车发动机厂正式兼并，于是要求汽车发动机厂支付购买两台钻床的货款。而汽车发动机厂则称：他们兼并缝纫机总厂时已按双方协议支付了300万元兼并费。在资产评估过程中，债权中并未列有这笔欠款。合同不是汽车发动机厂签订的，怎么能让他们来还这笔钱呢？

[法律解析]

汽车发动机厂应该替缝纫厂偿还欠机床厂的借款。我国法律规定：当事人一方发生合并、分立时，由变更后的当事人承担或分别承担履行合同的义务和享有的权利。在机床厂与缝纫厂的合同有效的前提下，其债权也是合法的，是受法律保护的。缝纫厂被汽车发动机厂兼并，根据有关规定，缝纫厂的债权债务也应由汽车发动机厂承担。因为原企业的债权债务的移转，属于法定移转，无须征得相对人的同意。

[援引法条]

《民法通则》第四十四条规定：企业法人分立、合并或者有其他重要事项变更,应当向登记机关办理登记并公告。企业法人分立、合并,它的权利和义务由变更后的法人享有和承担。

法定代表人拿走公司财物,股东有权提起诉讼吗

[案例]

原告王涛诉称:2000年11月,我与被告李平共同出资成立北京泰山质量认证咨询有限公司,被告李平任法定代表人,我任总经理。2001年5月开始经营。自2002年6月至同年12月31日,被告违反公司章程的规定,委托其夫黄伟先后从公司强行拿走法人代表及公司印章、营业执照、记账凭证、激光打印机等财物,删除公司电脑中的公司业务指导文件等,其行为严重侵害了公司利益。现要求被告停止侵害行为,返还强行拿走的公司财物,赔偿经济损失174 000元,并负担诉讼费。被告李平辩称:因为看到公司财务管理混乱,为维护公司和股东的利益,我才委托黄伟收回公司公章、营业执照等财物。关于删除计算机文件一事,黄伟删除的只是个人文件,我没有实施侵害公司利益的行为,不同意原告的诉讼请求。

[法律解析]

法院审理后认为:被告李平因公司经营问题与股东(原告王涛)发生矛盾后,取走公司财物,至今未予归还,其行为已构成对公司利益的损害,故被告应停止侵害,返还从公司取走的财物。被告李平及第三人在答辩状和法庭陈述中,承认黄伟取走公司财物的行为系受被告李平委托而实施,故被告及第三人关于该行为系黄伟

个人行为，与被告无关的答辩意见，不能成立。原告王涛请求判令被告李平赔偿公司经济损失 174 000 元，因未能提供相应的证据，法院不予支持。故判决：被告李平返还给第三人北京泰山质量认证咨询有限公司委托黄伟取走的一切公司财物。

［援引法条］

《民事诉讼法》第五十六条规定：对当事人双方的诉讼标的，第三人认为有独立请求权的，有权提起诉讼。

企业濒临破产，要求中止履行合同是否合法

［案例］

A 和 B 两家公司曾经签订了一笔电子产品购销合同。按合同规定，A 公司应于 2008 年 10 月 1 日前向 B 公司分两批提供电子产品，费用在 A 公司提供第二批产品时 B 公司一并交付。2008 年 8 月份，A 公司按合同约定提供一批产品给 B 公司，但在 9 月初，A 公司从其他渠道得知，B 公司因经营不善，现资不抵债，已经面临破产的境地。A 公司派人查询后，证实了这一说法。在此情况之下，A 公司致电 B 公司，表示因 B 公司经济状况不佳，A 公司不能正常履行合同，通知 B 公司暂且不为其提供第二批货，待 B 公司经济条件好转后，再交货，如果坚持，B 公司得提供担保。B 公司坚持要求 A 公司依据合同办事，以合同中没有担保条约为由，要求 A 公司在 10 月 1 日前提供第二批产品。A 公司不肯。B 公司认为 A 公司拒不履行合同义务，因此向法院起诉，认为 A 公司应承担违约责任并应继续履行合同。

[法律解析]

此案例涉及《合同法》理论中不安抗辩权。案中，A公司与B公司签订了产品购销合同，该合同为双方有偿合同，合同的一方当事人A公司负有先履行合同的义务，但是A公司发现B公司经营不善，于是A公司提出要提供担保，否则停止借贷，这是符合《合同法》第六十八和第六十九条规定的，但是B公司拒绝提供担保，那么根据第六十八和第六十九条的规定，中止履行后，对方在合理期限内未恢复履行能力并且未提供适当担保的，中止履行的一方可以解除合同。因此，A公司的做法是合理的，也履行了相应的随附义务，因此，其有权利中止履行合同规定的义务，不构成违约。

[援引法条]

《合同法》第六十八条规定：应当先履行债务的当事人，有确切证据证明对方有下列情形之一的，可以中止履行："经营状况严重恶化。"

转让债权，可以不经债务人同意吗

[案例]

刘某欠王某2万元钱，约定2009年9月偿还。2009年4月，王某亟须用钱，于是与唐某商议，以1.5万元的价格把自己对刘某的2万元债权转让给唐某，即唐某先支付给王某1.5万元，等到2009年9月由唐某向刘某行使2万元的债权。王某打电话将此事通知给了刘某。2009年9月唐某向刘某索要欠款时，刘某声称自己并不欠唐某钱，拒绝偿还。刘某的主张有道理吗？

[法律解析]

本案中王某将自己的2万元债权转让给刘某的行为,不属于法律禁止转让的情形,且及时通知了刘某,因此刘某应向唐某履行债务。

[援引法条]

我国《合同法》第七十九条规定:除法定情形外,债权人可以把合同的权利全部或者部分让与他人。转让债权,只须通知债务人即可生效,无须征得债务人同意。

债务转让后,原债务人是否还要承担责任

[案例]

2009年8月,A公司销售给B公司一批商品,货款为50万元。B公司又把这批商品销售给C公司,货款为50万元。后来,A、B、C三公司达成书面协议,B公司欠A公司的货款由C公司偿还,C公司至今未将货款支付给A公司。在C公司不支付货款的情况下,A公司有权向B公司要回这50万元的货款吗?

[法律解析]

根据《合同法》第八十二条和第八十四条的规定,债务人接到债权转让通知后,债务人对让与人的抗辩,可以向受让人主张。根据第八十四条的规定,债务人将合同的义务全部或者部分转移给第三人的,应当经债权人同意。本案中,因三家公司达成一致协议,B公司的债务转让给C公司,A公司表示同意,则该协议对三方具有约束力,C公司不履行合同义务,A公司只能要求C公司承担违约责任,而不能再向B公司要求。

[援引法条]

《民法通则》第九十一条规定：合同一方将合同的权利、义务全部或者部分转让给第三人的，应当取得合同另一方的同意，并不得牟利。

债务还没到期，能够主张抵销吗

[案例]

朱某因做服装生意而向朋友任某借了1万元钱，约定3年以后连本带息一起归还。1年以后，任某提出自己也想做服装生意，以极低的价格、赊欠的方式多次向朱某购进服装100多套进行销售，获利颇丰，共计欠朱某服装货款1万余元。此时朱某由于要扩大规模亟须用钱，于是向任某提出要其先偿还这1万元的服装货款。任某提出以朱某欠他的1万元钱抵销，双方互不欠债。朱某可以要求任某先还他的服装货款吗？

[法律解析]

本案中，双方当事人虽然相互担负同种类的债务，但是提出抵销的当事人任某的债务还没有到期，而他欠朱某的服装货款没有约定偿还的期限，朱某可以随时索要，因此任某提出抵销，朱某可以不同意，可以要求任某先还其服装货款。

[援引法条]

《合同法》第九十九条规定：当事人互负到期债务，该债务的标的物种类、品质相同的，任何一方可以将自己的债务与对方的债务抵销，但依照法律规定或者按照合同性质不得抵销的除外。 实践中，抵销的生效条件有以下几种：必须是双方当事人互负债务、互享债权；必须是相同种类的债务；主动提出抵销的当事人债权已到期。

合伙企业中被除名不服该怎么办

[案例]

邵某和几个朋友合伙成立一家企业，其他合伙人一致推举邵某执行合伙事务。前不久在跟某单位洽谈一笔业务时，因邵某的过失导致该合伙企业受损。其他几个合伙人就一致表决要把邵某除名。如果邵某对除名决定不服该怎么办？

[法律解析]

公司对合伙人的除名决议应当书面通知被除名人。被除名人接到书面除名通知之日，除名即开始生效。如果被除名人对除名决议有异议的，可以自接到除名通知之日起30日内，向人民法院起诉。故邵某可以自接到除名通知之日起30日内，向人民法院起诉。

[援引法条]

我国《合伙企业法》规定：合伙人有下列情形之一的，经其他合伙人一致同意，可以决议将其除名：

（一）未履行出资义务；

（二）因故意或者重大过失给合伙企业造成损失；

（三）执行合伙企业事务时有不正当行为；

（四）合伙协议约定的其他事由。

对合伙人的除名决议应当书面通知被除名人。被除名人自接到除名通知之日起，除名生效，被除名人退伙。

单个合伙人能否解散合伙企业

[案例]

曾某、杨某和范某共同成立了一家合伙企业。曾某和范某以货币出资,杨某提供经营场所。但生意一直不是很顺利。故杨某要求解除合伙企业,分割共同财产及分摊债务,并要求曾某和范某退出经营场所。在曾某和范某不同意的情况下,杨某个人能否要求解散合伙企业?

[法律解析]

合伙企业必须符合法定解散条件的才能解散。但如果仅仅是杨某单方要求解散合伙企业,而没有符合法定的解散条件,则杨某只能要求退伙而不能要求解散合伙企业。

[援引法条]

《合伙企业法》规定:合伙企业有下列情形之一的,应当解散:

(一)合伙期限届满,合伙人决定不再经营;

(二)合伙协议约定的解散事由出现;

(三)全体合伙人决定解散;

(四)合伙人已不具备法定人数满三十天;

(五)合伙协议约定的合伙目的已经实现或者无法实现;

(六)依法被吊销营业执照、责令关闭或者被撤销;

(七)法律、行政法规规定的其他原因。

合伙企业的负责人,能否转让合伙企业

[案例]

范某与两位朋友共同出资合伙经营一家企业,办理了营业执照,范某是合伙企业的负责人。但是由于经营不善,企业严重亏损。范某想把这家合伙企业转让给别人,但范某的朋友不同意。范某有权自己把企业转让出去吗?

[法律解析]

在未经朋友同意的情况下,范某无权把企业转让出去。

根据《合伙企业法》的规定,范某可以把合伙企业中属于自己的财产份额转让出去。

[援引法条]

《合伙企业法》规定:合伙企业存续期间,合伙人向合伙人以外的人转让其在合伙企业中的全部或者部分财产份额时,须经其他合伙人一致同意。 合伙人之间转让在合伙企业中的全部或者部分财产份额时,应当通知其他合伙人。 合伙人依法转让其财产份额的,在同等条件下,其他合伙人有优先受让的权利。

创业合伙人怎样才能退出公司

[案例]

徐某和几个朋友共同投资合伙开了一家有限责任公司,但由于办理了加拿大移民手续要到国外定居,他决定撤出股份,离开

公司。徐某要退出公司要遵循哪些法律规定呢？

[法律解析]

股东在公司登记后，不得抽逃出资。股东如果要退出公司，可以向其他股东转让股权，也可以在取得半数以上其他股东同意的情况下向股东以外的其他人转让股权。经股东同意转让的股权，在同等条件下，其他股东对该股权有优先购买权。

[援引法条]

《公司法》第七十二条规定：有限责任公司的股东之间可以相互转让其全部或者部分股权。股东向股东以外的人转让股权，应当经其他股东过半数同意。股东应就其股权转让事项书面通知其他股东征求同意，其他股东自接到书面通知之日起满三十日未答复的，视为同意转让。其他股东半数以上不同意转让的，不同意的股东应当购买该转让的股权；不购买的，视为同意转让。

公司破产，公司债务该如何处理

[案例]

冯某和黄某打算成立一个有限公司，注册资本为100万元，但是他们只有80万元。后来他们请了一个在会计事务所工作的朋友帮忙，以虚假出资证明设立了一家有限公司。公司成立后经营不善，资不抵债，欠贷款120万元。公司债务该如何处理？

[法律解析]

股东应当按期足额缴纳公司章程中规定的各自所认缴的出资

额。因此，冯某和黄某应当先补足股款，然后由公司以其全部财产对公司的债务承担责任。该会计事务所因其提供的出资证明不实，给公司债权人造成损失，应当在其证明不实的金额范围内承担赔偿连带责任。

[援引法条]

《公司法》第二十八条规定：股东应当按期足额缴纳公司章程中规定的各自所认缴的出资额。股东以货币出资的，应当将货币出资足额存入有限责任公司在银行开设的账户；以非货币财产出资的，应当依法办理其财产权的转移手续。股东不按照前款规定缴纳出资的，除应当向公司足额缴纳外，还应当向已按期足额缴纳出资的股东承担违约责任。

以劳务出资的合伙人要对债务负责吗

[案例]

任某打算开一家面包房，找到做西点的朋友范某说："你无须投资，注册登记、店面、设备、人员工资等都由我负责，你只负责做西点就行。利润三七分成，你三我七。"范某应允，于是任某将二人的面包房登记为普通合伙企业，面包房开张。第一、二年均赢利，二人按约定进行了分成。但第三年出现亏损，任某因逃债到了外地，范某声称自己只是面点师，不是合伙人，债务与其无关。范某的说法成立吗？

[法律解析]

范某的说法不成立，他应当与任某一起对债务承担责任，即债主可以找任某或者范某中的任何一人要求偿还债务。范某以劳务出资并分享了合伙收益，是合伙人，所以应该对企业的债务承担责任。

[援引法条]
《合伙企业法》规定：合伙人对合伙债务承担无限连带责任。

合伙人退伙了还对合伙期间的债务承担责任吗

[案例]

乔某、曾某、白某成立一家有限合伙企业，其中乔某投入10万元资金，并约定以10万元资金对外承担有限责任。企业成立后，由于经营不善一直处于亏损状态，并在外欠了一些债务。乔某见状，找到曾某与白某商议，欲退出合伙，二人同意，并给乔某退了7万元钱。1个月后，合伙企业破产，欠了20万元外债。乔某对这份债务有偿还的责任吗？

[法律解析]

乔某应以7万元合伙企业的债务承担责任。本案中，合伙企业自成立以来一直处于亏损状态，乔某退伙后1个月即破产，很显然合伙企业债务中的绝大部分是乔某退伙前产生的，因此乔某应以他退伙时取回的财产承担责任。

[援引法条]
《合伙企业法》规定：有限合伙人退伙后，对于其退伙前发生的合伙企业债务，应当以其退伙时从合伙企业取出的财产承担责任。

个人独资企业以家庭共有财产出资,就以共有财产承担责任吗

[案例]

孙某以家庭共有财产20万元出资设立了一家个人独资企业,但是在申请设立登记时称他是以个人财产出资。后来孙某的企业出现负债,债主可否要求以孙某的家庭共有财产承担债务?

[法律解析]

孙某只得以个人财产对企业的债务承担无限责任。本案中,孙某虽以家庭共有财产出资,但在进行设立登记时是以个人财产出资的名义进行的,因此应当以其个人财产对外承担责任。

[援引法条]

《个人独资企业法》规定:个人独资企业在申请设立登记时如果明确是以家庭财产出资的,则应当以家庭财产对企业债务承担无限责任。

第八章 合同契约：立字为据，明确权责的依据

合同标的物价格上涨，能否作为解除合同的条件

[案例]

2003年9月29日，被告大公公司与原告银宝公司签订买卖合同，由银宝公司向大公公司提供张家港化肥厂生产的规格为23.5%的氯化铵2000吨，总货款为78万元，在海安县境内码头交货，2003年12月31日交清，大公公司当即以78万元的银行承兑汇票向银宝公司交清了全部货款。银宝公司亦从张家港生产厂家购入部分氯化铵，但未向大公公司交货。2003年11月28日大公公司收到银宝公司发出的函一份，称所订合同因生产厂家原材料涨价，造成氯化铵价格大幅度上涨，张家港提货价涨至530元/吨，数次与大公公司联系无明确答复，现函告，请速回电，否则原合同将无法履行。大公公司未回复。合同期限届满后，大公公司于2004年1月14日收到银宝公司送货300吨，同年2月2日再次收到银宝公司送货200吨。同年2月18日，大公公司通过银宝公司自提氯化铵600吨。此后，银宝公司未再供货。2004年3月5日，银宝公司以大公公司为被告向法院提出诉讼，以合同标的物价格大幅度上涨属情势变更为由请求解除双方2003年9月29日所签订的合同。

[法律解析]

本案在宣判前，经法院做工作，最终双方当事人自行和解，由银宝公司赔偿大公公司部分损失，并以原告申请撤诉，法院裁定准许的方式结案。

[援引法条]

《中华人民共和国合同法》第八条第二款规定：依法成立的合同，受法律保护。

没被公证的转让协议有效吗

[案例]

有人向律师询问："我和朋友私下签订了股份转让协议，朋友将自己公司的股权转让给我，他是公司法定代表人也是唯一的股东，协议没有拿到公证处公证，也没有去工商局办理变更，请问协议是否有效？"

[法律解析]

律师回答："该协议有效。你有权按照所占的股份分红，但是要及时到工商部门做变更登记。另外要审查该股份是否属于夫妻共同财产。如果是，还应该得到夫妻另一方的追认。"

[援引法条]

《民法通则》第五十八条规定：下列民事行为无效：

（一）无民事行为能力人实施的；

（二）限制民事行为能力人依法不能独立实施的；

（三）一方以欺诈、胁迫的手段或者乘人之危，使对方在违背真实意思的情况下所为的；

（四）恶意串通，损害国家、集体或者第三人利益的；

（五）违反法律或者社会公共利益的；

（六）经济合同违反国家指令性计划的；

（七）以合法形式掩盖非法目的的。

无效的民事行为，从行为开始起就没有法律约束力。

父母妻子争一房，合同诊断非赠与

[案例]

原告老刘与老吴系夫妻关系。被告刘某系二原告之子。2005年5月，被告刘某与被告小梅结婚，均系二婚。2006年7月18日，二原告与被告刘某签订了"房地产买卖契约"，约定二原告将共有的楼房一栋出售给被告刘某，房价款20万元，并约定于2006年7月18日前付清。同年7月26日，涉案房屋过户到被告刘某名下。现原告诉至法院，要求被告给付购房款20万元及自2006年7月18日至2010年9月19日期间的利息5万元。被告小梅辩称，在与刘某结婚前，二原告说好只要结婚就把此楼房赠与他们。

[法律解析]

经法院审理后认为，二原告与被告刘某签订的"房地产买卖契约"系双方的真实意思表示，契约内容合法有效。因此，双方依法应享有合同权利并履行合同义务，二原告依合同约定履行了交付房屋及办理房屋过户手续的义务；房屋买卖契约中，买受人一方虽系被告刘某一人签署，但该房屋系被告刘某与被告小梅婚后取得，故应认定为夫妻共有财产，因此，购房产生的相关债务也应依法由二被告共同偿还。

[援引法条]

《婚姻法》规定：夫妻结婚后到一方死亡或者离婚之前这段时间，这期间夫妻所得的财产，除约定的外，均属于夫妻共同财产。

哥病故银行留存款，弟持公证能否提取

[案例]

家住头铺镇的樊老汉哥哥 2010 年 5 月 3 日因病在蚌埠去世，生前曾在一银行有存款 43 000 元。2010 年 5 月 18 日，樊老汉为继承该笔遗产申请公证处进行公证。公证处进行调查证实确有存款 43 000 元，出具了公证书。为此，樊老汉持公证书向银行请求支付该笔存款及利息，但遭到拒绝，无奈之下走进法院，请求法院依法判令被告支付 43 000 元及利息并承担本案的诉讼费用。银行辩称，拒绝支付是因为很多原因。一是原告方没有提供存折、存单，故被告无法支付。二是存款是否为遗产不能确定，公证书上虽然指明了樊老汉哥哥身前遗留存款 43 000 元，但没有界定为遗产。三是有同居女友持身份证和存单要取款。

[法律解析]

法院审理认为：樊老汉哥哥在被告处存款 43 000 元，形成了储

蓄存款合同关系，且合法有效。樊老汉哥哥无配偶和子女，其父母和妹妹也早已去世，原告是其唯一合法继承人，该笔遗产应由原告继承。被告抗辩取款应凭存折、存单支取，那指的是在正常情况下，本案虽然原告无存单，但该笔存款确实在被告处，原告为合理支取该笔存款，按照《储蓄管理条例》的若干规定，到公证处对该笔遗产进行公证，原告请求被告支付43 000元存款及利息的主张，予以支持。至于被告方提出的同居女友的问题，由于没有提出相关证据对此加以佐证，不予采信，法院遂依法做出一审民事判决：银行应支付给原告樊老汉存款43 000元及利息，案件受理费875元，减半收取437.50元，也由被告负担。

[援引法条]

中国人民银行《关于执行〈储蓄管理条例〉的若干规定》规定：存款人死亡后，合法继承人为证明自己的身份和有权提取该项存款，应向储蓄机构所在地的公证处（未设公证处的地方向县、市人民法院）申请办理继承权证明书，储蓄机构凭以办理过户或支付手续。

欠条笔迹潦草惹祸端

[案例]

40岁的赵建平是新郑市人，他与王军是多年生意场上的朋友。2009年，王军开服装店因缺少周转资金，便向赵建平借了10 000元。一年后，王军因有急事将服装店转让给赵建平，服装店的衣服核算为10 500元，王军应付赵建平的10 000元通过互相抵销后，赵建平还欠王军500元，他便给王军打一张"欠王军现金伍佰元整"落款人为赵建平的欠条,赵建平所写的欠条的"百"字书写得潦草,且与"万"字相似。一年后,王军拿着赵建平给他打的500元的欠条,却声称赵建平欠其50 000元,要求赵建平偿还。

[法律解析]

法院审理认为,河南某鉴定机构笔迹鉴定中心对欠条进行鉴定,结论为:送检的检材及样本经检验,两者在书写水平、书写格式、单写法、阿拉伯数字写法等书写习惯特征反映相同,并且与"百"的错字在写法一致。故欠条是"伍佰元",不是"伍万元"。河南省新郑市人民法院判决被告赵建平偿还原告王军500元。

[援引法条]

《民事诉讼法》第七十二条第一款规定:人民法院对专门性问题认为需要鉴定的,应当交由法定鉴定部门鉴定;没有法定鉴定部门的,由人民法院指定的鉴定部门鉴定。

草率签合同吃了哑巴亏,房主忍痛卖房

[案例]

2002年8月,李某某将其位于洪山区的住房租给外地来汉的王某居住。后来,王想购买此房,双方于2003年5月敲定8万元房价并签订了售房合同。双方约定待该房证件办好后过户时一次付清房款。在此之前,对方仍要交租金。若5年内不能过户,租金减半。为防毁约,双方约定了高达20%的违约金。合同签得非常简单。2004年5月底,李某某告诉王某他岳父母要搬来住,房子不想卖了,愿赔偿其损失。王称要与家人商量。"但他一年多都避而不见。"李某某说。2005年9月,法院通知李某某:王某将其告上了法庭。

[法律解析]

经一审法院审理,认为售房协议中约定有"20%违约金"的违约条款,依照公平和等价有偿原则,判决李某某向王赔付16 000元的违约金,终止该合同。王某不服判决上诉,二审法院则认为虽有违约金条款,但并未写明这是解除合同条件。李某某不但仍须按8万元价格卖房给王军,还要承担诉讼费。

[援引法条]

《合同法》规定:当事人对合同的效力可以约定附条件。附生效条件的合同,自条件成就时生效。附解除条件的合同,自条件成就时失效。

征租女友回家过年的合同效力如何认定

[案例]

一则征租女友的广告出现在广东东莞市凤岗网论坛,吸引了不少市民的注意。现在,越来越多的大龄青年为了应付父母的"催婚令",不惜重金租个"恋人"回家过年,为明确双方权利义务往往都会签订"租友协议"。那么"租友协议"是否受法律保护?它的性质又该如何界定?法院在审理类似纠纷时又该如何处理呢?

[法律解析]

有律师认为,首先,依据我国《合同法》合同自由原则的要求,合同只要不违反法律禁止性规定和公序良俗,当事人对与合同有关的一切事项都有选择和决定的自由,故当事人选择订立租友协议是成立、有效的。至于租友协议的性质该如何界定,根据最高人民法院《关于审理人身损害赔偿案件适用法律若干问题的解释》,所谓雇佣关系,是指雇员从事雇主授权或者指示范围内的生产经营活动或者其他劳务关系。那么租友协议本质上就是雇佣协议。

[援引法条]

最高人民法院《关于审理人身损害赔偿案件适用法律若干问题的解释》第九条规定:雇员在从事雇佣活动中致人损害的,雇主应当承担赔偿责任;雇员因故意或者重大过失致人损害的,应当与雇主承担连带赔偿责任。雇主承担连带赔偿责任的,可以向雇员追偿。前款所称"从事雇佣活动",是指从事雇主授权或者指示范围内的生产经营活动或者其他劳务活动。雇员的行为超出授权范围,但其表现形式是履行职务或者与履行职务有内在联系的,应当认定为"从事雇佣活动"。

重大情事变更,合同应当解除

[案例]

原告龙某与被告某村民小组于2008年2月签订协议一份,约定某村民小组将一座轮窑及土地使用权租给龙某使用至2010年。

2008年12月，区政府根据市政府要求，制订了《关闭部分砖瓦厂的计划》，明确将于2011年关闭A砖瓦厂。龙某所租的轮窑在该砖瓦厂内。因承包的轮窑将被关停，致其无法生产，龙某诉至法院，要求解除协议，被告仓房村民小组返还部分承租金。

[法律解析]

二审法院经审理认为：龙某与某村民小组签订的租赁协议系双方当事人真实意思表示，且不违反法律法规的禁止性规定，应为合法有效。但双方合同签订后不久，市政府下发文件，要将含A砖瓦厂在内的一批窑厂关闭。据此，相关职能部门对龙某重新申领有关证照不再予以审批，致使其租赁的轮窑无法正常进行生产，事实上造成了龙某租赁轮窑生产的合同目的根本不能实现，继续履行合同无疑将会给其造成极大损失。因此，龙某要求解除租赁合同的请求应予支持。由于政府禁止生产的事实，双方在订立合同时均无法预见，对合同的解除均不存在过错，故本合同依法解除前，龙某对实际占用轮窑及相应土地期间的租金应给付某村民小组。合同解除后，某村民小组应退还龙某预交的租金。

[援引法条]

最高人民法院《关于适用＜中华人民共和国合同法＞若干解释（二）》第二十六条规定：合同成立以后客观情况发生了当事人在订立合同时无法预见的、非不可抗力造成的不属于商业风险的重大变化，继续履行合同对于一方当事人明显不公平或者不能实现合同目的，当事人请求人民法院变更或者解除合同的，人民法院应当根据公平原则，并结合案件的实际情况确定是否变更或者解除。

明知以贷还贷,保证人如何担责

[案例]

2005年6月4日,原告某信用社与被告某玻璃有限公司签订保证贷款合同一份,约定原告某信用社向被告某玻璃有限公司提供贷款人民币520万元,借款期限12个月,自2005年6月4日起至2006年6月4日止,借款利率为月息10.695‰;被告某集团公司同意为被告某玻璃有限公司提供担保,保证期间为主合同约定的债务期限届满之日起2年,并签订保证合同。合同到期后,被告某玻璃有限公司未能偿还借款,被告某集团公司以该贷款系以贷还贷的违法行为,拒绝履行担保责任。此案诉至法院后,经审理查明,在原告某信用社(保证)贷款申请、调查、审查、审批表(新贷款、展期)中均写着"借款还旧",有某集团公司的签章,保证合同有其法人代表高某的亲笔签名。

[法律解析]

原审法院认为,原、被告签订的借款合同是双方真实意思表示,符合法律规定,该合同合法有效;合同签订后,被告某玻璃某有限公司享受了合同规定的权力,未履行合同规定的义务,已违约,遂一审判决:被告某玻璃有限公司偿还原告借款520万元,并承担自借款利息;被告某集团有限公司对上述款项承担连带清偿责任。一审判决后,某集团公司不服,提起上诉。经二审审理,终审判决:驳回上诉,维持原判。

[援引法条]

《最高人民法院关于适用<中华人民共和国担保法>若干问题的解释》第三十九条规定：主合同当事人双方协议以新贷偿还旧贷，除保证人知道或者应当知道的外，保证人不承担民事责任。

免责条款未告知，保险公司败诉

[案例]

2006年10月31日20时许，男青年魏易（化名）驾驶无行车牌证的二轮摩托车与对行货车相撞，经抢救无效死亡。该事故经交警部门勘验认定魏易负主要责任。魏易去世后，年迈的父母忽然想起，儿子2005年曾经通过其所在单位投保了人身意外伤害保险，交付保险费100元，保险金额5万元。当老人到保险公司索赔时，未料保险公司以驾驶无效行驶证车辆不在理赔范围之内为由拒绝赔偿。法院查明，被告出具的保险单中，投保人和被保险人均为魏易。

[法律解析]

法院认为，保险合同中规定有关于保险人责任免除条款的，保险人在订立保险合同时应当向投保人明确说明，未明确说明的，该条款不产生效力。综上，二原告作为魏易的第一顺序法定继承人，要求被告支付保险金，符合法律规定，法院遂判决被告赔偿原告保险金5万元，并承担案件受理费。

[援引法条]

《保险法》第十六条、第十七条规定：保险人应对保险合同的一切条款进行说明，尤其是责任免除条款。

高价牟取不正当利益的买卖合同是无效的吗

[案例]

A服装公司业务上需要购买某种特殊的布料,但是一直没有得到满意的回应。交货的日期一天天逼近,该公司十分着急,B公司得知以后,提出愿意以市场价的三倍出售同样的布料。A服装公司于是与B公司签订了合同,但是一年以后,A服装公司提出合同无效,要求B公司返还布料款。该合同是否无效?

[法律解析]

B公司利用A服装公司急需布料之机,以市场价的三倍出售该布料,牟取不正当利益,使对方迫于无奈而订立了合同,这是乘人之危,该合同属于可撤销的。撤销权人行使撤销权必须符合规定的期限;超过该期限,撤销权消灭,合同即为有效。因此,本案中,A服装公司的撤销权已经消灭,无权要求返还钱款。

[援引法条]

《合同法》第五十五条规定:具有撤销权的当事人自知道或者应当知道撤销事由之日起一年内没有行使撤销权,其撤销权消灭。

没有签订书面合同,但已履行完毕是否有效

[案例]

2009年3月15日,某外贸公司为出口化工原料,到某化工厂采购化工原料400吨。双方口头商定:由化工厂于同年5月20

日前将400吨化工原料托运到外贸公司仓库,产品质量达到国家标准,每吨价格为2000元,付款结算办法为先由化工厂发货,然后由化工厂凭本厂发货及铁路托运票证到外贸公司结算,发一批货,结一次款项。此次商谈的两天之后,外贸公司给化工厂打来电话称:"将原定的400吨改为600吨,质量、价格、到站地点与原商定一样,无变化。"后来由于外贸公司未与外商正式签订合同,外商改变了从中国进口此货的计划。在此情况下,外贸公司既未令化工厂停止发货,也未从某仓库将货物取走或转为内销。11月,外贸公司发现此化工原料已经变质,于是找到化工厂要求其处理此货。化工厂以合同已经履行完毕,该化工原料已超过保质期为由拒绝处理。

[法律解析]

当事人订立合同,有书面形式、口头形式和其他形式,一般情况下,可由当事人自行决定。根据本案合同履行的实际情况:化工厂托运以后,凭厂方发票和铁路托运单结算,交一批货结一笔款。外贸公司已经全部付清贷款。所以,本案合同的履行实际上是即时清结的,可以不要求采用书面形式。而且合同主要义务已经履行完毕,因此,该口头合同有效成立。

[援引法条]

《合同法》第三十六条规定:法律、行政法规规定或者当事人约定采用书面形式订立合同,当事人未采用书面形式但一方已经履行主要义务,对方接受的,该合同成立。

一方没有签字,但是已履行的合同有效吗

[案例]

王某与同乡的郭某签订了冬枣买卖协议,由郭某在一周内给王某发一车冬枣,货到付款。王某签字后合同快递给郭某,郭某因公司负责签字盖章的人员出差而未能及时签字盖章,但还是根据合同约定的时间向王某发货,王某在签收单上签字表示收到货物。后来,王某以郭某没有在合同上签字盖章为由,认为合同不生效,拒绝付给郭某货款。这个合同生效吗?

[法律解析]

这个合同是具有法律效力的。现实中,确实存在一方当事人由于路途遥远或者如本案中负责签字盖章的人员不在等,合同又不得不马上履行的情况;对方当事人则由于某些原因,以履行合同一方没有签字或盖章为由提出解约或不承认合同成立。在此情况下,法律本着公正与鼓励交易的原则,采取保护已履行主要义务一方合法权益的做法,认定此种情形下合同有效。

[援引法条]

《合同法》规定:双方采用书面形式订立合同,没有签字或者盖章的一方已经按照合同履行了主要义务的,该合同有效。

合同对交易价格不明确,应当如何确定

[案例]

2009年5月,内地某批发市场打算在8月从沿海某市购进一

批海产品。当时，该地水产品批发价格为每千克60元，而据批发市场了解，此时沿海某市水产品的批发价格为50元每千克。于是海鲜批发市场便与沿海某市某水产品公司在本地签订了一份水产品买卖合同，合同约定水产品公司于8月向海鲜批发市场供应水产品20吨，采取买方自提的方式由批发市场到水产品公司提货，经验收合格后即时付款，合同约定水产品价格按照市价计算。由于某些原因，从2009年6月开始，市场上水产品价格开始整体下滑，内地水产品市场的水产品降为每千克45元，而沿海某市水产品市场的价格则降为每千克35元。8月，批发市场到水产品公司提货时表示，双方已在合同中约定了按市价购买水产品，现在水产品市场的价格出现了普遍下滑的趋势，因此希望按照两市的平均价格来计算这批水产品的交易价格。而水产品公司本想按照5月份签订合同时本地水产品市场的价格来计算交易价格，现在价格下降，自己经济效益也会减少，因此不同意批发市场的请求，坚持按照5月份签订合同时本地的市场价格来确定本次交易价格。双方就价格问题争论不休，不能达成一致意见，诉至法院。

[法律解析]

本案双方当事人在合同中约定按照市价来计算这批水产品的价格，但对何地何时的市价并未做明确约定，这属于价格约定不明确的情形。本案中市价可按照订立合同时履行地的价格来履行，即5月份的价格来计算。同时，合同约定由批发市场到水产品公司自行提货，可见合同履行地为沿海某市，因此应按5月份沿海某市水产品价格来计算。

[援引法条]

《合同法》规定：当事人就质量、价款等内容约定不明确的，可以协议补充；不能达成补充协议的，按照合同有关条款或者交易习惯确定；仍不能确定的，如果有价款或者报酬不明确的情形，按照订立合同时履行地的市场价格履行。

合同对交易时间不明确，应当如何确定

[案例]

2009年4月，某食品加工厂向某养殖场订购了20吨带鱼，约定一年内分4次交货，但对具体的交货时间没有做明确约定。合同签订不久，养殖场通知食品加工厂，欲于2009年8月之前将带鱼分4次全部交给食品加工厂。食品加工厂以带鱼加工是循序渐进的过程且没有足够的冷冻仓库为由拒绝在8月之前分4次收货，认为应该按照以往的交易习惯，每两个月收一次货。本案中，谁的主张能得到法律的支持？

[法律解析]

本案中双方对合同履行的具体时间没有约定，可以就此签订补充协议，按照双方以往共同遵循的交易习惯进行。如果达不成协议，根据第六十二条的规定，履行期限不明确的，债务人可以随时履行，债权人也可以随时要求履行，但应当给对方必要的准备时间。案例中，带鱼属于保质期短易腐烂的鲜活食物，食品加工厂表示自己没有那么大的冷冻仓库，如果短时间内大量购进只会造成损失，因此，本着合同履行的诚实信用原则，养殖场应该两个月交一次货，而不应随时交货。食品加工厂的主张能够得到支持。

[援引法条]

《合同法》规定：合同签订后，双方就质量、价款或者报酬、履行地点等内容没有约定或者约定不明的，可以补充协议；不能达成补充协议的，按照合同有关条款或者交易习惯确定。

对方提前履行合同，造成损失谁来担责

[案例]

某超市与某屠宰场签订了一份500千克鲜肉的购销合同，双方约定于9月底交货。8月初，屠宰场通知超市将于8月10日将货送到，超市负责人表示超市现在没有足够的冷藏库，而且夏天还未完全过去，如果运来势必增加超市成本，因此不能接收货物。但是屠宰场仍然于8月10日将货送到。超市负责人带屠宰场的送货人员看了冷藏库，见确实没有地方可放，于是将货拉回。回去途中遇上大雨，部分鲜肉损毁。屠宰场要求超市对损毁的鲜肉进行赔偿，屠宰场的赔偿请求能得到支持吗？

[法律解析]

本案中，如果屠宰场提前履行合同，会造成超市仓储紧张，增加超市的经营成本，可以认定为有损超市的利益，因此超市可以不接受屠宰场的履行。超市不接受履行，这些鲜肉的所有权就没有转

移到超市方，因此，在此期间所造成的损毁，损失应当由屠宰场自负。

[援引法条]

《合同法》第七十一条规定：债权人可以拒绝债务人提前履行债务，但提前履行不损害债权人利益的除外。

合同先行履行不符合约定，后行履行该怎么办

[案例]

某贸易进出口公司与一家内地服装加工公司签订了一份合同。按合同规定，服装加工公司按时为贸易进出口公司提供的服装产品必须做工精良，质量较高。在一次双方履行合约过程中，贸易进出口公司发现服装加工公司提供的产品中有些做工粗糙的服装充斥其间，于是以不符合合同要求为由未接收并拒绝付款。服装加工公司不服，以该贸易进出口公司不履行合约为由将其诉至法院。

[法律解析]

本案中，作为先履行义务一方的服装加工公司，没有提供高质量的服装产品给贸易进出口公司。作为先履行义务一方的服装加工公司，其履行义务不符合约定，这种情况下，贸易进出口公司的做法符合《合同法》规定，并未违约。

[援引法条]

《合同法》第六十七条规定：当事人互负债务，有先后履行顺序,先履行一方未履行的,后履行一方有权拒绝其履行要求。先履行一方履行债务不符合约定的,后履行一方有权拒绝其相应的履行要求。

什么是不安抗辩权

[案例]

路某与邹某订立货物买卖合同,双方约定路某于2009年7月14日交货,邹某于收到货物后1周向路某支付货款。2009年6月,路某发现邹某有转移大笔财产的行为,为防邹某收到货物无法按时向其付款,路某决定暂不向邹某交货。7月14日后邹某见路某拒不交货,于是向法院提起诉讼,请求路某按时交货。法院会支持邹某的诉讼请求吗?

[法律解析]

当事人行使不安抗辩权后,倘若对方当事人提供了担保或者先履行了合同,不安抗辩权消灭,当事人应当履行合同。应当先履行合同的当事人行使了不安抗辩权,对方当事人既未提供担保,也不能证明自己的履约能力,行使不安抗辩权的当事人有权解除合同。当事人行使不安抗辩权错误的,应当承担违约责任。因此,如果路某有确实的证据证明邹某有转移财产、企图逃避债务的行为,可以不向邹某履行合同。

[援引法条]

《合同法》规定:不安抗辩权指双方合同成立后,应当先履行的当事人有证据证明对方不能履行合同义务，或者有不能履行合同义务的可能性时，在对方没有履行或提供担保前，有权中止履行合同义务。

货物价格没有达成一致，买卖合同能否成立

[案例]

瓜农马某欲向某农产品公司出售一批西瓜。马某给该公司打电话说自己打算销售西瓜400千克，每千克的售价是0.5元。该公司的业务经理表示，公司认为马某的西瓜卖得太贵，公司只同意以每千克0.4元的价格收购，双方事后没有达成一致意见。后来西瓜价格猛涨，该农产品公司给马某打电话称愿意以每千克0.55元的价格收购，并且催马某发货，但是此时，马某的西瓜已经销售一空。该农产品公司于是起诉马某违约。

[法律解析]

案例中，马某向农产品公司发出要约，希望对方购买自己的西瓜。该农产品公司在做出承诺之后，对合同的价格进行了更改，属于实质性变更，即为新的要约，而马某对于这一新的要约没有做出承诺，根据《合同法》第二十一条和第三十条的规定，合同并没有成立，那么，马某当然有权利把西瓜转卖给别人，马某的行为并不构成违约。

[援引法条]

《合同法》第十三条、第十四条规定：当事人订立合同，采取要约、承诺方式。 要约应当内容具体确定，并且表明经受要约人承诺，要约人即受该意思表示约束。

婚庆公司丢失婚礼录像属于合同违约吗

［案例］

原告刘某、赵某为结婚事宜于 2006 年 10 月与被告张某某约定，由被告张某某为原告提供结婚礼仪服务，服务项目包括提供主持人、婚礼摄像等。原告与被告的婚庆礼仪公司签订了婚庆服务预约单一份，对服务项目及婚庆日期等明确进行了约定。之后，原告向被告支付了婚庆服务费 1570 元。2006 年 11 月 3 日原告举行了婚礼，被告当日向原告提供了相关服务，但至今录像片段未向原告刘某、赵某交付，致使二原告的结婚场景无法再现，给原告精神上造成了伤害。据此，原告刘某、赵某请求法院判令被告张某某退回原告为此交付的婚庆服务费 1570 元，并赔偿精神损失 10 000 元。

［法律解析］

洛阳市涧西区人民法院经审理后认为，原告与被告的服务合同意思表示真实、该合同具有法律效力。 被告张某某至今没有向原告提供原告刘某、赵某婚庆场面的录像材料，被告的行为已经形成合同上的违约，在本案中应承担相应的违约责任。 判决如下：被告张某某退回原告刘某、赵某某服务费 1570 元；被告张某向原告刘某、赵某赔偿精神损失费 1000 元；本案诉讼费 911 元由被告张某某承担。

[援引法条]

《合同法》规定：有偿的委托合同，因受托人的过错给委托人造成损失的，委托人可以要求赔偿损失。

卖房又反悔应承担违约责任吗

[案例]

2007年4月1日，郭某、严某签订《广州市商品房买卖合同》，约定郭某向严某购买本市天河区某大道103号603房，转让价款为53万元，郭某于2007年4月1日支付5万元定金，同年4月8日前拿到产证后支付11万元，5月8日前放贷后支付36万元，双方如有一方违约，则应支付违约金5万元。签订合同当日，郭某支付严某定金5万元，严某出具了收条。严某于2007年4月1日向广州市房地产交易中心申领房屋的产权证，当天，该交易中心向严某出具了收件收据。嗣后，郭某按合同于2007年4月8日至中介方广州某房地产经纪有限公司天河分公司，欲将第二笔房款11万元支付给严某，但严某却不肯收取房款，并表示不愿意将房屋按合同约定的价格出售给郭某。2007年4月，郭某诉至法院，要求双倍返还定金10万元。

[法律解析]

法院认为，依法成立的合同受法律保护。郭某、严某之间签订的《广州市商品房买卖合同》系双方真实意思表示，合法有效。严某却拒收郭某房款并表示不愿意出售房屋，上述行为已构成违约，应承担相应违约责任。对郭某要求严某返还定金5万元并赔偿5万元的诉讼请求予以支持。判决严某承担返还定金并赔偿高某5万元。

[援引法条]

《合同法》规定：当事人一方不履行合同义务或者履行合同义务不符合约定的，应当承担继续履行、采取补救措施或者赔偿损失等违约责任。

因贷款链断裂无法还款，事主算是合同诈骗吗

[案例]

犯罪嫌疑人袁广宁系某建材化工有限公司法定代表人。2002年3月12日和18日，袁广宁以公司名义与中国浦发机械工业股份有限公司分别签订了购买120.635吨和182.56吨硅钢卷的合同，合计价值人民币399.9万元。袁广宁提货后，将这两批货物分别销往青岛青波变压器有限公司和深圳勃格变压器有限公司，得款418万元。之后袁广宁将其中的234万元用于归还到期的山东农村信用社贷款，155万元用于支付浦发公司的贷款，另28.9万元提取现金用于购买福利彩票。信用社收到袁的逾期贷还款后，以袁信用不好为由，不再贷款给他，从而致使其无能力归还浦发公司的244.9万元余款。袁广宁于2002年8月出走不归，直至2003年底经公安网上追逃捕拿归案。

[法律解析]

律师认为，犯罪嫌疑人袁广宁的行为不构成合同诈骗罪，而应属民事债务纠纷。袁广宁在获得销售货款之后，也支付了155万元

给浦发公司作为货款。之所以将234万元用于归还信用社的贷款，是为了还清贷款后能够再次贷到新款。因此，就整个案件而言，袁广宁没有合同诈骗的犯罪故意，其行为只能看作是和浦发公司之间的债务纠纷。

[援引法条]

《刑法》第二百二十四条对"合同诈骗罪"的规定：（一）以虚构的单位或者冒用他人名义签订合同的；（二）以伪造、变造、作废的票据或者其他虚假的产权证明作担保的；（三）没有实际履行能力，以先履行小额合同或者部分履行合同的方法，诱骗对方当事人继续签订和履行合同的；（四）收受对方当事人给付的货物、货款、预付款或者担保财产后逃匿的；（五）以其他方法骗取对方当事人财物的。

房屋已经赠与儿子，父亲再卖房构成合同诈骗罪

[案例]

赵福林于2001年3月19日通过拆迁获得密云县檀州家园东区×号楼×单元×室楼房1套。2005年8月23日，赵福林将该套楼房赠与其子，并在公证处办理了赠与公证。2005年12月15日，赵福林隐瞒已将该套楼房赠与其子的事实，通过中介与范爱芬签订房屋买卖协议书，协议约定将该房以16万元的价格卖给范爱芬，从而骗取范爱芬购房首付款人民币9.5万元，已退赔3000元。赵福林表示，儿子在得到赠与的房产后，对自己未尽到赡养义务，他就可以拿回来。

[法律解析]

法院认为,赵福林虚构事实、隐瞒真相,并以签订房屋买卖协议书为手段,骗取他人财物,数额巨大,其行为已构成合同诈骗罪,依法应予惩处。判决被告人赵福林犯合同诈骗罪,判处有期徒刑4年6个月,罚金人民币5000元。继续追缴被告人赵福林违法所得人民币92 000元,发还范爱芬。

[援引法条]

《刑法》第二百二十四条规定:以非法占有为目的,在签订、履行合同过程中,骗取对方当事人财物,数额较大的,处三年以下有期徒刑或者拘役,并处或者单处罚金。

第九章 物权买卖：牵一发而动全身的房地产

卖方违约买房落空，中介费到底该不该退

[案例]

2010年底，小周经阿金介绍，看中了阿明位于未来海岸社区的一套房子。谈妥价格后，小周、阿明、阿金三人签订了一份《房产预约买卖协议书》，并约定中介费为23 500元，由小周在《预约协议》签订时支付，如一方违约，则由违约方承担中介费。签订《预约协议》后不久，阿明违约，将房子转让给他人，并办理了过户手续。经过海沧法院调解，小周与阿明达成协议，双方确认解除《预约协议》，阿明向小周支付补偿款40 000元。在与阿明的调解结束后，小周又将阿金告上法庭。小周认为，阿金不应收取中介费；即使要收取，也应当依据《预约协议》的约定，向违约方阿明收取。阿金认为他促成合同签订成立便可以取得报酬，他没有能力也没有义务保证《预约协议》的顺利履行。

[法律解析]

海沧法院认为，阿金已促成小周与阿明就房屋交易达成合意，并签订了合同，依法应享有取得中介费的权利。但是，根据房屋买卖合同的性质和房屋交易习惯，阿金作为专业房产中介机构成员，

熟知房屋交易流程，应履行协助买卖当事人办理房屋买卖公证、银行按揭等合同附随义务，因《预约协议》未能履行，前述合同附随的协助义务阿金也就未能履行，故此，应相应扣减阿金所收取的中介费。海沧法院最终判定，阿金返还小周5000元中介费。

［援引法条］

《合同法》规定：房产中介公司的法律地位属于居间人，居间人通过向委托人报告订立合同的机会或者提供订立合同的媒介服务，由委托人支付一定的报酬。

假资格购房不成，还得承担赔偿责任

［案例］

张先生在京工作，户籍并未迁来北京。2012年6月，张先生经过甲房地产经纪公司居间介绍与王女士签订了房屋买卖合同，以560万元的价格购买王女士一套房屋，并于合同签订当日支付了定金100万元，但后来合同未能继续履行。2012年10月，张先生以王女士虚假告知该房屋不受限购政策限制，导致无法办理过户手续为由，起诉至法院，请求判令解除双方签订的房屋买卖合同，王女士退还定金100万元并赔偿资金收益损失20万元。王女士辩称，双方签订合同前，张先生告知王女士他有在北京市购房的资格，双方才签订的合同，并且张先生于2012年7月5日通过了购房资格审验，双方签订的合同办理了网签手续。由于与张先生签订了合同，王女士的房屋停止了出租，现合同不能继续履行导致了王女士的租金损失。因此不同意张先生的诉讼请求，同时提起反诉。张先生针对反诉辩称,如果合同可以履行,张先生仍同意按原合同继续履行,不同意王女士的反诉请求。

[法律解析]

法院认为,合同无法继续履行是因张先生无购房资格,并非其故意不履行合同,故王女士收取的定金应当退还。关于损失的赔偿,张先生申请办理了限购房屋的购房人资格核验,提交的信息与真实情况不符,王女士要求张先生赔偿其因履行合同导致房屋租金损失15万元,并提供了房屋租赁合同,法院予以支持。张先生主张王女士虚假告知其房屋性质系公寓及其有资格购买,导致其损失,缺乏事实依据,其要求王女士承担赔偿责任,缺乏事实及法律依据,不能得到法院的支持。

[援引法条]

《北京市高级人民法院民一庭关于妥善处理涉及住房限购政策的房屋买卖合同纠纷案件若干问题的会议纪要》指出:住房限购政策实施后,因一方当事人故意隐瞒或虚构相关事实,导致订立的合同违反住房限购政策而无法继续履行,另一方当事人请求解除或撤销合同,并要求对方当事人赔偿其因此所受损失的,应予支持。

卖房不提"死过人"惹官司

[案例]

2011年,张伯为了迎接来广州上大学的孙子,相中了天河区一间二手房,签订了《房屋买卖合约》,并支付了定金2万元。张伯说,在买房前,他向卖家董先生咨询过房子的信息,卖家未提过这间房子曾有人离世。张伯发现该房子"曾经死过人"后，马上与中介联系，当即要求退还定金，张伯的要求遭到董先生当场拒绝。张伯将董先生告上法庭，要求退还2万元定金。

[法律解析]

番禺区人民法院随后做出裁决，认为董先生的岳父属于正常死亡，并非因自杀等非正常死亡导致的"凶宅"，而且双方所签订的合同并没有对房屋是否曾经死过人进行约定，因此董先生并未隐瞒重要事实，也没有违反公序良俗，因此对张伯的起诉不予支持。

[援引法条]

《合同法》第七条规定：当事人订立、履行合同，应当遵守法律、行政法规，尊重社会公德，不得扰乱社会经济秩序，损害社会公共利益。

开发商"一女多嫁"被判双倍还定金

[案例]

2012年6月12日，郭某向房地产公司支付10万元定金，认购一套房屋。房地产公司后于同年7月16日、8月7日、9月20日三次将涉案房屋抵押。郭某后诉至法院，称因考虑到购房有风险，当时并未与房地产公司签订买卖合同，但房地产公司私自办理抵押登记，属于影响合同签订的重要原因，故请求判令解除该认购书，双倍返还定金20万元，并赔偿10万元定金的利息。被告开发商称，郭某不签订房屋买卖合同是其自身的原因，公司办理了房屋抵押也不影响双方签订房屋买卖合同,不影响网签,也不影响郭某贷款。

[法律解析]

一审后,郭某上诉至二中院。二中院审理认为,房屋的抵押设定情况属于房屋权属变更的重大事项。郭某在二审中提出如房地产公司解除抵押,则同意继续签订房屋买卖合同,但房地产公司明确表示不同意解除抵押,导致房屋买卖合同无法继续签订,房地产公司应对此承担相应责任,故郭某要求返还双倍定金的请求于法有据,予以支持。

[援引法条]

《物权法》规定:抵押期间,抵押人经抵押权人同意转让抵押财产的,应当将转让所得的价款向抵押权人提前清偿债务或者提存。

房贷失败被索违约赔偿,未明确违约责任难主张

[案例]

2010年3月,张亮看中了位于海口市区某楼盘21层的一套房屋,并与销售人员签订了购房合同。双方在合同中约定,购房款为56万余元,由张亮于2010年3月支付首付购房款约30%,首付款金额为17万余元,剩余房款39万元由张亮以银行按揭方式支付。然而,由于种种原因,张亮一直无法办理购房尾款的银行按揭手续。开发商请求法院判决张亮支付违约金3900元。张亮则辩称,他并非有意不向银行申请办理按揭支付尾款,主要是政策上的原因导致他无法办理按揭，但赔付违约金不予认同。

［法律解析］

海口市美兰区人民法院对此案审理后做出一审判决：解除开发商与张亮签订的《商品房买卖合同》，但购房者张亮无须赔付违约金。对此，承办法官庭后表示，开发商与张亮签订的商品房买卖合同属有效合同，应受法律的保护。开发商认为双方签订的商品房买卖合同，已无法继续履行，请求予以解除，张亮并无异议，法院应予准许。针对购房者张亮是否应该向开发商支付违约金的问题，虽然约定购房者在无法办理银行按揭的情况下，应一次性支付房款或者分期分批支付尾款，但是开发商没有证据证明他们在购房者无法办理按揭后，对购房者进行通知，要求购房者支付购房尾款，且双方没有约定支付购房尾款的限期，因此法院认定购房者张亮没有构成违约，不用支付违约金。

［援引法条］

《合同法》规定：可变更或者可撤销的合同在范围上有所扩大。这类合同有以下特点：其一，它主要是意思表示不真实的合同；其二，必须由当事人主动提出变更或者撤销，人民法院或者仲裁机构不能主动干预；其三，在变更或者撤销之前该合同是有效的。

未告知业主限购令，开发商退还购房款

［案例］

2011年8月，李伟与无锡惠山某房产公司签订购房合同一份，李伟随后支付了460万元购房款并缴纳了维修基金、物业费、水费等相关费用。2012年，李伟至房管中心办理产权登记，却被告知其属于住房限购政策规定的限购人群，因此无法办理该房屋的产权登记。李伟了解到，房地产开发企业及房地产经纪机构在签订购房合同前，应告知购房人本市限定居民家庭购房套数，未履行告知义务的，应当承担相应的赔偿责任。据此，李伟遂向法院提诉，要求解除购房合同，并要求返还购房款、其他预付费用及相应利息。

[法律解析]

在法院调解过程中，上诉房产公司承认，其与李伟签订合同时确实没有告知相关的限购政策，故同意解除双方之间的购房合同，返还李伟购房损失。

[援引法条]

《合同法》第六条规定：当事人行使权利、履行义务应当遵循诚实信用原则。

《消费者权利保护法》第八条规定：消费者享有知悉其购买、使用的商品或者接受的服务的真实情况的权利。

绕过中介与房东私下交易，买房人赔偿佣金

[案例]

2011年7月，吴先生与房产中介公司签订了《看房确认书》。《看房确认书》载明："甲方保证不与乙方提供的房地产的权利人私下成交，如果甲方与权利人私下成交，须向乙方支付该房产报价3%的佣金。"2011年9月,吴先生私下与房东签订了《房屋买卖合同》,合同约定房屋售价总额为31.8万元。2011年10月,吴先生办理了房地产过户登记手续并入住该套房。房产中介公司为取得佣金,将吴先生告上了法庭。

[法律解析]

一审法院经审理认定,中介与吴先生签订《看房确认书》,并带吴先生进行了实地察看房子,吴先生与房产所有人也达成了房屋买卖协议,中介与吴先生的居间合同关系成立,应受法律保护。因房屋价格商谈、合同订立等均由吴先生自行完成,中介公司要求支付该房产报价3%的佣金过高,故判决吴先生按房产成交价31.8万元的2%支付佣金6360元。

[援引法条]

《民法通则》第八十五条规定:合同是当事人之间设立、变更、终止民事关系的协议。依法成立的合同,受法律保护。

被"一房一价"忽悠有权拒绝履约

[案例]

两个月前,汪晓霞根据一家房地产开发公司公示的"一房一价"信息,购买了一套商品房。近日,汪晓霞偶然得知,隔壁邻居在同一时间购买的面积、结构、方向、环境均与她完全一致的房屋,每平方米的价格却便宜近500元。在她的一再追查之下,终于得知:公司为给自己留下讨价还价的空间,故意在物价部门核准价格的基础上上调了10%，而不明真相的她，由于过度相信公示信息而落入陷阱。汪晓霞因而要求公司退还多出房款，但遭拒绝，公司理由是其并未强迫与她签订购房合同，在合同已经生效并履行完毕的情况下，汪晓霞无权反悔。公司的理由成立吗？

[法律解析]

公司的理由不能成立，公司的行为违法，汪晓霞有权要求其退回多交费用。所谓"一房一价"，是指商品房经营者应当对每套商品房进行明码标价且实行一套一标，应当在商品房交易场所的醒目位置放置标价牌、价目表或者价格手册，有条件的可同时采取电子信息屏、多媒体终端或电脑查询等方式。采取上述多种方式明码标价的，标价内容应当保持一致。公示后的房价，商品房经营者可自行降价，但不得擅自上调。

[援引法条]

《商品房销售明码标价规定》第十四条、第十五条分别规定：商品房经营者在广告宣传中涉及的价格信息，必须真实、准确、严谨；商品房经营者不得使用虚假或者不规范的价格标示误导购房者，不得利用虚假或者使人误解的标价方式进行价格欺诈。

房源无法交易中介拒赔偿，买卖双方共同起诉中介

[案例]

刘女士于某年10月通过房产中介，签约购买一套学区房，价格为240万元。合同约定：刘女士即付首付款45万元，尾款于当月22日过户时支付。刘女士交了首付款，与中介和房主去办过户，主管部门却告知不能交易，因无《中央在京单位已购公房上市出售登记表》。中介忙向刘女士解释，他们只简单看了下房主的房产证，以为能上市交易。而房主觉得很委屈，"我让中介看了房产证原件，中介肯定这房子能交易，我才决定卖的。"房主愿付给刘女士一定数额补偿金，但中介只答应退中介费，拒绝任何补偿或赔偿。买卖双方共同起诉了中介。

[法律解析]

律师说，由于一般人未接受过专业法律训练，跟中介谈赔偿时，总强调"我被骗了""我赚钱也不容易"等理由。实际上，这类话达不到任何积极效果。只有明确提出法律依据，才不会被中介公司随便找出理由给推脱掉。居间合同中一般会有这样的约定：居间人（中介公司）应遵守相关法律规定，尽职提供居间服务，不得在交易中提供虚假信息或故意隐瞒真实情况，如有违反应承担相应违约责任。

[援引法条]

《合同法》规定：居间人应就有关订立合同的事项向委托人如实报告。

经适房借名购买房子归谁

[案例]

据王老太说，2006年她欲购买一套经适房，当时已办理了购房指标审批的初步手续，但因王老太单位管理公章的人出差，还差一个章没有盖。当时王老太的大儿子30多岁,未婚,已具备购买经适房的资格,加上他没有工作,申请手续相对简化。经家人协商一致后,就用大儿子的名字申购了,想等房子满5年后再过户给王老太。于是,大儿子与开发商签订了经济适用房购房合同,王老太则用自己的全部积蓄,支付了购房款及相关契税。起初,大儿子也承认是借名购房。但随着过户日期临近,北京房价一路攀升,原来几十万元能购买的房屋现已升值到几百万元,大儿子便急了眼。他三番五次要将父母赶出去,并扬言要卖房。万般无奈,王老太向法院提起了确权之诉。可是她怎么也没有想到,法院竟然驳回了她的全部诉讼请求。

[法律解析]

经适房在申购方面有特殊的要求,只有符合条件的家庭或个人才能进行申购。没有购买经适房资格的购房人,一定不要贪图一时便宜,借用他人名义购买经济适用房,否则,很有可能房子装修了、入住了,最后却成了别人的。

[援引法条]

《物权法》规定:出名人理应享有作为房屋所有权人相应的权利。

拿到同贷书就过户,小心房财两空

[案例]

最近,海珠区检察院连续办理了三起房产按揭公司涉嫌合同诈骗的案件。在这些案件中，均是不法商人开设房产按揭公司，安排下属假扮购房人购买被害人的房产，下属在与被害人接洽的过程中，以自己名下已有多套房产为由，找"枪手"和被害人签订《房地产买卖合同》。在支付了首期房款后，"枪手"会带被害人到银行办理按揭贷款，当银行出具《同意购房抵押贷款意向书》（简称同贷书）后，利用被害人以为同贷书等同于贷款合同的误解，敦促被害人到房管局办理过户手续，将房产过户到"枪手"的名下。房屋过户后，嫌疑人却并没有将在房管局办理的过户税费证明、房产证等资料交到原先发出"同贷书"的银行办理按揭贷款，而是伪造被害人的全权委托书、公证书或者伪造另一嫌疑人为名的房地产证、房屋买卖合同等虚假文件，到另一银行申请房屋买卖抵押按揭贷款。在此过程中，犯罪嫌疑人会以贷款尚在审批为借口，要求屋主耐心等待，当另一银行的贷款顺利到手后犯罪嫌疑人就玩起"十个茶壶七个盖"的把戏或迅速逃之夭夭，导致原屋主房财两空尚蒙在鼓里，损失惨重。以上案件，犯罪嫌疑人是利用了被害人以为银行出具"同贷书"就等同于对放款的承诺。

[法律解析]

检察官提醒市民，当前二手房买卖方面的纠纷明显增多，二手房买卖须谨慎，在二手房买卖过程中，最好是要求买方提供房屋买卖合同保证金存入保证金账户，或者亲自参与房屋过户领证并到银行签订贷款合同的全过程，确保贷款发放到自己的账户上，以免被不法分子利用，受骗上当。

[援引法条]

《刑法》第二百六十六条规定：诈骗公私财物，数额较大的，处三年以下有期徒刑、拘役或者管制，并处或者单处罚金；数额巨大或者有其他严重情节的，处三年以上十年以下有期徒刑，并处罚金；数额特别巨大或者有其他特别严重情节的，处十年以上有期徒刑或者无期徒刑，并处罚金或者没收财产。本法另有规定的，依照规定。

办房产证超期开发商赖第三方，法院判开发商赔偿

[案例]

2009年6月21日，福州的叶先生买了一套仓山某小区的单元房。当时，他与开发商签订的《商品房买卖合同》约定，开发商在交房后1年内，将办产权证所需的材料交给叶先生。叶先生称，2010年12月31日，双方办理了交房手续。但2012年8月18日，他才收到开发商寄达的《办理产权登记的通知》，导致直到2012年8月27日，福州市房地产交易登记中心才受理了他这套房子的产权交易登记申请。叶先生认为，开发商逾期时间长达229天，应赔偿其违约金1.1万余元。对此，被诉的房地产公司辩称，逾期办证不是该公司的错，因为2011年底办理综合验收备案的时候，被告知福州市消防验收备案政策发生变化，该公司因不得不重新办理房产的消防验收备案手续等，导致办证耽搁了4个多月。

[法律解析]

仓山法院的法官认为，某房地产公司虽抗辩系因消防验收政策

变化等导致其无法在约定期限内办理权属预登记，但其未能提交相应证据证明上述两种情况和导致延期的因果关系，因此，其抗辩理由不能成立。最后，该院判开发商赔偿逾期交房违约金1.1万余元。

[援引法条]

《合同法》规定：当事人一方因第三方的原因造成违约的，应向对方承担责任。

开发商虚假宣传，业主撤销合同理据不足

[案例]

位于岐关西路的"豪逸·御华庭"于2010年开始对外宣传，并于同年10月开始销售。当时该楼盘在对外推广时，均声称"城区唯一百万平方米豪宅巨著""项目占地三百亩""小区前沿是一个整体大型商业中心"。而到了2012年5月份，有购买了该楼盘的业主发现，此前一直被宣传是豪逸·御华庭地块中约三分之一（约80亩）的土地其实为另一开发商所有。而且由于整个项目被其他开发商从中间隔断，不仅之前宣传的配套都不见了，业主家的景观也受到了影响。2012年6月份，60余位业主向开发商递交了公开信，表示"部分住宅和商业中心居然规划在别人的地块上"，要求退房并赔偿一半损失。

[法律解析]

法院表示，根据一般的认知，购房者买房必定对房屋自身品质做出了全方位的考察，不可能仅凭宣传的小区面积和沙盘展示的模型决定购买。因此，宣传内容对购房者而言仅是一个诱因，并非唯一或直接决定的因素。因此，没有证据证实双方签订的合同并非原告的真实意思表示，业主撤销合同的诉讼请求，理据不足，法院不予支持。法院认为，业主们主张的按总房价30%赔偿损失没有事实和法律依据，应按照3%赔偿为适当。

[援引法条]

《合同法》规定：约定条款内容必须明确。

购房合同成摆设，霸王补充协议捆住消费者

[案例]

2012年6月，李先生看中了上海立天唐人商业投资有限公司投资开发、大庆立天唐人置业公司负责销售的一套商品房，当时缴纳了19万元认购款和定金。这年3月，大庆立天唐人公司通知他到售楼处签订正式购房合同。此时，他发现售房时售楼人员及开发商印制的房屋格局宣传页承诺的"双卫"变成了"单卫"，一楼的卫生间变成了储藏间。而更令他无法接受的是，在签订《商品房买卖合同》时，开发商要求所有购房者必须再签一份补充协议。李先生认为补充协议中许多内容与主合同相违背，一些条款是开发商强行约定的，是霸王条款，如补充协议中写明："甲方自身原因造成未在本合同约定期限内将房屋交付购房人，购房人给予甲方30日的宽展期，宽展期内合同继续履行，甲方无须承担违约责任。"李先生拒绝签字，并要求退房。开发商称可以退房,但19万元认购款和定金不能退还。

[法律解析]

律师认为,合同双方的权利和义务应当是对等的,该补充协议强调任何情况下均由消费者承担责任,违背了主合同的主旨,剥夺了消费者权利。而其有关违约金比例的约定不公平,在加重购房者违约成本的同时降低了开发商的违约惩罚,显失公平,是明显的霸王条款。商品房的销售广告和宣传资料为要约邀请,但出卖人就商品房开发规划范围内的房屋及相关设施所做的说明和允诺具体确定,并对商品房买卖合同的订立以及房屋价格的确定有重大影响,应视为要约。该说明和允诺即使未载入商品房买卖合同,亦应当视为合同内容,当事人违反的,应当承担违约责任。

[援引法条]

《合同法》第七十七条规定:当事人协商一致,可以变更合同。

交了定金始终不见房产证,房主违约双倍还定金

[案例]

2012年3月21日,张某与李某协商一致,张某以41万元价格购买李某名下商品房一套。房屋买卖合同规定,合同签订当天,买方张某付1万元定金存放于中介,卖方李某交付房产证明。当天,张某交付了定金给中介,但卖方李某除了提交了一份房产证复印件,一直不能提供房产证、土地证原件,亦不到房管局办理过户手续。同年5月14日,李某以张某仍未给他定金为

由，将张某起诉至法院，请求依法判令解除房屋买卖合同书，要求张某向其支付定金1万元。张某提出反诉，认为李某一直未提供房产证，请求依法判令解除合同，要求李某双倍返还定金。

[法律解析]

法院认为，李某自签订合同时到起诉前一直未能提交其对涉案房产拥有合法产权的材料及证明，导致交易无法继续履行，已构成违约，应按照合同约定承担相应的违约责任。张某要求李某双倍返还定金的诉讼请求，应予以支持。依照《中华人民共和国合同法》相关规定，判决解除李某与张某签订的房屋买卖合同，李某于判决生效后5日内给付张某定金20 000元。后李某上诉，日照市中级人民法院二审维持原判。

[援引法条]

《民事诉讼法》规定：卖方违约，须承担双倍返还定金的责任。

花千万元买的"山景别墅"变"楼景别墅"，业主索赔

[案例]

"别墅位于之江国家旅游度假区，南面是山林，闹中取静，像世外桃源……"这是当初高先生买房时，篁外山庄开发商的一套说辞。于是高先生花上千万元，买下了一处300多平方米的复式别墅。没想收房时，他和其他业主惊讶地发现，南面的山林不见了，取而代之的是拔地而起的28层高楼。别墅的卖点就在于

山景环境,现在环境变样,当然也值不了那么多钱。高先生和其他3位业主一起将开发商杭州中海雅戈尔房地产有限公司(简称中海雅戈尔)告上法院,要求赔偿贬值损失。双方争议的焦点为,涉及楼盘南面的"南至农用地"是否构成合同内容。

[法律解析]

法院审理后认为,现有证据不能证明被告宣传时,承诺案涉楼盘为山林,即使做了此方面的宣传,也仅为买受人提供参考信息,不作为合同内容,对双方没有约束力。此外,法院还认为,购房合同里对篁外山庄四周表述,是对涉案楼盘所在地块现状的客观描述,并非法律行为。法院驳回高先生等人的诉讼请求。高先生等人已向杭州市中院上诉。

[援引法条]

《合同法》第六条规定:当事人行使权利、履行义务应当遵循诚实信用原则。

卖房人以写错门牌号为由要求撤销房屋买卖合同

[案例]

王华(化名)与父亲在密云区密云花园小区有东、西户门对门两套住房。王华称他某年卖自住的西户房给张丽(化名),办完手续对方入住后,才发现因写错房号,过户的是东户。王华将对方告上法庭,以重大误解为由,要求撤销房屋买卖合同。对此,张丽却称经双方协商购买的本就是东户。双方曾多次沟通解决这个问题,但是买房人不同意。

[法律解析]

当发现房号错误之后,因双方协商难以解决,张丽曾诉请王华父母腾房。王华称无奈只得向密云法院提起诉讼,请求判令收回自己卖错的房子。为了解现场情况,主审法官还特地到该两户家中勘察。庭上,被告方不同意调解,该案未当庭宣判。

[援引法条]

《合同法》规定:标的是合同当事人的权利义务指向的对象。标的是合同成立的必要条件,是一切合同的必备条款。

第十章 拆迁纠纷：别让拆迁拆掉了你的权益

只要户口在一起，拆迁款就有份吗

[案例]

生于1981年的褚小姐其户口从小就落在祖母处。1989年5月，褚小姐和其父母三人调配到双辽路一处房屋。房子调配以后，褚小姐和父母住在一起。2003年春节后，因褚小姐的祖母储女士所住的房屋要拆迁，一家召开了家庭会议，褚小姐的父母表示愿意放弃在动迁房屋补偿安置费中的份额，当时褚小姐没有参加家庭会议。2003年9月7日，储女士获得货币补偿款137 525.85元以及搬迁奖励费、速迁费、搬场费23 618.82元。之后，该补偿费由褚小姐的叔叔负责用于买房让储女士居住。褚小姐认为，自己是拆迁房的同住人，应当分得拆迁款，而其祖母和叔叔擅自将拆迁款归为己有，违背了曾经有过的家庭会议的口头约定，侵犯了她的居住权。其祖母及叔叔则认为，是家庭会议中一致决定，由褚小姐的叔叔负责买房，至于说违背家庭会议，当时召开家庭会议时，褚小姐并没有参加，而且褚小姐也没有委托他人参加，无从谈起和褚小姐达成过口头协议。而且，褚小姐不符合相关规定中关于同住人的资格。

[法律解析]

法院审理后认为,根据上海市有关规定,同住人是指在拆迁许可证核发之日,在被拆迁居住房屋处有本市常住户口,已实际居住一年以上,且本市无其他住房或者虽有其他住房但居住困难的人。褚小姐户籍虽在拆迁房中,但1989年其父母享受福利分房时,她也是配房对象之一,以后亦不再居住系争房屋,她不符合上述同住人的条件,已丧失了在拆迁房屋中的居住使用权。最终法院判决驳回了褚小姐的诉讼请求。

[援引法条]

上海市《关于房屋动拆迁补偿款分割民事案件若干问题的解答》指出:本解答所指的同住人,是指在拆迁许可证核发之日,在被拆迁居住房屋处有本市常住户口,已实际居住一年以上,且本市无其他住房或者虽有其他住房但居住困难的人。

为获动迁款闪电结婚,为分动迁款对簿公堂

[案例]

2006年3月,曾是同事的两位母亲各自为子女做"红娘",促成了许小姐和陆先生的恋情。当时,许小姐及其父母的户口所在地被列入拆迁范围,不到20平方米的小屋只有奶奶一人居住。虽然,与许小姐刚谈恋爱的陆先生从未在被拆迁房屋里住过,也没有把户口迁入,但在许小姐一家的要求下,拆迁公司仍将陆先生作为被拆迁安置人,并和他们5人签订了上海市城市居住房屋拆迁补偿安置协议。几个月后,大家拿到了动迁款等费用共计132万元。2006年底,许小姐和陆先生一起购买了新房闪电结婚。

然而婚后不久两人便渐生嫌弃并离婚,结束了仅10个月的婚姻。离婚后,陆先生一纸诉状将许小姐一家四口告上法庭,要求分割许小姐家的动迁款。一审判决后,女方一家提起上诉,于是案件进入二审阶段。

[法律解析]

市一中院审理后认为,基于许小姐与陆先生的婚姻关系,女方四人同意将既非房屋承租人、同住人,也非房屋实际居住使用人的陆先生作为安置对象列入安置协议中,系各方当事人的真实意思表示,也是对自己合法权益的处分,应具有法律效力。市第一中级人民法院对这起共同共有纠纷案件做出终审判决,判处前妻给付前夫动迁款15万元。

[援引法条]

《城市房屋拆迁管理条例》规定:在对房屋所有权人给了补偿的同时对拆除房屋的使用人给予安置,是为了充分体现在房屋拆迁时使用人的使用权是受法律保护的原则。

有居住使用权没有户口,能分得动迁款吗

[案例]

陈老太有一儿一女。本市某房屋是陈老太女儿承租的公有住房,该房屋有陈老太的女儿、陈老太的儿子和陈老太的外孙三人的户口。陈老太的儿子经有关部门鉴定为部分丧失劳动能力,其有一女儿,即陈老太的孙女,有智力残疾。2007年3月,该公有住房遇到拆迁。陈老太的儿子认为自己的妹妹根本没有通知自己，就与动迁公司签订了《城市房屋拆迁安置补偿协议》，并领取了属于自己和女儿的所有动拆迁安置款。而陈老太的女儿认为动迁公司安置两套房屋的产权人分别是自己和自己的儿子朱某，动迁安置款也是给自己的伤残费，特别是侄女的户籍不在动迁房屋，不能作为引进人员，没有权利分得动迁安置款。由于无法与妹妹达成一致，陈老太的儿子和孙女作为原告诉至法院。要求陈老太的女儿和外孙朱某给付动迁安置款共计36万元，其中给付陈老太的儿子24万元，给付陈老太的孙女12万元。

[法律解析]

法院认为，公民的合法权益受法律保护。陈老太的孙女虽然户籍不在动迁房屋内，但在动迁房屋动迁过程中，动迁公司将其作为引进人员予以安置；陈老太的儿子应为动迁房屋的同住人，有权分割动迁安置款。法院要求陈老太的女儿和外孙朱某给付动迁安置款共计36万元，其中给付陈老太的儿子24万元，给付陈老太的孙女12万元。

[援引法条]

2001年11月颁布的《上海市城市房屋拆迁管理实施细则》第五十四条规定：拆迁人给予房屋承租人的货币补偿款、安置房屋归房屋承租人及其同住人共有。

公产房承租人去世，一子一女及外孙女怎样分配动迁补偿款

[案例]

被动迁房屋承租人姜某某（已去世）有三个子女，长女姜

一、长子姜某、次子姜三。1982年，姜某某从单位分得争议之房，一家人共同居住。其后，长女姜一、长子姜某先后于1988、1990年结婚从该房迁出另住，但户籍仍留在原址。次子姜三1994年婚后一直在该房中居住，其妻卫斌系外地户口。1997年，姜某某夫妇先后去世，该房承租人一直未变更。2000年，次子姜三去世，其妻卫斌携女小姜在该房居住。2002年，卫斌与高某某非婚同居。2004年1月，长子姜某提出要让其子姜涛到该房居住，卫斌为了阻止姜某，将该房大屋出租，自己及高某某、小姜在小屋居住，租金用于生活。2004年3月，卫斌将户籍迁入该房。2004年4月，卫斌因病去世。同年8月该房动迁，小姜、高某某以承租人姜某的名义与开发商签订了动迁补偿协议，开发商补偿动迁款18.6万元。姜某、姜一得知此事，以继承父亲的遗产为由，向法院提起诉讼，要求分劈动迁补偿款。姜某主张，争议之房是父母留下来的，现在父母均已去世，动迁补偿款理应归其所有。高某某主张，在与卫斌同居期间，共同承担家庭费用，抚养小姜，要求分得适当款项。

[法律解析]

本案中动迁补偿款，应当视为对原有房屋承租人丧失房屋的承租居住权的补偿。该房应当视为姜某某的遗产，所得补偿款也应当作为遗产进行析产继承。本案中，姜某夫妇、姜三夫妇已经去世，对于姜某某的遗产的继承，应由姜一、姜某、小姜作为第一顺序继承人继承。其中卫斌在丈夫姜三死后，与姜某夫妇共同生活直至姜某夫妇去世，对姜某夫妇尽了主要的赡养义务，也应当视为第一顺序的继承人。高某某由于与本案法定权利人没有法定的夫妻关系，没有权利对该款提出要求。

[援引法条]

《城市房屋租赁管理办法》规定：住宅用房承租人在租赁期限内死亡的，其共同居住两年以上的家庭成员可以继续承租。

《城市房屋拆迁管理条例》第十九条规定：拆迁人应当对被拆除房屋及其附属物的所有人（包括代管人、国家授权的国有房屋及其附属物的管理人），依照本条例规定给予补偿。

遗产房屋拆迁款，出嫁女儿要分割

[案例]

金一、金三是亲姐妹，坐落在南邵镇金家村中心街的3间房屋是二人父母的遗产，此次房屋拆迁，宅基地使用权拆迁补偿款共计50万元，其中3间房屋拆迁补偿款共36 000元。姐姐金一早已出嫁别村，户口已经迁出，而妹妹金三还是本村村民且一直与父母同住。现在金一要求分割父母遗留房屋及宅院的拆迁补偿款，金三坚决不同意，因此二人发生纠纷。

[法律解析]

镇司法所认为，按照《土地法》第六十二条"农村村民一户只能拥有一处宅基地"的有关规定，姐姐金一出嫁别村，户口早已迁出，不属于本村村民，因此依法已经失去原宅基地使用权，不能分割原宅基地使用权拆迁补偿款。但金一对父母3间房屋遗产有继承权，应当分得遗产房屋拆迁补偿款的一半。经过司法所工作人员调解，最终姐妹二人达成协议。36 000元房屋拆迁补偿款作为遗产，金一分得 25 000 元，金三分得 11 000 元。至此，一起因房屋拆迁继承引起的家庭纠纷得到圆满的解决。

［援引法条］

《继承法》第十条规定：遗产按照下列顺序继承：第一顺序：配偶、子女、父母。

动迁公司员工承诺付拆迁款，产权人未得补偿状告公司

［案例］

金某原居住上海市南江路某号，属世博会基地动迁范围，该地块由黄浦房地产前期开发公司负责动迁，仇某和张某是该公司员工，庄某是经街道派驻基地协调配合动迁。2005 年 12 月 20 日，仇某在金某家中出具承诺书一份，注明"经办人张某、仇某承诺，产权人金某签订协议后，自付 8000 元给金某，用于金某借房之用"。在 8000 元的刺激作用下，当天金某即与动迁公司签订了《上海市城市居住拆迁补偿安置协议》。之后，在 2006 年 1 月 15 日，金某完成了搬迁。后，金某因一直没有拿到 8000 元，于 2006 年 8 月 3 日起诉仇某、张某和庄某到法院。同年 11 月，法院依法追加了动迁公司为案件的共同被告。金某认为仇某、张某和庄某是以动迁工作人员身份与自己商谈，要求自己相信政府和动迁公司，如此行为该属职务行为。

［法律解析］

法院认为，身为动迁工作人员仇某应该知道，书写承诺书给被

动迁居民金某，白纸黑字绝非儿戏，没有证据证明该承诺书是在遭到欺诈、胁迫等情况下构成。仇某在出具承诺书时是动迁公司的员工，与金某写下承诺书是基于动迁而产生。从承诺书的内容分析，出具承诺书目的是希望金某能按期签下动迁安置协议，承诺内容并不违反法律禁止性规定，仇某的行为应认定为职务行为。据此，法院判决由动迁公司给付金某8000元，仇某、张某和庄某则无须承担责任。

[援引法条]

《最高院关于审理人身损害赔偿案件适用法律若干问题的意见》第八条第一款规定：法人或其他组织的法定代表人、负责人以及工作人员，在执行职务中致人损害的，依照民法通则第一百二十一条的规定，由该法人或其他组织承担民事责任。

拆迁款成了遗产，孝子可分得大部分

[案例]

薛大某和薛甲某系父子关系，两人共同居住在祖上留下的一套私房内（产权人为薛大某），因薛大某年迈，一直由薛甲某照顾其起居。2002年时，薛大某因病丧失民事行为能力，当地居委会指定由薛甲某担任其监护人。2006年初，该处房屋所在地区实施拆迁。拆迁单位和薛甲某签订了拆迁协议，薛大某和薛甲某共得拆迁款80余万元。拆迁后不久，薛大某去世。此时，一直断绝来往的薛大某的二儿子薛乙某突然出现。薛乙某称80余万拆迁款系其父所拥有的房产被拆迁而得的拆迁款，应属遗产，要求兄弟两人平均分割。薛甲某认为该笔拆迁款系薛大某生前已处分给自己的财产,不能认定为遗产,不同意薛乙某的主张。后薛乙某诉讼至法院。

[法律解析]

律师认为,依照《上海市城市房屋拆迁管理实施细则》规定,拆迁人给予被拆迁人的货币补偿款归被拆迁人所有,所以这笔拆迁款自始至终都是薛大某的个人财产,薛大某死亡时,变为其遗产。面对薛乙某要求平均分割遗产的要求,薛甲某完全可以提出自己一直承担着抚养被继承人薛大某的义务,完全有理由要求自己得到遗产的大部分。

[援引法条]

《继承法》规定:对被继承人尽了主要扶养义务或者与被继承人共同生活的继承人,分配遗产时,可以多分。

房屋买卖未进行产权登记,谁是被拆迁人

[案例]

2001年初,原告某某与关章订立了书面房屋买卖合同,合同约定关章自愿将其自有的2间平房以5万元的价格卖给某某,付款后房屋即归某某居住。2001年3月14日,某某将5万元房价款交给关章,关章同时将房屋交由某某使用。3月15日,某某和关章到房管部门办理过户手续,房管部门因工作繁忙,当天未予办理。在以后的一年多的时间内,某某多次要求关章同去办理过户手续,关章均以种种理由拒绝办理过户手续。2002年3月,某房地产开发公司要拆迁某某居住的房屋,房地产开发公司经对关

章所述情况进行核实后认为,某某和关章的房屋买卖行为不合法,因此要求某某在房屋拆迁前自行另找住房搬家。某某向人民法院提起诉讼,要求保护自己的合法权益。

[法律解析]

法院审理后认为:原被告双方之间签订的房屋买卖合同由于没有到房管机关办理过户手续合同没有生效。某某和关章之间形成事实上的房屋租赁关系,故判决某某与关章之间的房屋买卖合同无效,关章从某某买房款中扣除1000元作为租金,剩余49000元还给某某,房地产开发公司在房屋拆迁前对该房屋的实际使用人按有关规定安置。

[援引法条]

《城市私有房屋管理条例》第九条第一款规定:买卖城市私有房屋,卖方须持房屋所有权证和身份证明,买方须持购买房屋证明信和身份证明,到房屋所在地房管机关办理手续。

父子为房屋拆迁款对簿公堂,亲人之间也要明算账

[案例]

1995年穆明结婚时,为了让女方满意,老穆把房子转到小儿子名下,自己搬到了女儿穆芳家暂住。当时,老穆跟小儿子穆明说好,等过两年穆明攒下钱来,就买个单间给老穆养老。穆明说话挺算数,就在他结婚三年之后,老穆住进了他买的单间。一转眼,有房产商看中了老房子所在的地段,要进行拆迁,还决定用房屋置换的形式安置拆迁户,并给予相应补偿款。经过一番估

算，房产商为老穆盖的房子拿出了4万元补偿款。老穆觉得，这房子是自己盖的，儿子拿房子置换了一套新房，补偿款就应该给他才对。可穆明却把这4万元钱心安理得地全都揣进了自己的兜里。为了这笔补偿款，老穆跟儿子穆明大吵了一架。老穆表示，后来穆明为他购买的单间产权人登记为穆明本人。也就是说，现在老穆并不是他住的单间的产权人，穆明说的"以房换房"根本不成立。

[法律解析]

法院最终判决：既然拆迁房屋的户口本上记载了穆明一家三口和老穆四个人的名字，那么应当按照共有原则处分。穆明为老穆解决居住问题是子女对父母应尽的赡养义务，这并不能抵销老穆对房屋补偿款的所有权。因此，4万元补偿款老穆应得1万元。

[援引法条]

《城市房屋拆迁管理条例》第二十七条规定：拆迁人对应当安置的被拆除房屋使用人，依照本条例规定给予安置。安置用房不能一次解决的，应当在协议中明确过渡期限。被拆除房屋使用人是指在拆迁范围内具有正式户口的公民和在拆迁范围内具有营业执照或者作为正式办公地的机关、团体、企业、事业单位。

离婚儿媳户口虽在，但分割婆婆房屋动迁款证据不足

[案例]

2006年11月11日，朱小姐和徐先生结婚。同年11月23日，朱小姐将其户口迁至上海市翔殷路1059弄的某套房屋内，该房是其婆婆张女士于1995年买下的售后公房，小两口也并未实际居住在该房内。2007年12月，翔殷路房屋列入动拆迁范围；张女士及丈夫和儿子作为安置人口，于2008年1月共获得动迁款人民币776 090.80元。而在2008年1月9日，朱小姐和徐先生经法院调解离婚，按调解协议约定，朱小姐应从该房屋内迁出。2008年4月9日，朱小姐将张女士告上法庭，认为张女士一家隐瞒动迁经过，而自己是同住人，要求分割动迁安置费192 772.7元。

[法律解析]

法院经审理后认为，朱小姐的户籍虽在被拆迁房屋内，但在离婚调解时，朱小姐已同意从该房内迁出，同时根据房屋来源，朱小姐不具备翔殷路房屋的同住人资格。故朱小姐要求分割动迁款的诉请，依法无据，法院不予支持。遂判决不予支持朱小姐的诉讼请求。

[援引法条]

《上海市城市房屋拆迁面积标准房屋调换应安置人口认定办法》规定："同住人"是指在拆迁许可证核发之日，在被拆迁居住房屋处有本市常住户口，已实际居住一年以上，且本市无其他住房或者虽有其他住房但居住困难的人。

承租人冒领拆迁款接受安置，法院调解房主获补偿

[案例]

1993年4月1日丰城市洛山矿务局住房制度改革领导小组将铁指住宅区13栋1号房屋分配给原告熊圣生居住，并颁发了某号住房租赁证。1998年2月因原告下岗外出打工而将该房长期出租给被告周斌居住。直到2008年3月，原告才知道该房已拆迁，且丰城市洛山矿务局对该房进行了安置、补偿，被告周斌以原告熊圣生名义冒领了拆迁款69 966元，并接受了安置。后双方就该房的置换、补偿等事由协商未果，原告遂诉至法院，要求被告返还在丰城洛山矿务局获得的拆迁安置费69 966元，并判令该房的置换指标归其所有。

[法律解析]

庭审中，原告方诉求事实清楚，证据确凿，合理又合法。经过法院主持调解，双方当事人遂达成如下协议：被告周斌享有丰城矿务局丰城汽车修理厂院内某号住房租赁证房屋的置换及补偿权，被告周斌自愿于本调解书送达之日补偿原告熊圣生人民币45 000元。

[援引法条]

《民事诉讼法》第八十五条规定：人民法院审理民事案件，根据当事人自愿的原则，在事实清楚的基础上，分清是非，进行调解。

第十一章 租赁纠纷：租房安家中的法律事宜

出租房被卖出后，租赁合同仍旧有效

[案例]

幼稚园负责人告诉《华西都市报》记者，2007年2月，他们与开发商签订租赁合同，约定租用青羊区金福路175号房屋及与之配套的户外场地，租赁期限为10年。2012年7月，开发商把该处房产卖给了新业主。3个月后，新业主不想再把房子出租给幼稚园，发出了解除合同函。幼稚园回复要求继续履行合同。随后，双方展开了长达半年多的"拉锯战"。

[法律解析]

法律关于房屋租赁的规定较为原则，而随着房屋租赁越来越多，个案又千差万别，为纠纷的产生和解决埋下伏笔。 在租房时，最好签订书面合同，尽可能详尽地规定租金、时间、房屋用途等事项。 这样遇到纠纷时，才能快速、有效地维权。 4月19日，成都中院判决租赁合同有效，幼稚园可以留在原地经营。

[援引法条]

《合同法》第二百九十二条规定：租赁物在租赁期间发生所有权变动的，不影响租赁合同的效力。

没有产权证会影响租赁合同法律效应吗

[案例]

原告（反诉被告）建设公司诉称：1998年8月25日，建设公司与子木公司签订了"房屋租赁协议书"，约定，建设公司（甲方）出租莲花广场西座地上第一至三层和地下一层。自1999年4月1日起计算租期，租赁期为5年；每年租金为227万元人民币，乙方每年4月1日前和10月1日前各支付一次，每次预付金额为113.5万元，如不能按期支付租金，拖欠期内每日加收欠交租金万分之五的滞纳金；如解除合同，违约方要以当年租金总额的两倍作为违约金赔付守约方。协议签订后，子木公司仅在1998年9月8日向建设公司支付了定金50万元，租金至今未付，已拖欠租金794.5万元。被告（反诉原告）子木公司辩称：建设公司未及时取得房屋产权证，同时不能及时提供消防验收合格证，从而导致《房屋租赁协议书》无效。

[法律解析]

一审法院认为，《房屋租赁协议书》是双方的真实意思表示，不违反国家法律、行政法规的强制性规定，建设公司未及时取得房屋产权证，但是产权清晰，并无争议，因此不能直接导致《房屋租赁协议书》无效，但是对于该合同的履行产生一定影响；建设公司应当承担相应的责任。判决：解除双方《房屋租赁协议书》；子木公司将其承租并已经装修的房屋腾空并移交给建设公司；子木公司给付建设公司房屋租金3 584 166.67元(其中50万元已经执行)及滞纳金(以拖欠租金为基数,按照拖欠日期每日万分之五分别计算至实际给付之日);建设公司于本判决生效后10日内给付子木公司房屋装修补偿100万元;驳回双方其他诉讼请求。子木公司不服一审判决提起上诉,二审法院驳回,维持原判。

[援引法条]

《城市房地产管理法》第五十二条规定:房屋租赁是指房屋所有权人作为出租人将其房屋出租给承租人使用,由承租人向出租人支付租金的行为。

房客过错房东赔钱,房东法庭追偿讨回部分钱款

[案例]

2008年6月24日,林嫂将位于航北路上的一套501室的住房出租给张先生,租赁期限为一年。2009年1月4日,由于张先生在使用室内卫生间抽水马桶时,放水按钮没有及时复位及马桶被杂物堵塞的原因,导致马桶溢水,殃及楼下401室,致使401室陈先生家中因进水而造成多处装潢发生损坏。陈先生在要求张先生赔偿未果的情况下,将林嫂告上法庭,要求赔偿。2009年2月,闵行区法院判决林嫂赔偿陈先生房屋装修修复费1000元及诉讼费25元。输了官司赔了钱的林嫂越想越气愤:"造成401室房屋渗水,不是我的原因,而是张先生使用不当造成的。"于是一怒之下,也把张先生告上法庭。张先生认为,501室本身设备有问题,如马桶和洗衣机水龙头等。

[法律解析]

法院认为,房客张先生作为房屋的承租人和直接使用人,应当对此承担主要责任。但是,林嫂作为涉案房屋的所有权人,对室内设施疏于检查和维修,应当承担次要责任。据此,林嫂的上述诉请,可按照适当的比例进行分配后予以支持,其他诉请不予支持。

[援引法条]

《民法通则》第八十三条规定:不动产的相邻各方,应当按照有利生产、方便生活、团结互助、公平合理的精神,正确处理截水、排水、通行、通风、采光等方面的相邻关系。

私改出租房屋发生火灾,中介公司被判担责

[案例]

原告赵先生诉称,西城区的两处房屋为原告所有并出租,2008年2月14日早晨,因其中一套房屋内的承租人张女士使用电器不当引发火灾,再加上消防通道不畅,楼内消防栓无水,火灾蔓延导致原告两套房屋被严重烧毁。原告认为被告张女士、物业公司应当赔偿原告的财产损失。而被告房产经纪公司将原告拥有的房屋转租给被告张女士,没有尽到监督管理责任导致火灾,存在过错行为,应当与上述两被告承担连带赔偿责任。原告赵先生请求法院判令三被告共同赔偿房屋损失29万元,同时要求被告赔偿因房屋被烧毁无法出租的可得出租利益损失7万元。

[法律解析]

法院认为,被告张女士应对因火灾造成原告的合理损失承担民

事赔偿责任。被告物业公司对火灾造成原告的合理损失亦应承担相应的民事责任。被告物业公司应承担次要的民事责任。依据租房合同约定，房产经纪公司负有对房屋使用人进行监管的义务，在因他人过错导致房屋损坏时，有向委托方进行民事赔偿的责任。另外，该房产经纪公司使用非阻燃材料加装房屋隔断，增加了房屋的安全隐患，对火灾的发生及火灾损失的扩大有一定责任。北京市西城区人民法院判决被告张女士赔偿原告赵先生因火灾造成的各项损失共计7万余元；被告房地产经纪有限公司就上述赔偿款对原告承担连带赔偿责任；被告物业公司赔偿原告因火灾造成的各项损失共计7万余元。

[援引法条]

我国《民法通则》第一百零六条第二款规定：公民、法人由于过错侵害国家的、集体的财产，侵犯他人财产、人身的，应当承担民事责任。

房屋漏雨修缮不及时，出租人有责房租减半

[案例]

原告陈某某有四间门面房，2006年7月25日，原告将此房屋出租给被告某有限公司。双方对租赁时间、租金标准、违约责任做了约定。协议签订后，原告向被告交付了房屋，被告对房屋进行了铺地板、吊顶等装修。尔后，被告在该房内经营电动车并向原告交纳了自承租日起至2007年8月17日的房租。2007年10月，被告通知原告，房屋漏雨，要求原告维修。但原告未及时维修，被告遂不再支付租金，并将房屋空关。原告为索要租金，将被告诉至法院。

[法律解析]

法院认为,原告在出租房屋存在漏雨的情况下,至今未对房屋进行维修,显属违约;被告作为承租方,在原告不履行维修义务的情况下,既不自行修缮,又不将已空关的房屋交付原告,导致房屋空关至今造成租金损失。对此,被告亦有过错,应承担相应的责任,对被告空关房屋期间的租金损失双方应各半承担。最终,法院依法判决解除原告与被告的租赁合同,被告支付原告房屋空关期间的租金损失的一半计10 166元,驳回原告的其他诉讼请求。

[援引法条]

《合同法》规定:当事人可以约定一方解除合同的条件。解除合同的条件成立时,解除权人可以解除合同。

一套房被"连环租"三次,租房要看房产证

[案例]

某年3月,高春华在汉正街看到一则广告:硚口星火路36号4号楼23楼—60多平方房子招租。他与对方胡先生联系,得知其也是租户,房东是黄小姐。胡先生说:"我还有半年时间,你支付5000元租金,还有1000元押金,今年9月9日到期。"由于急需房子,高春华支付6000元后,他拿到了胡先生当初与黄小姐的租房合同。尽管协议中有一条"未经甲方(房东)同意,乙方不得将房屋另做他用或转租"。但高春华并没在意。不久,一位

男子突然找到高春华:"你怎么住在我家,我不认识你!"原来,这位男子陈涛才是真正房东。由于房子漏水,楼下住户通过物业将陈涛找来。高春华迅速与黄小姐联系,才得知这是一个连环租的房子:陈涛将房子租给黄小姐,黄小姐将房子租给胡先生,胡先生又将房子租给高春华。高春华只好自认倒霉,不仅没拿到一分钱退款,还被迫月底搬出这套房子。

[法律解析]

对此,律师指出,市民在租房时一定要看房产证,并与真正房东签合同。

[援引法条]

《合同法》规定:如果房主不同意,承租人不能把房子转租给其他人。

一起未定期限的房屋租赁合同纠纷案

[案例]

赵某拥有私房3间,使用面积共计27.5平方米,多年来一直租与马某居住。现在该房内居住的有马某及其女儿、女婿、外孙女。赵某除该处房产外,在他处无其他住房,多年来一直随子女居住。1999年1月,赵某以自己所有的私房三间现由马某一人租住,且自己住房困难为由,起诉至原审法院,要求将该房收回自住。二审法院经审理,查明赵某与马某曾于80年代初签订房屋租赁契约,租赁期限未定。

[法律解析]

法院认为,双方诉争之房系赵某之私产房,其对该房享有占有、使用之权利,且赵某现他处无正式住房,其居住困难大于承租人马某。马某一家四口人占住西房三间,具备腾退部分房屋的条件,根据马某家庭人口情况,赵某要求将房屋全部收回,依据不足,本院不予支持。终审判决:马某及其共居人将三间争讼房屋中的西向第一间腾空交予赵某。由赵某负责将该房与第二间之间隔断墙上的门封堵,并将该房另行开门。驳回赵某其他诉讼请求。

[援引法条]

《合同法》规定:租赁期间届满,承租人继续使用租赁物,出租人没有提出异议的,原租赁合同继续有效,但租赁期限为不定期。

承租人出租屋里遇害,无安全隐患房东不担责

[案例]

王瑾在自己的出租屋里遇害了,2007年6月以来王瑾一直住在郑州市中原区自己租赁的屋子里,2008年4月的一天,人们在这间出租屋里发现了她冰凉的尸体。悲痛欲绝的王瑾父母一纸诉状将房屋出租人即房东告上了法庭,要求房东对女儿的死亡承担一半的赔偿责任,各种费用的50%共计122 520元。原告认为,房东将房屋出租给房客,每月收取租金,从事经营活动,应该对房客的生命和财产安全负责。

[法律解析]

郑州市中原区人民法院受理本案后,依法组成合议庭,公开开庭审理了本案。 法庭审理后认为,被害人与本案被告(即房东)签订的租赁协议意思表示真实,为有效协议。 在签订协议之前,被害人对房屋进行了考察和了解,该房屋门窗、锁具完好,设施完全,而且在被害人居住近一年的时间里,被害人并没有向房东提出因安全状况较差需要整改的任何要求。 在居住期间,被害人为了收看有线电视,从住室窗户接有线入户,为了观看方便有时不关窗户,凶手有可能是越窗而入,行凶杀人,这与作为房东的被告并没有直接关系。

[援引法条]

最高人民法院《关于审理人身损害赔偿案件适用法律若干问题的解释》规定:因第三人侵权导致损害结果发生的,由实施侵权行为的第三人承担赔偿责任。

租房擅改用途,违约被判交还房屋

[案例]

2006年8月24日,原告姜某与被告尤某签订租赁协议书,约定原告将其临街面商居楼房第二层租给被告经营,被告在租赁期间只能经营灯具、家具行业,不可经营卡拉OK、发廊、迪厅、游戏厅及其他任何违法行业,也不可擅自转租他人,租赁期从2006年10月1日起至2009年9月30日止,年租金1.1万元。 2008年3月23日,双方又签订补充协议,约定将租赁期限延至2011年4月3日,年租金1.2万元,1年给付1次,其余条款不变。2009年10月，原告发现该出租房内在重新装修，搬入了多台游戏机，经了解，该房屋已转租他人，且准备开办游戏厅。原告立即与被告交涉，要求其严格按合同约定使用租赁物。为此起诉要求解除房屋租赁协议书和补充协议书，及时腾空租赁房屋返还原告。

［法律解析］

法院认为，被告尤某在其租赁期间，擅自将原告的出租房转租给他人且用于经营游戏厅的行为，违反了合同约定，应承担违约责任。原告诉请解除双方签订的房屋租赁协议及补充协议，返还房屋，其诉请于法有据，应当支持。

［援引法条］

《合同法》规定：一方先行违约，另一方有权解除合同的规定。

房客、中介违约，房主的损失到底该由谁负责

［案例］

市民徐先生有一套房子打算租出去，在蓝泰地产万盛园店的房产中介进行了登记。4月29日，一位房客看房后非常满意，并当场拿出1000元现金，表示暂交500元钱作为保证金，其余500元钱作为中介费。徐先生当时跟房客谈好价格每月租金2000元钱，根据规定，房东、房客双方要按照第一个月房租的50%交中介费，也就是每方需要交1000元，但中介拿到房客的1000元钱

后,全部作为了房客的中介费。没承想,过了没几天,房客毁约,房子不租了。这下徐先生头大了:"房子都收拾好了,别的房客也都推了,我的损失谁负责?"徐先生向中介索要500元保证金,中介表示1000元钱全都是中介费,损失应该找房客。

[法律解析]

律师认为,中介不单纯是收取中介费,还应该承担责任,自己通过中介往外租房,遇到这种违约问题,中介肯定脱不了干系。另外,当初房客交1000元钱时,明确表示其中500元做保证金,是房客真实意图的明确表达,理应得到认可。

[援引法条]

《合同法》第四百二十七条规定:居间人未促成合同成立的,不得要求支付报酬,但可以要求委托人支付从事居间活动支出的必要费用。

转租房屋须谨慎,擅自转让有风险

[案例]

2009年底,承租人黄某在未经房东李某同意的情况下,擅自将即将到期的店面转租给朱某,而朱某在转让店面时仅听凭第一承租人黄某的一面之词以为房东已经同意,并未通知房东。在房屋租赁期已满后,房东要求收回店铺,而朱某却已经支付了远远超出租赁费的转让费给黄某,当然不情愿交出店铺希望能继续经营。李某诉至法院要求收回店面,并由朱某赔偿损失。

[法律解析]

一审法院认为,合同到期后,房东对于自己的财产当然有处分的权利,而朱某在转让店面仅听凭第一承租人黄某的一面之词未通知房东,故对其损失自己应承担责任。故法院根据《物权法》的相关规定,遂做出了判决:由被告朱某将店面交付给原告李某,并赔偿占用店面期间的费用2000元。

[援引法条]

《合同法》规定:承租人未经出租人同意转租的,出租人可以解除合同。

出租房楼梯未设护栏,借宿人摔死,承租人是否担责

[案例]

被告廖日水将自有楼房中的部分空闲房间用于出租,该楼房的楼梯均未安装护栏。2005年4月,赵丽芳(原告徐华军的表妹)向被告廖日水承租了四楼的一间房;此后,原告徐华军和妻子周灵华数次到过赵丽芳的承租房内。2005年7月29日晚,周灵华在赵丽芳承租房内借宿,次日凌晨五时许下楼时,不慎从楼梯上摔向地面,不治而亡。原告徐华军(死者丈夫)、原告周克龙和朱水花(死者父母)以被告廖日水将安全设施不全的房屋出租给他人居住而导致周灵华死亡为由向法院起诉,要求被告廖日水赔偿死亡赔偿金、丧葬费、精神抚慰金、误工费、交通费计人民币75 681.18元。本案经过一审、二审。

[法律解析]

二审法院认为,周灵华到承租人赵丽芳处借宿,已知楼梯没有护栏,作为具有完全民事行为能力人忽视自身安全,以致坠楼身亡,主要是自身原因造成的,其本人应承担40%的责任。赵丽芳作为承租人,明知廖日水楼房的楼梯没有护栏存在安全隐患仍然承租,容留周灵华借宿,忽视周灵华的安全,对周灵华之死存在过错,应承担40%的责任。出租人廖日水对周灵华之死,承担20%的责任。

[援引法条]

《合同法》规定:在租赁合同中,除当事人另有约定以外,出租人对租赁物有完善或修理、维护的义务。

第十二章　交通安全：日常出行，把法律放到第一位

是车主还是司机该对交通事故负责

[案例]

2009年9月15日19时许，张某驾驶电动自行车时，不慎与同向行驶的由陈某驾驶的重型自卸货车相撞，造成张某倒地受伤，电动自行车损毁。经鉴定，张某损伤为八级伤残。张某的损失包括医疗费用、残疾赔偿金、护理费、精神损失费、电动自行车损失费等共计17万余元。经交警部门认定，张某正常驾驶自行车，无交通违法行为，不负本起事故责任；陈某驾驶的重型自卸货车是造成本起事故的根本原因，应负本起事故的全部责任。法院查明：黄某为重型自卸货车的所有人，陈某系黄某雇用的司机，事故发生时陈某经黄某同意，帮其亲戚运送木头建房后空车返回，陈某帮其亲友运送木头之时未收取费用；该车投保了交强险。重型自卸货车驾驶人员陈某是受雇用开车还是借车，在本案中应承担什么责任？对此有两种不同意见。

[法律解析]

陈某虽然是黄某的雇员，但事故发生时陈某并不是在从事黄某的雇佣活动，帮其亲戚运送木头的行为实际是向雇主借车行为，应由驾驶人员陈某作为责任主体单独承担交强险赔偿限额以外的

赔偿。

[援引法条]

《最高人民法院关于审理人身损害赔偿案件适用法律若干问题的解释》第九条第二款规定:"从事雇佣活动"是指从事雇主授权或者指示范围内的生产经营活动或者其他劳务活动。雇员的行为超出授权范围,但其表现形式是履行职务或者与履行职务有内在联系的,应当认定为"从事雇佣活动"。

盗抢车辆发生交通事故谁来赔偿

[案例]

2011年2月19日19时许,代某某将其驾驶的出租车停放在药店门前,未熄火、未拔钥匙,被他人盗开后与行人郭某某发生交通事故,造成郭某某腹部、腿部等多处受伤,肇事车的盗窃人在发生交通事故后逃逸,尚未查获。该出租车车主为宁某某,出租车挂靠路通公司、车主宁某某将出租车租赁给代某某使用,车主宁某某在保险公司为肇事车投保了第三者强制责任险,发生交通事故时车辆在有效保险期间内。本案中的车辆被盗开致发生交通事故,正是因为被告代某某未按照交通法律法规的规定履行驾驶员的责任,未尽到妥善保管的注意义务所致。

[法律解析]

一审法院经审理认为:代某某作为一名出租车司机,下车熄火、拔钥匙是基本常识。但是代某某将其驾驶的出租车停放在药店门前,未熄火、未拔钥匙,进店买药,导致车辆被盗,从而发生了交通事故，代某某没有尽到一个司机应有的注意义务，存在管理瑕疵，故应承担赔偿责任。一审判决被告代某某赔偿原告各项损失合计人民币32 909.58元。被告宁某某、路通公司、保险公司不承担赔偿责任。

［援引法条］

《侵权责任法》第四十九条规定：因租赁、借用等情形机动车所有人与使用人不是同一人时，发生交通事故后属于该机动车一方责任的，由保险公司在机动车强制保险责任限额范围内予以赔偿。不足部分，由机动车使用人承担赔偿责任；机动车所有人对损害的发生有过错的，承担相应的赔偿责任。

"准驾不符"不构成保险公司拒赔理由

［案例］

2009年4月，庄国瑞持C1驾照，在农机部门的统一安排下，为其所有的变形拖拉机在中国人民财产保险股份有限公司常州市分公司投保了第三者责任险，责任限额为10万元。投保时，庄国瑞未填写机动车驾驶证号码，人保常州公司审核后也未提出异议。2009年6月17日，陶琦驾驶小轿车与庄国瑞驾驶的变形拖拉机相撞，造成人员受伤、车辆受损。经交警部门认定，陶琦负主要责任，庄国瑞持C1驾照驾驶变形拖拉机属驾驶与驾驶证载明的准驾车型不相符的拖拉机上路行驶，负次要责任。事故发生后，陶琦以庄国瑞为被告诉至法院，法院判决庄国瑞赔偿陶琦11.0593万元。庄国瑞在实际支付2.7万元后，起诉至法院，要求人保常州公司支付理赔款 10 万元。准驾不符可否免除保险公司的赔偿责任？

[法律解析]

本案中，保险公司在接到驾驶证号为空白的保单时，就应当询问投保人并且要求其如实填写，但却未有相应行为，且在未提出异议的情形下仍然承保。据此，应当推定保险公司已经以自己的行为向庄国瑞表示保险合同具有执行力，让庄国瑞对此产生合理期待，那么在涉及理赔时就不得再以此理由提出抗辩。案件审理中，庄国瑞同意承担 3% 免赔率，法院予以认定。常州中院终审判决：撤销一审判决，改判人保常州公司支付理赔款 9.7 万元。

[援引法条]

《保险法》第十六条规定：确立了弃权与禁止反言规则。其中禁止反言是指保险人知道或应当知道投保人违反如实告知义务或者违反条件和保证，明示或者默示地向投保人表示保险合同具有强制执行力。

赠与车辆出交通事故谁担责

[案例]

派出所将车辆赠送给了张某，但未办理过户手续，后该车发生交通事故造成二人死亡，死者亲属为讨损失将公安局和受赠人张某一起告上了法庭，要求二被告承担连带赔偿责任。至事故发生时该车未办理车辆过户手续，该车车主仍为铜陵县公安局。

[法律解析]

法院审理后认为,被告铜陵县公安局虽是肇事车辆的车主,但该车已实际交付给被告张某,公安局既不能支配该车的运营,也不能从该车的运营中获得利益,该车的风险责任自交付之时起已转由被告张某承担,因此二原告主张由被告铜陵县公安局承担连带赔偿责任的诉请无法律依据,不予支持。综上,法院判决被告张某赔偿二原告各项损失及精神损害抚慰金合计人民币41 784元,驳回二原告的其他诉讼请求。

[援引法条]

《中华人民共和国民法通则》规定:公民法人由于过错侵害国家的、集体的财产、侵害他人财产、人身的,应当承担民事责任。

套牌车与未办理过户登记手续农用车相撞,责任谁负

[案例]

2000年12月6日11时许,林某某无证驾驶琼D7××××号套牌三轮农用运输车(以下简称三轮农用车)载客从三亚市崖城镇开往乐东县九所镇。车行至225国道348km+150m路段,违章超越其前方因故减速的小轿车,与吴某某无证驾驶的海南01－28297四轮农用运输拖拉机(以下简称四轮农用车)相向发生侧碰撞,造成在三轮农用车驾驶员左侧乘坐的陈生波死亡和在后车厢乘坐的吴某某、罗某某受伤的重大交通事故。林某某所驾驶的三轮农用车系套用他人车牌号,吴某某所驾驶的四轮农用车系从盛某某处购买,未办理过户登记手续。

[法律解析]

法院判决：被上诉人罗某某医疗费、护理费、误工费、住院伙食补助费、交通费共计人民币 7358.76 元，由上诉人林某某赔偿 3679.38 元，除已付的 3400 元，还应付 279.38 元；被上诉人吴某某赔偿 3679.38 元。林某某和吴某某互负连带责任。盛某某对被上诉人吴某某给付之债承担连带赔偿责任。驳回原告罗某某的其他诉讼请求。一、二审案件受理费共计人民币 1160 元，由被上诉人罗某某负担 287 元，上诉人林某某和被上诉人吴某某各负担 436.50 元。

[援引法条]

《道路交通安全法》第九十六条第一款规定：使用其他车辆的机动车登记证书、号牌、行驶证、检验合格标志、保险标志的，由公安机关交通管理部门予以收缴，扣留该机动车，并处二百元以上二千元以下罚款；构成犯罪的，依法追究刑事责任。

损伤原因不明怎样判决交通事故赔偿

[案例]

2008 年某月某日某时某分，被告张某某驾驶车主为被告徐某某的沪 D-C×××× 轿车在后，原告驾驶沪 B-××××× 轿车在前，均沿浦东新区某某路由西向东行驶，至某某村车站处时，被告车辆追尾撞击原告车辆，致两车损坏，原告受伤。经交警部门认定，被告张某某负本起事故的全部责任，原告不负事故责任。事故发生后，原告即至上海某某医院急诊治疗，经诊断，原告头部撞伤，致其齿状突骨折、寰枢关节脱位，颈部软组织损伤。原告为处理事故支出停车费48元、牵引费380元、车辆修理费5000元。本案主要的争议焦点在于原告主张的其他损伤部位与本起事故之间是否存在因果关系。

[法律解析]

法院经审查后认为,司法鉴定科学技术研究所司法鉴定中心系进行法医学鉴定的专业机构,其对原告伤情所做出的专业性意见,在无其他证据能够加以反驳的情况下,本院予以采纳,故原告主张其他损伤部位系本起事故造成,缺乏事实依据,本院不予采信。判决:一、第三人某某财产保险有限公司上海分公司于本判决生效之日起10日内赔付原告卜某某99 349元;二、被告张某某于本判决生效之日起10日内赔偿原告卜某某11 872.90元;三、被告徐某某对上述第二项判决中被告张某某应当清偿的款项承担连带责任;四、驳回原告卜某某的其余诉讼请求。

[援引法条]

《道路交通事故处理办法》第三十五条、三十六条规定:交通事故责任者应当按照所负交通事故责任承担相应的赔偿责任。

两机动车相撞,乘客受伤谁负责任

[案例]

2001年9月,25岁的田某出资15万余元从镇江某汽车有限公司(以下简称"汽车公司")买断一辆桑塔纳,后挂靠在汽车公司名下从事出租车营运业务,田某按合同约定每月向汽车公司交纳相关费用。田某一个人忙不过来,便雇用亲戚赵某帮其开出租车。2001年11月26日5时30分左右,赵某像往常一样驾驶着出租车沿镇江市中山西路由东向西行驶,刚开到黄山路口,没料到与史某驾驶的无牌照三轮摩托车撞了正着,两车都不同程度地被损坏,而三轮摩托车上的乘坐人毛甲和毛乙两兄弟均受伤。赵某见状急忙打的将毛甲和毛乙送到医院治疗。毛甲被诊断为:急性脑挫伤、左大腿软组织伤。毛乙被诊断为:急性脑挫伤,头皮挫裂伤。毛甲与毛乙跟赵某、史某等人协调未果,便于2003年4月诉讼到镇江市润州区法院。

[法律解析]

法院依照我国《民法通则》《道路交通事故处理办法》和有关法律规定,做出判决:田某、史某各半连带赔偿毛甲和毛乙医疗费、住院伙食补助费、护理费、误工费、交通费等共计9649.29元;汽车公司对田某应赔偿的部分承担连带责任;驳回毛氏二兄弟的其他诉讼请求。

[援引法条]

《道路交通事故处理办法》第三十五条规定:交通事故责任者应当按照所负交通事故责任承担相应的损害赔偿责任。

工伤待遇与交通事故能否双重赔偿

[案例]

2007年9月23日下午6时许,徐某在下班的路途中,被常某驾驶的箱式小货车撞到,不治身亡。事发后,徐某妻子刘某及孩子以道路交通事故人身损害赔偿为由起诉，获得赔偿（已执行部分），2008年9月22日，刘某等依据《劳动法》的规定，遂以工伤事故赔偿为由请求某纺织公司给予经济赔偿，经过仲裁前置后，因徐某妻子刘某及孩子一方不服，起诉到法院。

[法律解析]

律师认为，我国的司法解释是支持双重赔偿的。受害人遭受工伤，是由于第三人的侵权行为造成的，受害人在获得工伤保险赔付的同时并不能免除侵权的第三人的民事赔偿责任。

[援引法条]

《道路交通事故处理办法》第三十五条规定：交通事故责任者应当按照所负交通事故责任承担相应的损害赔偿责任。

指使他人驾车逃逸致人死亡，构成故意杀人罪

[案例]

2008年2月19日晚10时许，车主李某随车与其所雇请的司机兰某从浙江调运货物返回江西途中，因兰某驾车速度过快，在拐弯处发现相向而来、驾驶摩托车的方某某时，避让不及，致使两车相撞，方某某连车带人跌到路下。李某、兰某下车后，发现方某某头部、胸部严重受伤，已生命垂危。考虑将给自己带来损失，也为躲避存在的麻烦，李某见四下无人，便指使兰某迅速驾车逃离现场。次日凌晨6时，方某某被人发现并送往医院，但因已大大延误抢救时间而死亡。一种意见认为构成交通肇事罪，第二种意见则认为构成故意杀人罪。

[法律解析]

律师认为虽然李某主观上并不希望方某某死亡,没有直接剥夺方某某生命的故意,但是其明知方某某生命垂危,自己指使逃逸的行为会发生方某某死亡的后果,却放任该后果的发生,符合间接故意杀人的构成要件。

[援引法条]

《刑法》第一百三十三条规定:违反交通运输管理法规,因而发生重大事故,致人重伤、死亡或者使公私财产遭受重大损失的,处三年以下有期徒刑或者拘役;交通运输肇事后逃逸或者有其他特别恶劣情节的,处三年以上七年以下有期徒刑;因逃逸致人死亡的,处七年以上有期徒刑。

醉酒者肇事,劝酒者是否应担责

[案例]

2008年5月21日,李某为庆祝生日办了个生日宴会。席间,黄某在明知李某不胜酒力的情况下,仍以"寿星不能少喝,少喝等于怠慢了客人"等言语激李某喝酒。酒后,李某驾车回家,经过319国道上某路段时撞死被害人肖某,撞伤被害人欧阳某。经检测,李某的酒精含量为200 mg/100 ml(远超过醉酒驾驶80 mg/100 ml的标准)。案子进入审判程序后,肖某的家属及欧阳某就民事部分提起附带民事诉讼,要求李某和黄某承担民事赔偿。醉酒者交通肇事，劝酒者是否应担责？

[法律解析]

律师认为，如果劝酒者明知被劝饮者饮酒后还要驾车，仍劝其饮酒，任其醉倒，酒后仍放任其驾车，即构成民法中的过错。黄某在明知李某不胜酒力的情况下仍不停劝李某喝酒，导致李某醉酒肇事，应承担民事赔偿。

[援引法条]

《最高人民法院关于审理人身损害赔偿案件适用法律若干问题的解释》第三条第二款规定：两人以上没有共同故意或者共同过失，但其分别实施的数个行为间接结合发生同一损害后果的，应当根据过失大小或者原因按比例各自承担相应的赔偿责任。

交通事故同时有好几个受害者，赔偿款怎样分配

[案例]

某年1月15日，程某与张某等一帮四川老乡聚会，在海沧一川菜馆喝了些小酒。半夜时分，张某骑摩托带上程某，要去老乡家深聊。行至海沧海新路与翁角路"Y"字形交叉路口处，摩托车撞上一辆牵引挂车，摩托车驾驶员张某当场死亡，后座上的程某事后被认定为十级伤残。交警认定摩托车手与挂车驾驶员各负事故一半的责任。张某的家人赶来厦门，先打起赔偿官司，把挂车所在公司告上法庭，法院追加车头、车尾各自投保的保险公司为共同被告。官司打到一半，程某也赶来起诉，法院把他列为张

某案的责任第三人。

[法律解析]

按照法院算出来的赔偿总额,张某家人的总损失是47万多元,其中精神抚慰金3万元;而程某的损失额是6万余元,其中精神抚慰金5000元。被告们得承担其中一半的赔偿责任。如今,两份交强险死亡伤残赔偿可支付其中的10万元,问题是张某和程某各自能得多少钱呢?对此,法律没有规定。海沧法院从判决的公平性与妥适性考虑,确定了按损失额比例来分配经济损失和精神损失的原则。最终,张某获得的两家保险公司的交强险赔偿金是8万多元;而程某获得1.8万元。另外,挂车车主还得赔偿张某的家属20万余元。

[援引法条]

《道路交通安全法》规定:机动车发生交通事故造成人身伤亡、财产损失的,应先由交强险进行赔付。

"优者危险负担"在道路交通事故案中适用

[案例]

2009年2月1日上午,王松美无证驾驶鲁11/P1290号牌手扶式拖拉机行驶至山东省莒县境内一路段时,为躲避行人而刹车,与王家启无证驾驶的无牌二轮摩托车发生碰撞,造成摩托车乘车人赵洪秀受伤。该事故经交警部门现场勘查,因无现场,无法查证交通事故事实,无法认定责任。经法医鉴定,赵洪秀的伤构成十级伤残,住院22天支付治疗费、检查费、法医鉴定费等共计30 109.3元，事故发生后王松美已赔偿赵洪秀6807.5元。本案中，王松美无证驾驶拖拉机拖运木材上路行驶，其危险性明显大于王家启无证驾驶的无牌二轮摩托车。

［法律解析］

莒县人民法院认为，在难以分清双方各自过错责任的情况下，从车辆冲撞危险性的大小以及危险回避能力的程度分析，王松美驾驶的拖拉机与王家启驾驶的摩托车在速度、硬度及重量等方面，均存在更大的危险性。莒县人民法院判决：大地财险莒县公司赔偿赵洪秀损失22 965.74元，王松美赔偿赵洪秀损失11 863.08元。

［援引法条］

《道路交通事故处理办法》第四十四条规定：机动车与非机动车、行人发生交通事故，造成对方人员死亡或者重伤，机动车一方无过错的，应当分担对方10%的经济损失。

第十三章 人身损害:用法律捍卫个人权益

精神病人刺伤他人,监护人被判赔偿

[案例]

2007年6月的一天,李先生从楼外乘凉回来,遇见康女士猛踹楼道门,就劝她别踹了。康女士不听劝,反而骂他。后来康女士将李先生小臂、小腹刺伤,随后李先生被送往医院治疗,经鉴定为伤残九级。后经法医鉴定康女士患有感应性精神病,实施违法行为时处于疾病期,丧失辨认能力。北京市安康医院也向法庭出具证明,载明康女士系感应性精神病,目前仍在该院治疗。李先生要求康女士的监护人任先生赔偿医疗费、营养费、住院伙食补助费、交通费、护理费、误工费、精神损害抚慰金、残疾赔偿金等共计近17万元。

[法律解析]

法院认为,康女士的行为是李先生身体受伤害的直接原因,李先生在双方争执过程中,在言语及行为方面亦存在不当之处,是造成损害的间接原因,故康女士的丈夫任先生作为康女士的监护人应当对李先生因受伤造成的相关损失承担赔偿责任。 法院最终判决任先生赔偿李先生医疗费、营养费、误工费、残疾赔偿金、精神损害抚慰金等共计9万余元。

[援引法条]

《民法通则》第一百三十三条规定：无民事行为能力人、限制民事行为能力人造成他人损害的，由监护人承担民事责任。

死亡赔偿金属于继承的范围吗

[案例]

甲的儿子乙原经营一家诊所，其间在该镇的中心卫生院赊购药品价值3000元，其出具了欠条给卫生院。因其未办理个体医生执业证，被责令停止经营。乙即出外打工。2007年4月，乙因意外事故死亡。其工作的公司赔偿甲各种费用12万元，其中死亡赔偿金6万元。该镇卫生院得知后，要求甲代其子偿还赊欠的药费。双方产生争执，卫生院起诉，要求解决。

[法律解析]

律师认为，死亡赔偿金是对死者未来余命年龄可得利益的减少而给予的补偿，是因死者的死亡，而对死者的补偿，是死者遗产，甲继承了死者的遗产，根据《继承法》的规定，就应在继承的价值范围内承担偿还死者债务的义务。应判决甲偿还其子乙赊欠的卫生院的药品款3000元。

[援引法条]

最高人民法院关于贯彻执行《中华人民共和国继承法》若干问

题的意见第一部分第三条对"公民的其他合法财产"解释为：有价证券、以财产为履行标的的债权。

老人购物摔伤，判决商场赔偿

[案例]

2007年1月18日，张女士与其邻居李女士到中润福客隆第八分公司处购物。在乘坐该超市电梯时，因当天超市购物人较多，张女士与李女士双双从电梯上滚落，张女士经医院诊断为：右肱骨近端粉碎性骨折。医院为张女士进行了右人工肱骨头置换术并出具诊断证明书，建议患者出院后陪护三个月。2007年5月，张女士申请对其伤残等级进行司法鉴定，经中国科协司法鉴定中心进行鉴定，张女士所受之伤构成七级伤残。对于自己在商场受到的伤害，张女士要求商家给予赔偿，在双方达不成一致后，张女士将商家起诉到法院。

[法律解析]

法院审理后，判决北京中润福客隆商贸有限公司赔偿张女士医疗费、住院伙食补助费、护理费、交通费、伤残鉴定费、营养费共计人民币47 000元；北京中润福客隆商贸有限公司赔偿张女士残疾赔偿金人民币33 563元；北京中润福客隆商贸有限公司给付张女士精神抚慰金人民币20 000元。

[援引法条]

《最高人民法院关于审理人身损害赔偿案件适用法律若干问题

的解释》规定：从事住宿、餐饮、娱乐等经营活动或者其他社会活动的自然人、法人、其他组织，未尽合理限度范围内的安全保障义务致使他人遭受人身损害，赔偿权利人请求其承担相应赔偿责任的，人民法院应予支持。

未成年人骑自行车受伤怎么赔

[案例]

1998年7月28日下午5时许，张某放学后骑自行车回家，在离学校500米左右的藕塘边马路上停下，反坐在自行车后衣架上等他妹妹，这时王某骑自行车赶来，因车速过快，撞在张某的自行车前圈上，王某被摔倒致其左肱骨外上髁骨折，后在某县城关镇第二人民医院治疗，花医药费2404元，并经某县人民法院法医鉴定王某的伤情属七级伤残。事故发生后，双方因赔偿问题发生争议，王某向某县人民法院提起诉讼。

[法律解析]

在本案事实上，王某骑自行车因车速过快撞到张某停放在路边的自行车上而致伤，张某没有过错责任，再者事故发生时王某尚不满10周岁信阳市中级人民法院受理抗诉后，指令某县人民法院再审。2000年6月23日，某县人民法院经过再审改判：张某赔偿王某医疗等费用400元。并对出具伪证的医生张某罚款1000元。

[援引法条]

《道路交通管理条例》第二十九条第四项规定：未满12岁的儿

童,不准在道路上骑自行车、三轮车和推、拉人力车。其监护人应负全部责任。

屋檐瓦片砸伤人,屋主承担责任

[案例]

2012年4月16日上午,刘某回家路过王某家时,被王某屋檐坠落瓦砸中头部受伤,当场人事不知,后被急送霍山县人民医院住院治疗,经诊断:颅骨骨折。花去医药费8985.18元。刘某想与王某私了未得响应,于是告王某于法院,要求王某赔偿各项损失计20 000元。王某辩称:刘某受伤害不是人为造成的,实属自然灾害,是房屋所有人始料不及的,不应负担任何责任。没有向法庭提供证据佐证。

[法律解析]

法院认为:建筑物上的搁置物、悬挂物发生倒塌、脱落和坠落造成他人损害的,它的所有人或者管理人应当承担民事责任,但能够证明自己没有过错的除外。王某屋檐瓦坠落砸中刘某头部,是王某疏于管理所致,当承担赔偿责任,遂做出了上述的判决。

[援引法条]

《最高人民法院关于审理人身损害赔偿案件适用法律若干问题的解释》规定:"赔偿义务人"是指因自己或者他人的侵权行为以及其他致害原因依法应当承担民事责任的自然人、法人或者其他组织。赔偿义务人包括:因物件致人损害承担赔偿责任的赔偿义务人。

旅游中发病身亡,谁来赔偿

[案例]

1997年7月13日,洛阳市郊区某小学与某旅行社签订了一份旅游协议,由旅行社组团组织该校教师及家属赴山东青岛5日游。旅行社还为他们投了旅游意外保险,保险金额为每人8万元。7月19日在旅游途中,教师刘某在汽车上突然休克,被送到威海市佛顶山医院就诊,经诊断为心肌缺血。7月21日上午当旅行团从青岛返程,火车到达郑州终点站,刘某再次休克,经郑州市急救中心抢救无效死亡。刘某死亡实际支出费用6600元。7月22日旅行社向保险公司提出刘某死亡索赔,保险公司认为旅行社是在刘某死亡之后7月21日投的保,拒绝赔偿。

[法律解析]

法院认为,被告某旅行社未取得从事保险代理业务资格,其与投保人签订的保险条款无效。被告某保险公司未对被告某旅行社的代理资格进行审核,盲目授予代理权。两被告在本案中有重大过错。刘某应当知道自己患有不宜长途旅游的疾病,导致自己在返程途中死亡,本人也有过错。依据以上调查分析,法院判决保险公司退还刘某保险费5.6元,旅行社、保险公司连带向刘某的亲属支付刘某死亡的实际经济损失6600元、支付死亡补偿金1.2万元。

[援引法条]

《最高人民法院关于审理人身损害赔偿案件适用法律若干问题

的解释》规定：因生命、健康、身体遭受侵害，赔偿权利人起诉请求赔偿义务人赔偿财产损失和精神损害的，人民法院应予受理。

上学途中骑车摔伤，如何索赔

[案例]

2010年6月15日清晨6时许，在宜兴某中学就读的小王像往常一样骑着自行车上学，谁知，途中自行车前轮突然向后弯曲变形，导致小王摔倒受伤，经诊断为右手小指骨折、面部及手部多处擦伤，用去医药费6000余元。小王的父亲认为，存在质量问题的自行车是导致儿子受伤的"罪魁祸首"，于是将销售涉案自行车的销售商张某诉至法院，要求其赔偿医疗费、护理费、交通费等损失16 000元。在受理此案后，承办法官第一时间组织原被告双方进行了调解，无奈双方意见差距过大，未能达成协议。之后小王的父亲撤回了起诉，不久后又将自行车销售商、批发商李某及天津某自行车厂家一同再次诉至法院。

[法律解析]

案件再次到承办法官手中时，面对不同的被告，法官的办案思路却没有变——调解为先，希望此案能够和谐解决。在以前几次调解的基础上，法官进一步向原被告展开了释理释法工作，经过一下午的反复调解，双方终于达成协议：由批发商李某和天津厂家一次性赔偿小王损失5000元。目前，小王已顺利拿到了这笔赔偿款。

[援引法条]

《中华人民共和国消费者权益保护法》第三十五条第二款规

定：消费者或者受害人因商品缺陷造成人身、财产损害的，可以向销售者要求赔偿，也可以向生产者要求赔偿。属于生产者责任的，销售者赔偿后，有权向生产者追偿。属于销售者责任的，生产者赔偿后，有权向销售者追偿。

受雇作业身亡，雇主被判赔偿

[案例]

2006年12月份，被告窦某和卫辉市城效乡南关村委签订了房屋拆除协议，由窦某组织人员拆除旧房，南关村委付给其5000元。事后，窦某找焦某商量，决定合伙进行拆除，由焦某负责找人进行作业，赚了钱平分。2006年12月21日，受害人在城郊乡南关村和其他工友一起拆除旧房时，墙壁突然倒塌，将柴某当场砸死。事发后，窦某付给柴某亲属现金23 000元。

[法律解析]

法院审理后认为：柴某受窦某、焦某雇用进房屋拆除作业时，被砸致死，作为雇主，二人在不能证明死者自身存在过错时，应承担全部民事赔偿责任，并互相承担连带赔偿责任，遂依法做出判决，判决被告窦某、焦某在判决生效10日内赔偿原告刘某各项费用近7万元。

[援引法条]

《关于适用〈中华人民共和国民事诉讼法〉若干问题的意见》规定：个体工商户、农村承包经营户、合伙组织雇佣的人员在进行雇佣合同规定的生产经营活动中造成他人损害的，其雇主是当事人。

邻里吵架引起对方自杀而怠于救助应承担责任

[案例]

2004年6月30日,被告杨玉秀和刘丽平先后到原告梁盛山家的老屋,认为里面的鸡是自己的,与闻讯赶来的受害人钟件娇发生争吵、谩骂、拉扯并相互殴打。在此期间梁火发回到家里,也与钟件娇发生拉扯。钟件娇在纠纷中被打倒在地,致轻微伤甲级。被劝回家后,钟件娇认为遭受辱骂,便口服农药,然后回到被告梁火发家附近,并开始发生呕吐等反应,被告方发现后,并未及时报警或采取其他紧急有效的措施,仅由被告刘丽平步行至当地的梁辉诊所,当发现医生仍在玩扑克时,没有及时详细地告知事态的严重情况,而是在诊所里等了一段时间。在个体医生梁辉到现场发现事情很严重后,被告梁火发等人才在梁辉的催促下用双轮车将受害人送至当地卫生院救治,在途中受害人钟件娇已经死亡。事后被告共支付了3000元赔偿款。事件发生后,受害人的一些亲属到被告家并损坏了一些财产。

[法律解析]

法院认为,被害人钟件娇不冷静地依法解决问题,采取服药自杀的行为,其本人应负有主要的责任。被告方在知道被害人因此事服药自杀后没有引起应有重视,在一定程度上影响了被害人的救治,对该事故所引起的损失应负有次要的责任。判决:原告梁盛山、梁永茂、梁香娣、钟久礼、钟久庆的损失包括死亡赔偿金、丧葬费、被抚养人生活费、精神损害抚慰金共计人民币67 041.38元,此款由被告梁火发、刘丽平、杨玉秀共同承担其中的35%即23 464.48元，扣除已经支付3000元后，仍应支付20 464.48元；驳回原告的其他诉讼请求。

［援引法条］

最高人民法院《关于审理人身损害赔偿案件适用法律若干问题的解释》规定：二人以上共同故意或者共同过失致人损害，或者虽无共同故意、共同过失，但其侵害行为直接结合发生同一损害后果的，构成共同侵权，应当依照民法通则第一百三十条规定承担连带责任。

司机醉驾出事故身亡，同乘人赔偿5万元

［案例］

聚会时酒足饭饱，李某开车送两同学回家，谁知因酒醉发生交通事故，李某当场死亡。事发后，李某的父母将儿子的两位同学告上法庭，要求两人对李某的死亡承担50%的赔偿责任。庭审中，李某的父母情绪非常激动，他们认为对自己儿子李某的死亡，被告王某、孙某有着不可推卸的责任。2011年9月事故发生当天，儿子李某驾车与同学出去吃饭喝酒，当晚在李某酒醉的状态下，王某、孙某还让李某送二人回家。路上李某因酒醉开车撞到路边树上，当场死亡，孙某、王某受伤，车辆报废。交警部门认定交通事故发生系李某醉驾导致。王某、孙某认为，李某的死与他们没有任何关系。他们既没有要求李某饮酒，也没有要求李某送其回家，他们当时还劝阻过李某让他不要饮酒。

[法律解析]

法官认为,在公安机关认定李某对此次事故负全责的情况下,由此导致的经济损失应主要由其来负担。但是孙某、王某明知李某驾驶车辆,在就餐过程中仍然与李某共同饮酒,没有有效劝解李某不要饮酒,还搭乘其车辆回家,故王某、孙某对李某死亡造成经济损失应承担一定赔偿责任。最终,法院判决王某、孙某赔偿李某的父母5万余元。

[援引法条]

《民法通则》第一百零六条规定:公民、法人由于过错侵害国家的、集体的财产,侵害他人财产、人身的,应当承担民事责任。没有过错,但法律规定应当承担民事责任的,应当承担民事责任。

老人被邻居狗惊吓致死,代养人被判赔 18 万

[案例]

某天晚上9时,张华和老伴郝军在家里正说着话,突然一只阿拉斯加雪橇犬蹿了进来,张华和老伴本能地移动身体躲避狗。狗跳了起来,撞碎了张华家客厅里的大花瓶。这只大狗身高足有65厘米,瞪着眼睛盯着屋内的人。张华和老伴躲在角落里浑身打战,说不出话来。大狗在屋内窜来窜去,最后跑进了书房,张华赶紧打电话报了警。这时,老伴郝军缓过神,赶紧下楼,去找小区保安帮忙,刚赶到保安室门口,突然晕倒在地。此时,正在楼上楼下四处找狗的小英和丈夫,才知道他们临时帮朋友照看的这只狗闯了祸。郝军在医院里抢救了三天三夜,最终还是去世了。

经医院诊断，郝军是受到严重惊吓，突发心脏病致死。张华和家人将小英以及狗主人小菊夫妇告上法庭，要求他们共同赔偿。

[法律解析]

法院认为，该案是饲养动物致人损害的侵权诉讼。最终法院认定，动物饲养人或者管理人小英夫妇应当承担侵权责任。判令赔偿郝军家人死亡赔偿金、丧葬费、精神损害抚慰金等，合计182 000元。

[援引法条]

我国法律在规定动物致人损害案件中，采用无过错责任的归责原则，在责任的构成要件中，不要求被告有过错，也不要求原告对被告的过错进行举证和证明。

野外拓展摔伤，学校与培训单位共赔

[案例]

小宇是学校的学生。2009年10月24日，她在参加学校与华仁公司组织的拓展培训活动中，因两被告未尽到安全保障义务，致使她从高处摔伤。小宇认为，学校在她参加学校活动期间，理应负有教育、管理、保护义务。华仁公司作为承接拓展训练的专业性公司，在参加该公司组织实施的活动期间，理应提供专业性的指导和保护。因此诉至法院提出诉请。华仁公司辩称，小宇应该意识到活动的危险性，存在一定的过错，应该承担相应责任。

[法律解析]

法院认为，拓展公司作为活动的组织方，未尽到安全保障义务，对此事故的发生负有全部责任。学校在未进行充分的了解的情况下，选择了未成年人不宜参加的具有高空危险性的活动，以致出现伤害事故，其作为拓展活动的委托方，应当与受托方华仁公司共同承担连带赔偿责任。最后，法院判决由学校及拓展公司赔偿小宇人民币共计12万余元。

[援引法条]

教育部《学生伤害事故处理办法》规定：因下列情形之一造成的学生伤害事故，学校应当依法承担相应的责任：学校组织学生参加教育教学活动或者校外活动，未对学生进行相应的安全教育，并未在可预见的范围内采取必要的安全措施的……

吵闹后女子跳楼，情夫未制止被判赔偿

[案例]

黄某认识了比自己大10多岁的欧某，确立了恋爱关系。随着交往的加深，黄某发现欧某早有妻室，但其不顾家人和朋友的反对，依然与欧某保持情人关系。然而随着相处时间增加，渐渐地，两人常为一些琐事发生争吵。2010年4月一天傍晚，欧某与黄某应朋友之邀前往某餐馆聚餐，在途中又因琐事争吵。来到餐馆包厢后，欧某一气之下将黄某拉倒在地，并对黄某拳脚相加。在场的朋友极力劝阻，冲突才勉强平息。但此时黄某抑制不住愤怒，突然爬上包厢窗户纵身从三楼跳下，当场死亡。而坐在窗边的欧某并没有制止黄某爬窗跳楼的行为。黄某的父母伤心欲绝，诉至法院要求欧某支付赔偿金10.5万元。

[法律解析]

法院认为,黄某自杀死亡的主要原因是其自己精神崩溃,对生活产生绝望;而欧某的行为是造成其死亡的次要原因。欧某虽然未对黄某直接实施加害行为,但并没有采取措施制止黄某跳楼自杀,欧某的行为间接地造成了本案损害结果的发生,与损害结果具有一定的因果关系,其消极的加害行为已构成侵权,对死亡后果应承担40%的责任。

[援引法条]

《民法通则》规定:侵害公民身体造成伤害的,应当赔偿医疗费、因误工减少的收入、残废者生活补助费等费用;造成死亡的,并应当支付丧葬费、死者生前扶养的人必要的生活费等费用。

旅行社内洗澡中毒由出租者、经营者共同担责

[案例]

平南镇城区某旅社是林某租赁属于张某、刘某所有的一幢房屋经营的一家旅社。林某是该旅社的经营者。2006年12月31日,林某将该旅社转让给叶某经营。2007年3月27日,男青年卢某与其女朋友在该旅社205号房住宿,3月28日凌晨4时许,女友发现男友卢某死亡。当天,卢某的家属向平南县公安局报案。经平南县公安局侦查及法医鉴定,认为卢某的死亡原因是一氧化碳中毒,因此,于2007年4月24日做出不予立案通知书。由于死者家属就赔偿问题多次与房屋出租者、租赁房屋者(执照经营者)、直接经营者协商未果,遂于2007年5月14日向平南县

人民法院提起民事诉讼。

[法律解析]

法院审理认为：被告林某、叶某经营旅社对外提供住宿服务，依法依理应确保其各项设施符合保障人身安全的要求。因此，对卢某的死亡，被告林某、叶某存在主要过错，应承担主要责任。法院最后依法判决：被告林某、叶某应连带赔偿死亡赔偿金、丧葬费、精神抚慰金共191 309元给原告(扣除已支付的丧葬费1500元，还应赔偿189 809元)；驳回原告的其他诉讼请求。

[援引法条]

最高人民法院《关于审理人身损害赔偿案件适用法律若干问题的解释》规定：从事住宿、餐饮、娱乐等经营活动或者其他社会活动的自然人、法人、其他组织，未尽合理限度范围内的安全保障义务致使他人遭受人身损害，赔偿权利人请求其承担相应赔偿责任的，人民法院应予支持。

采果实触电身亡谁来负责

[案例]

2010年4月24日，李某某与王某某等5人来到天津市宝坻区大唐镇某某村赵某某承包的果园采摘，中午在赵某某家吃饭并付款。下午15时左右，李某某来到张某某设置的变压器附近采摘，采摘地上方是张某某架设的高压线路。15时50分左右，有人发现李某某倒地及时报警。救护车到达现场后，王某某付给赵某某家人采摘费300元，随即将李某某送到县人民医院抢救，但李某某经医院抢救无效于18时被宣布因电击而死亡。事发后,经当地公安局刑事科学技术鉴定机构鉴定:电线高度符合规范要求。在电线杆上或变压器附近虽设置了一些警示标志,但不够明显。

[法律解析]

法院认为,本案的受害人李某某主观上存在重大过失,为此,应当减轻赔偿义务人的责任。县供电公司及张某某虽称其在高压电线的附近设置了警示标志,履行了安全警示义务,但不能作为自己的免责条件。综上所述,根据本案的实际情况并结合当事人的过失程度等因素,认定供电公司承担原告方总损失393 480.50元的10%、赵某某承担10%、张某某承担20%,其余损失由原告方自行承担。

[援引法条]

《中华人民共和国民法通则》第一百二十三条做出特别规定:从事高空、高压、易燃、易爆、剧毒、放射性、高速运输工具等对周围环境有高度危险的作业造成他人损害的,应当承担民事责任;如果能够证明损害是由受害人故意造成的,不承担民事责任。

小孩喂猴手指被咬残,动物园被判担责

[案例]

谢洋洋随父母至动物园游玩,谢洋洋穿过笼舍外设置的栏杆,给猴子喂食时,右手中指被猴子咬伤。谢洋洋的父母当即向动物园相关部门投诉,随后急忙将谢洋洋送至医院救治并报警。谢洋洋因此造成了十级伤残,花去4000多元医疗费。出院后,谢

洋洋中指须安装假肢，又花费2000余元。据专家会诊，谢洋洋在18岁之前须每两年更换一次假肢，成年后则须每四年更换一次，每年还须支付不菲的假肢维修费。谢洋洋的父母向法院起诉。

［法律解析］

法院认为谢洋洋受伤的直接原因是违反相关游园规定，擅自穿越防护栏。而谢洋洋的父母在明显的警示标示下，仍放松对谢洋洋的危险警示教育和看护，存在监管过失。然而，由于动物园的金属栏杆间距为15厘米左右，现场试验10周岁以下的儿童可以从空隙钻入。动物园每年要接待成千上万的学龄前儿童，应能预见此危险发生的可能性，但却没有采取必要的补救措施，因此也存在一定过错，须负次要责任，承担40%的赔偿金额，总计3万余元。

［援引法条］

《最高人民法院关于审理人身损害赔偿案件适用法律若干问题的解释》第六条规定：从事住宿、餐饮、娱乐等经营活动或者其他社会活动的自然人、法人、其他组织，未尽合理限度范围内的安全保障义务致使他人遭受人身损害，赔偿权利人请求其承担相应赔偿责任的，人民法院应予支持。

第十四章 精神损害：无形的损害也要追偿

精神损害赔偿，不是想要就给

[案例]

2007年10月，因吕老汉与张老汉开玩笑，张老汉拿起苹果向吕老汉的脸上砸去。后吕老汉住院治疗，共花医疗费1000余元。此后，吕老汉将张老汉告上法庭，要求张老汉赔偿医疗费1089元，精神损害抚慰金7万元。精神损害抚慰金怎样确定？

[法律解析]

本案中，吕老汉可能因为被人打伤精神上受到影响，但这种影响不是法律意义上的精神损害，因此法院不支持其诉讼请求。法院判决，张老汉赔偿吕老汉医疗费1089元，驳回其他诉讼请求。

[援引法条]

《最高人民法院关于确定民事侵权精神损害赔偿责任若干问题的解释》第一条规定：自然人因下列人格权利遭受非法侵害，向人民法院起诉请求赔偿精神损害的，人民法院应当依法予以受理：

（一）生命权、健康权、身体权；

（二）姓名权、肖像权、名誉权、荣誉权；

（三）人格尊严权、人身自由权。

违反社会公共利益、社会公德侵害他人隐私或者其他人格利益，受害人以侵权为由向人民法院起诉请求赔偿精神损害的，人民法院应当依法予以受理。

婚前同居酿苦果，诉请精神损害赔偿获支持

［案例］

石某与被告韦某从 2004 年 10 月下旬起同居。同年 12 月 22 日，石某到瑞康医院妇科就诊，被诊断为早孕。第二天，石某到该医院要求做人流手术，被告韦某在《人工流产手术同意书》"病员或家属对手术意见"和"家属签名"一栏中签名并签署"同意手术"的意见。手术后双方产生矛盾，韦某不愿继续与石某同居生活，石某只得回家休养。2005 年 5 月 26 日，石某遂诉至法院，要求韦某赔偿手术费、精神损失费等共计 17 300 元。韦某却以石某怀的是他人的胎儿为由拒绝赔偿。

［法律解析］

法院认为，对于石某、韦某在本案纠纷中的民事赔偿责任比例，应按双方的主观过错大小及其行为与损害后果之间的因果关系来确定。双方未婚同居并导致石某怀孕，违背社会公德及公序良俗。被告韦某主张原告石某是怀了他人的胎儿后找上门来与其同居亦证据不足，法院亦不予采信。本案纠纷双方均有责任，法院确定原告与被告应按 5∶5 的责任比例来分担人工流产手术给原告造成的损失，医疗费、误工费、营养费均以发生的费用对半承担。关于精神损失费问题，石某本人虽然对造成本案纠纷有一定责任，但未婚先孕导致其被迫人工流产确已对其造成一定程度的精神损害,故对其精神损害抚慰金请求法院予以支持。

[援引法条]

《民法通则》规定:公民、法人由于过错侵害国家的、集体的财产,侵害他人财产、人身的,应当承担民事责任。受害人对于损害的发生也有过错的,可以减轻侵害人的民事责任。

电脑维修中文件丢失,机主诉请精神抚慰金获支持

[案例]

2008年5月12日,原告高女士将台式电脑送往被告徐州某计算机服务公司维修。送修时,被告出具了取机凭证。该凭证在保留硬盘数据栏内打印了"是",并在说明栏内说明用户应当在维修前做好对数据的备份,用户应对其数据的安全性自行负责,服务中心不承担对数据、程序或可移动存储介质的损坏或丢失的责任,原告在取机凭证上签字。被告在维修过程中误将原告硬盘D盘进行格式化操作。2008年5月22日,经原告同意,被告将封存过的硬盘取出送国家信息中心DRS数据修复服务处做数据恢复,但仍有部分文件的数据损坏,无法读取。原告遂到泉山法院起诉,要求赔偿价值400元的40G硬盘一个,数据恢复成本6000元及精神抚慰金6000元。

[法律解析]

法院认为,被告在维修中因误操作,格式化原告的电脑D盘,

造成原告电脑中照片、论文等文件丢失，必然给原告的工作、生活带来诸多不便或重复劳动，也会给原告精神上带来一定损害，依照我国《民法通则》以及最高人民法院《关于确定民事侵权精神损害赔偿责任若干问题的解释》的有关规定，判决被告赔偿原告精神抚慰金5000元。

[援引法条]

《最高人民法院关于确定民事侵权精神损害赔偿责任若干问题的解释》规定：因侵权致人精神损害，造成严重后果的，人民法院除判令侵权人承担停止侵害、恢复名誉、消除影响、赔礼道歉等民事责任外，可以根据受害人一方的请求判令其赔偿相应的精神损害抚慰金。

村民散布他人婚外情被判赔偿

[案例]

原告陈女士与被告王某是同村村民。2008年，王某开始散布陈女士有婚外两性关系的消息，并对陈女士进行谩骂。2009年1月，原告陈女士突然发现自家门口等处张贴了大量书面材料，内容均为宣扬她与他人存在婚外两性关系。陈女士故起诉要求被告立即停止侵害行为，以书面形式赔礼道歉，消除影响、恢复名誉，同时要求被告赔偿精神损害抚慰金1万元。

[法律解析]

法院审理后认为，关于原告与他人是否存在婚外两性关系仅有被告陈述，并无其他证据证明，无法认定被告王某所散布消息内容的真实性。同时被告以口头和书面方式宣扬原告有婚外两性关系这一个人隐私,侵犯了原告的名誉权,造成原告的社会评价降低,精神受到伤害,对此被告应当承担相应的法律责任。怀柔法院审结了该起名誉权纠纷,判决被告王某向陈女士书面道歉,并赔偿精神损害抚慰金2000元。

[援引法条]

《民法通则》规定:公民的姓名权、肖像权、名誉权、荣誉权受到侵害的,有权要求停止侵害,恢复名誉,消除影响,赔礼道歉,并可以要求赔偿损失。

"人肉搜索"案宣判,原告胜诉获精神损害抚慰金

[案例]

女白领姜岩生前在网络上注册了名为"北飞的候鸟"的个人博客,她在博客中以日记形式记载自杀前两个月的心路历程,将丈夫王菲与案外一女性合影照片贴在博客中,认为二人有不正当两性关系,自己的婚姻很失败。姜岩在2007年12月试图自杀前将自己博客的密码告诉一名网友,并委托该网友在12小时后打开博客。此后,姜岩的博客日记被一名网民转发在天涯社区论坛中,后又不断被其他网民转发至不同网站上。姜岩的大学同学张乐奕于2008年1月注册非经营性网站,披露王菲"婚外情"和个人信息的行为,引发众多网民使用"人肉搜索"的网络搜索模式,搜寻与王菲及其家人有关的所有信息。更有部分网民在大旗网等网站上对王菲进行谩骂、人身攻击,还有部分网民到王菲家

庭住址处进行骚扰,在门口刷写、张贴"逼死贤妻""血债血偿"等标语。大旗网于2008年1月14日制作了标题为《从24楼跳下自杀的MM最后的BLOG日记》的专题网页,网页中使用了王菲、姜岩和第三者的真实姓名,并将姜岩的照片、王菲与第三者的合影照片、网民自发在姜岩自杀身亡地点悼念的照片、网民到王家门口进行骚扰及刷写标语的照片等粘贴在网页上。王菲将网站告上法庭,认为被告网站侵犯了其隐私权和名誉权。

[法律解析]

法官表示,大旗网开辟专题网页对事件背后反映出的社会现象进行分析,应属新闻自由的范围,本无不当。但大旗网未对当事人姓名等个人信息及照片进行技术处理,使王菲的隐私权及名誉权受到侵害,网站所属的凌云公司应对其侵权行为承担民事责任。

[援引法条]

《最高人民法院关于贯彻执行〈中华人民共和国民法通则〉若干问题的意见(试行)》第一百四十条规定:以书面、口头等形式宣扬他人的隐私,或者捏造事实公然丑化他人人格,以及用侮辱、诽谤等方式损害他人名誉,造成一定影响的,应当认定为侵害公民名誉权的行为。

博客照片被错当"韩寒情妇",模特获赔精神抚慰金

[案例]

原告晏女士诉称:2008年10月16日,被告未经原告许可及核实，将原告担任摄影模特期间拍摄的发表在搜狐博客的照片刊登在某网站的一篇文章中。该文对80后女写手朱某自述撰文《我要做韩寒的情妇》的行为大加批判，批判朱某为出名不惜献身韩寒，甘当情妇，没有道德。该文将原告的照片作为文中人物朱某的形象照，使该文阅览者认为原告为该文中所称的当事人。由于韩寒为80后著名作家，该文的内容发表引起了网友极大的愤慨，也引起了原告的亲友、同事及同学的非议。被告的上述侵权行为严重侵害了原告的肖像权及名誉权，造成原告精神极大的痛苦、名誉极大的损害及经济损失。被告某科技发展有限责任公司辩称，原告也没有提供证据证明图片中人不是该作品所称的"朱某"本人。

[法律解析]

法院认为，既然被告已在配图中注明图上的女孩就是"80后女写手朱某"，那么被告有义务举证来证明该事实。显然，被告并不能完成举证义务。最终法院判决，被告在其注册的该侵权网站首页刊登对原告晏女士致歉声明（致歉内容由法院审定）；如不履行该项判决内容，法院将把判决书主要内容在报纸上刊登，刊登费由被告公司负担。被告赔偿原告晏女士精神损害抚慰金8000元、公证费800元。

[援引法条]

《最高人民法院关于确定民事侵权精神损害赔偿责任若干问题的解释》规定：违反社会公共利益、社会公德侵害他人隐私或者其他人格利益，受害人以侵权为由向人民法院起诉请求赔偿精神损害的，人民法院应当依法予以受理。

妻子侮辱第三者被判付精神抚慰金

[案例]

2005年,马某发现丈夫手机里有多则黄色或者内容暧昧的短信,后经她暗中查实,得知丈夫在外认识了一付姓女子,二人结识不久,即发生婚外性关系,并达到谈婚论嫁的程度。马某感情深受伤害,对付某产生了嫉恨的心理。2005年10月的一天,马某约付某谈一谈,见面时发现付某又在与自己丈夫聊天,当即失去冷静,用脏话大骂付某,并动手厮打付某,在厮打中,还扒下了付某的裤子。11月8日,在付某到派出所处理被打之事离开后,马某又一次在大街上堵住付某进行殴打和谩骂,当众将付某的裤子撕扯开,使付某下身暴露,后被他人劝解才离去。付某因此诉至法院,请求法院判令马某赔偿其医疗费、误工费、护理费,交通费等共计2.6万余元,精神损害赔偿费5000元。

[法律解析]

法院认为,付某与马某丈夫谈婚论嫁,有悖于婚姻家庭道德,也为法律所不允,应当给予严肃批评。马某用暴力手段报复、侮辱付某,严重侵犯了付某的身体健康权和人格尊严权,给付某在经济上、身体上和精神上均造成损害,依法应承担民事责任。山东省烟台市芝罘区人民法院判令马某赔偿第三者经济损失6000余元和精神损害抚慰金3000元。

[援引法条]

《最高人民法院关于确定民事侵权精神损害赔偿责任若干问题

的解释》规定：自然人因下列人格权利遭受非法侵害，向人民法院起诉请求赔偿精神损害的，人民法院应当依法予以受理：（一）生命权、健康权、身体权；（二）姓名权、肖像权、名誉权、荣誉权；（三）人格尊严权、人身自由权。

男子遭同性疯狂骚扰，引发名誉权纠纷

[案例]

2011年1月9日，卢先生因范先生疯狂骚扰其一事向派出所报案。在派出所，范称卢与其在国外出差期间发生了不正当性关系，对其心理和精神上造成了伤害，卢答应给其看病，却拖着不履行诺言，所以给卢先生、卢的前妻、卢的儿子发威胁短信。当天，范先生书面《检查》，向卢先生道歉，并保证以后不再做类似事情。同年3月14日，范在派出所认可自2010年12月9日开始，向卢先生、卢的儿子、前妻及卢的同事、同学发信息、发电子邮件，谩骂、诋毁卢先生、卢的儿子及前妻，干扰了他们的正常生活。当日，公安部门基于范以给卢发送手机短信、电子邮件的方式，干扰卢正常生活的事实，对范采取行政拘留10日的处罚。卢先生起诉至法院，要求范停止骚扰，公开道歉；并赔偿精神损失及其他损失。

[法律解析]

法院认为，范先生损害了卢的名誉权，导致卢的社会评价降低，故卢要求范停止侵害、书面赔礼道歉、赔偿精神损失的诉讼请求应予支持，判决要求范先生停止侵害，赔礼道歉，赔偿卢先生精神损失费等共计1.3万余元。

[援引法条]

《最高人民法院关于确定民事侵权精神损害赔偿责任若干问题的解释》规定：违反社会公共利益、社会公德侵害他人隐私或者其他人格利益，受害人以侵权为由向人民法院起诉请求赔偿精神损害的，人民法院应当依法予以受理。

被宠物咬伤，可索要精神损害赔偿

[案例]

2010年7月7日的早晨，家住大港福华里的陈某在小区散步时，遇到邻居刘某牵着宠物狗迎面走过来。不料走到近处时，狗突然蹦过来，一口咬伤了陈某的左腿，陈某当即摔倒在地上，惊慌失措的刘某立即陪同陈某去卫生防疫站注射狂犬疫苗，支付了医疗费450元、交通费150元并且在民警的协调下向陈某支付了人民币300元作为补偿。陈某以被狗咬伤后精神受到严重打击为由，向法院起诉，要求刘某支付精神损害抚慰金4万元。

[法律解析]

律师表示，就本案来看原告的受伤程度并不重，但考虑到被狗咬伤所带来的对狂犬病的恐惧，与一般的伤害有所区别，所以应适当支持原告提出的精神损害赔偿请求，具体数额按照本案具体情况酌定。最后在法院调解无效的情况下，判决刘某赔偿陈某精神抚慰金3000元，驳回陈某其他诉讼请求。

[援引法条]

《最高人民法院关于确定民事侵权精神损害赔偿责任若干问题的解释》第八条规定：因侵权致人精神损害，造成严重后果的，人民法院除判令侵权人承担停止侵害、恢复名誉、消除影响、赔礼道歉等民事责任外，可以根据受害人一方的请求判令其赔偿相应的精神损害抚慰金。

迷信行为造成精神损害，谁来担责

[案例]

2009年8月10日，赵女士的丈夫不幸逝世。经与本村四组协商后，赵女士租用了该组土地用于安葬其夫。不料，在赵女士丈夫下葬当天，黄某夫妇以坟墓对着其堂屋背面会给自己带来不吉利为由，用铁锤将已修好的墓穴毁坏，阻止其安葬丈夫。为此，双方发生冲突、抓扯。当地派出所、镇政府、村组负责人立刻到现场解决纠纷。后虽经全力调解，双方却未就赔偿事宜达成一致。赵女士气愤难当，起诉到法院，要求依法判决黄某夫妇赔偿各项财产损失8816元及精神损害抚慰金5000元。

[法律解析]

法院认为，死者坟墓是其亲人祭祀和寄托哀思的特定场所，未经合法批准或亲人同意，任何单位和个人不得毁损。二被告的毁坟行为违背公序良俗，又使刚失去亲人尚在悲痛中的原告蒙受感情创伤，侵害了原告的人格利益，使原告遭受了重大的精神痛苦。被告应该赔偿原告精神损害抚慰金。抚慰金数额根据被告的过错程度、侵害的手段、所造成的后果及当地生活水平，由法院酌情确定为3500元。

[援引法条]

最高院《关于确定民事侵权精神损害赔偿责任若干问题的解释》规定：违反社会公共利益、社会公德侵害他人隐私或者其他人格利益，受害人以侵权为由向人民法院起诉要求赔偿精神损害的，人民法院应当依法予以受理。

车祸后查出早孕无奈弃胎，索精神赔偿获支持

[案例]

一场交通意外致王女士受伤住院，治疗过程中王女士得知自己怀孕，就在其沉浸在得子的喜悦中时，医生却告知由于事故造成的损伤王女士必须进行放射线检查，故王女士必须放弃胎儿。王女士悲痛之余将驾驶员、车主和保险公司均告上法庭，要求赔偿精神损害抚慰金在内的各项赔偿费用达25 714.31元。车主和保险公司认为王女士的流产并不是交通事故造成的，系其自愿所为，不同意赔精神损害抚慰金。

[法律解析]

睢宁法院审理后认为，原告王女士因事故受伤，且事故发生时已检查出早孕，因事故造成其身体疼痛须行放射线检查，后被迫终止妊娠，必然会给原告及其家人带来精神上的伤害，但其主张的精神损害抚慰金20 000元，数额较高，法院酌情支持10 000元。最终，法院综合证据材料判决被告保险公司在交强险限额内赔偿原告

各项损失计14 321.03元(其中包含精神损害抚慰金10 000元);被告×集团赔偿原告200元;驳回原告王女士的其他诉讼请求。

[援引法条]

最高院《关于确定民事侵权精神损害赔偿责任若干问题的解释》规定:因侵权致人精神损害,造成严重后果的,人民法院除判令侵权人承担停止侵害、恢复名誉、消除影响、赔礼道歉等民事责任外,可以根据受害人一方的请求判令其赔偿相应的精神损害抚慰金。

女子发短信辱骂前夫,被判精神损失赔偿

[案例]

张强与顾华婚后生育一子张建。之后二人矛盾加剧,他们的婚姻走到了尽头。两人协议离婚,约定孩子由顾华抚养。也许是因为孩子的牵扯,离婚后,双方仍在一处生活。之后两人关系反反复复,到了2010年8月底,双方为抚养费给付事宜又产生了纠纷。顾华以张强不给付抚养费为由,向其单位等相关部门反映情况。后来顾华诉至法院,经法院调解,儿子张建由张强抚养。但是,张强、顾华又因孩子的探望问题产生纠纷,顾华感觉张强阻挠她与孩子见面。在二人争议变更孩子抚养权以及法院调解后的一段时间,顾华多次采用带有侮辱性的语言向张强发送手机短信息60多条,并在通话时使用侮辱性语言进行谩骂。2011年1月,顾华以张强拒绝让其看望孩子为由,还请求电视台栏目予以帮助。节目播出后,张强很恼火,感觉这是前妻故意让他在社会上

抬不起头来，双方矛盾再度激化。张强诉至法院，请求法院判令顾华停止对其名誉权、人格尊严权的侵害，赔礼道歉、消除影响、恢复名誉，赔偿精神损害赔偿金5000元。

[法律解析]

法院认为：双方在保证书中对精神损害抚慰金数额进行了约定，但基于双方曾有妥善解决纠纷的诚意，顾华也愿意赔礼道歉，且其侵权行为亦未造成特别严重的后果，因此可酌情降低精神损害抚慰金赔偿数额，以3000元为宜。法院做出判决：顾华于判决发生法律效力之日起10日内，以口头或书面方式向张强赔礼道歉，赔礼道歉内容由法院审查，如不履行本项义务，则将在报纸上强制刊登顾华的赔礼道歉材料，费用由顾华负担；顾华支付张强精神损害抚慰金3000元；驳回张强的其他诉讼请求。顾华不服，提起上诉。中院做出终审判决：驳回上诉，维持原判。

[援引法条]

《最高人民法院关于确定民事侵权精神损害赔偿责任若干问题的解释》规定：因侵权致人精神损害，但未造成严重后果，受害人提出精神损害赔偿的，不予支持；后果严重的，应予支持。

第十五章　刑事犯罪：明晰法律的红线，别越雷池

从《今日说法》著名案例谈刑事犯罪

［案例］

中央电视台《今日说法》栏目曾经探讨一著名案例：某甲从一高楼下经过，被楼上扔下的一烟缸砸成重伤。由于公安机关始终无法查找出犯罪嫌疑人，某甲遂将2层以上住户告上法庭，要求上述被告共同赔偿其各种损失共计30万元。该栏目嘉宾认为，原告的诉讼请求，人民法院应予支持，本案中某甲无故受到侵害，没有过错，作为弱者不应独自承担损害结果；2层以上住户在不能证明自己无过错的情形下，应当平等地承担赔偿责任。

［法律解析］

有法官认为，人民法院应当驳回原告的诉讼请求。刑事犯罪与民事纠纷之界限就在于行为人的行为是否触犯了刑法，是否符合犯罪构成。刑事证据规则采用严格主义，举证责任严格限定在公诉机关——人民检察院，被告人并不承担自己没有犯罪的举证责任，而且刑事证据必须充分确实，能够形成完整的证据锁链，不适用法律推定。

［援引法条］

《中华人民共和国民法（草案）》第八编第五十六条规定：从建

筑物中抛掷的物品或者从建筑物上脱落、坠落的物品致人损害,不能确定具体的侵权人的,由该建筑物的全体使用人承担侵权责任,但使用人能够证明自己不是具体侵权人的除外。

私了也要符合法律规定

[案例]

2008年7月10日晚8点,杨某到同村的邻居范某家商量事情,碰巧范某夫妇外出,只有范某20岁的女儿在家。因为同村人比较熟悉,范某的女儿让杨某在屋里等,不料杨某趁机强奸了范某的女儿。范某怕事情张扬出去毁了自己女儿的名声,忍气吞声答应了杨某的"私了"条件,收取范某5万元赔偿费而没有报警。范某在别人面前炫耀时无意泄露此事,继而被逮捕并被检察机关诉至法院。

[法律解析]

法院经审理认为,被告人范某违背妇女意志,采用暴力、威胁手段强行与妇女发生性关系,其行为已构成强奸罪,强奸罪不允许当事人之间进行私了,人民检察院指控罪名成立,本院予以支持。依照《中华人民共和国刑法》第二百三十六条之规定,判决被告人范某犯强奸罪,判处有期徒刑五年。

[援引法条]

《中华人民共和国刑法》第二百三十六条规定:以暴力、胁迫或者其他手段强奸妇女的,处三年以上十年以下有期徒刑。

强拘熟人索要财物，是否构成犯罪

［案例］

张某与李某是同村村民。某日，张某约李某吃饭，其间，张某向李某借10 000元钱。李某没有答应，张某极为恼怒。次日清晨，张某伙同韩某等4人窜至李某家里，将李某挟持至一水库边上，对其进行殴打、威胁并剥去衣物，浸泡在冰冷的水里。威胁李某如不交出现金10 000元，就要挑断其脚筋。李某无奈，答应给其现金10 000元。

［法律解析］

张某等人的行为同时侵犯了李某的人身权和财产权。张某等人对李某殴打威胁、强迫其脱衣并将其推进冷水浸泡等行为都使李某感受到生命的实际威胁，这种以暴力手段取得财物的行为符合抢劫的特征。应当以抢劫罪定罪处罚。

［援引法条］

《刑法》第二百六十三条规定：以暴力、胁迫或者其他方法抢劫公私财物的，处三年以上十年以下有期徒刑，并处罚金。

与恋人相约自杀而后后悔，对方自杀身亡，算是故意杀人罪吗

［案例］

2007年6月3日，在河南襄城县的北汝河里发生了悲壮的一幕。这天晚上，两个在网上认识的恋人相约投水自杀，当他们一同走入深水时,男方突然害怕选择了逃生,而女方则溺水身亡。经襄城县、许昌市、河南省三级公安机关刑事技术鉴定和湖北同济法医学司法鉴定中心鉴定,张霞系自然死亡,排除他杀的可能。

[法律解析]

6月20日,王凯因涉嫌故意杀人罪被逮捕。王凯和女友相约自杀时他突然改变主意生还,而女友溺水死亡,他因为没有及时呼救和采取其他救助措施,已构成故意杀人罪。鉴于其犯罪时不满18周岁,且有自首情节,被判处有期徒刑3年,缓刑4年。王凯及其法定代理人没有提起上诉。

[援引法条]

《刑法》第一十四条第一款规定:明知自己的行为会发生危害社会的结果,并且希望或者放任这种结果的发生,因而构成犯罪的,是故意犯罪。

"不小心"致人死亡是否构成犯罪

[案例]

李某和曹某是某工地的建筑工人。一天,两人因工作问题发生了激烈的争吵。在拉扯中,李某失手将曹某推倒在地,曹某的后脑撞到了一块石头上,导致颅脑损伤,经抢救无效死亡。李某"不小心"之举,是否构成犯罪?

[法律解析]

李某构成过失致人死亡罪。首先,李某既然是建筑工人,应该很清楚地知道，工地上有很多建筑材料。将人推倒会有什么样的后果，李某应该是了解的，因此，该事件不属于意外事件。此外，之所以认定李某是过失，而不是故意，是由于李某或者已经预见到将曹某推倒可能会有危险，但是轻易地相信可以避免；或者根本由于疏忽大意就没预见，导致了结果的发生。

[援引法条]

《刑法》规定：过失致人死亡的，处三年以上七年以下有期徒刑；情节较轻的，处三年以下有期徒刑。本法另有规定的，依照规定。

15周岁少年致人死亡，能被判处死刑吗

[案例]

15周岁的二蛋在学校放学后去找一帮辍学伙伴聚众斗殴。他们在商场偷东西时被发现逃跑，在对追逃者的回击中，将一位青年打伤，致使该青年当场毙命。二蛋这次伤人致死，会被判死刑吗？

[法律解析]

二蛋不会被判死刑。我国《刑法》规定，犯罪时不满18周岁的人和审判时怀孕的妇女不适用死刑。虽然二蛋犯了故意伤害致人死亡罪，且犯罪情节恶劣，但是因其未满18周岁，在量刑上要从轻或减轻处罚，不能判处死刑。

[援引法条]

《刑法》规定：已满十四周岁不满十八周岁的人犯罪，应当从轻或者减轻处罚。

主动投案会减轻处罚吗

[案例]

郝子贤看见商场柜台上放着一部手机,售货员不在场。他见周围没人注意,便急忙拿走了。拿走后他感到心里非常忐忑不安,于是立即到附近的派出所自首。郝子贤偷窃后主动投案,他会被减轻处罚吗?

[法律解析]

《刑法》规定,犯罪后主动投案并如实供述罪行的,即为自首,可以从轻或减轻处罚。对于犯罪较轻的,可以免除处罚。本案中,郝子贤在犯案后主动到公安机关投案并且交代自己的罪行,而且其行为没有造成太大危害,因此可不作为犯罪处理。对其量刑处罚时,会从轻或减轻或者免除处罚。

[援引法条]

《刑法》第六十七条规定:犯罪以后自动投案,如实供述自己的罪行的,是自首。对于自首的犯罪分子,可以从轻或者减轻处罚。

被假释的犯罪分子等于结束服刑了吗

[案例]

李某因犯强奸罪被判处有期徒刑7年,服刑4年期间,表现良好,获得假释。李某回到家中,家人以为李某服刑已经结束了,非常高兴,遂一起去外地旅游。李某尚在假释中,可以随便去外地旅游吗？获得假释就意味着服刑结束了吗？

[法律解析]

李某不能外出旅游，因为获得假释不同于刑满释放，假释期间还要接受公安机关的监督，并须遵守一些规定，如未经监督机关批准不得离开居住的市、县等。否则会被撤销假释，收监执行尚未执行完毕的刑罚。

[援引法条]

最高人民法院、最高人民检察院、公安部、劳动人事部联合发布《关于被判处管制、剥夺政治权利和宣告缓刑、假释的犯罪分子能否外出经商等问题的通知》指出：对被宣告缓刑的犯罪分子，公安机关和有关单位要依法对其实行经常性的监督改造或考察。

紧急避险要负刑事责任吗

[案例]

郑某是某路公交车司机。一天，郑某驾驶汽车驶过某繁华地段时，车上一恐怖分子突然跃起，手中挥舞着手枪，叫嚣着要司机直接将车驶向当地市政府，中途不许停车，否则就杀害车上的乘客。经验丰富的郑某利用拐弯的机会，驾车撞向路边的一棵大树，恐怖分子站立不稳，摔倒在地，昏迷过去。车上乘客无一人死亡，客车车身破坏得较为严重。郑某要负刑事责任吗？

[法律解析]

郑某的行为构成紧急避险，不用承担刑事责任。紧急避险是国家针对公民的对个人、他人、国家及社会的利益采取保护行为的一种授权。经过这种授权，公民可以根据情况的紧急程度，决定采取何种措施来保护需要保护的利益。本案中，郑某面对恐怖分子劫车的情况，做出的反应是合理且不过当的。因此，不必承担刑事责任。

［援引法条］

《刑法》规定：为了使国家、公共利益、本人或者他人的人身、财产和其他权利免受正在发生的危险，不得已采取的紧急避险行为，造成损害的，不负刑事责任。

私藏"假枪"也犯法

［案例］

26岁的夏某是个地道的军事迷。他通过互联网等渠道收购其喜爱的仿真枪并私藏于家中，其中部分枪支还配有相应的金属子弹。闲时他就关紧房门，在家中独自对着塞满棉花的鞋盒子练习枪法。2007年8月，警方接到群众举报，在夏某家中查获6支仿真枪，其中4支是以压缩气体为动力的，具有近距离杀伤力。夏某认为，自己没有用枪伤害别人的意图，只是收藏，不构成犯罪。

［法律解析］

依照相关规定，非法持有、私藏以火药为动力发射枪弹的非军用枪支1支或者以压缩气体等为动力的其他非军用枪支2支以上的，以非法持有枪支罪定罪处罚。本案中，夏某持有的6支手枪中有 4 支是以压缩气体为动力的枪支,故检察机关按照非法持有枪支罪对其批准逮捕。

[援引法条]

《中华人民共和国枪支管理法》第二十二条规定:禁止制造、销售仿真枪。

囚禁他人索债构成犯罪吗

[案例]

张某因做生意跟朱某发生经济纠纷,朱某欠他 50 万元货款一直拖着不还。张某在多次追讨不到货款的情况下,把朱某的弟弟骗到自己家中囚禁起来,以此为要挟要求朱某还给他拖欠的货款。囚禁他人索要债务的行为是否构成犯罪?

[法律解析]

张某将朱某弟弟囚禁于自己家中的行为涉嫌非法拘禁罪。而且根据法律规定,如果张某具有殴打、侮辱情节,还要从重处罚。如果致人重伤,则处三年以上十年以下有期徒刑;如果致人死亡的,则处十年以上有期徒刑。

[援引法条]

《刑法》第二百三十八条第一款、第二款的规定:犯非法拘禁罪的,处三年以下有期徒刑、拘役、管制或者剥夺政治权利,具有殴打、侮辱情节的,从重处罚。

虐待家人,情节恶劣要被治罪

［案例］

丁某与妻子赵某从孤儿院收养了一个男孩。男孩长大成人后经常因为一些生活琐事与养父母吵架。一天,男孩酒后回到家中,因为赵某的一句问话即对其大骂并拳打脚踢,致赵某头面部、前额多处受伤。第二天凌晨,赵某因不堪忍受虐待,跳入湖中自杀身亡。

［法律解析］

虐待家庭成员,情节恶劣的,处二年以下有期徒刑、拘役或者管制。致使被害人重伤死亡的,处二年以上七年以下有期徒刑。如果造成被害人重伤或是死亡,可以到派出所或检察院报案,由检察院提起公诉。

［援引法条］

《刑法》规定:虐待家庭成员,情节恶劣的,处二年以下有期徒刑、拘役或者管制。致使被害人重伤、死亡的,处二年以上七年以下有期徒刑。

花钱"买媳妇",会承担什么刑事责任

［案例］

在某山村,人们生活十分清苦,村中的年轻女孩大多嫁到外面,而男子一般还都是单身。程某已经年近四旬,依然独身。经别人介绍，程某花钱买了一个媳妇。程某的行为构成犯罪吗？

［法律解析］

程某的行为构成犯罪。拐卖妇女的行为是犯罪，收买被拐卖妇女的行为同样是犯罪，同样要追究刑事责任。本案中，程某剥夺了被拐卖女子的人身自由，违背了其意志，应当追究其刑事责任。如果程某强行与买来的媳妇发生性关系，还应加判强奸罪。

［援引法条］

《刑法》第二百四十一条规定：收买被拐卖的妇女、儿童的，处三年以下有期徒刑、拘役或者管制。收买被拐卖的妇女，强行与其发生性关系的，依照本法第二百三十六条（强奸罪）的规定定罪处罚。

窝藏赃物要承担什么刑事责任

［案例］

程某是某大学的学生。周末，程某趁同学们都不在宿舍的机会，连撬十几个宿舍，偷走笔记本电脑两台，MD播放机两台，CD播放机三台，现金数千元。带着这些赃物，程某直奔朋友杨某家，将这些赃物先藏在杨家，想等过了风声后，再找机会销赃。杨某窝藏赃物，要承担什么刑事责任？

［法律解析］

杨某已经构成窝藏赃物罪。窝藏赃物罪，是指明知是犯罪所得及其产生的收益，还以窝藏的方式隐瞒的行为。本案中，杨某为了讲义气，便为朋友窝藏盗窃来的赃物，客观上已经具备构成窝藏赃物罪的犯罪要件。应认定为窝藏赃物罪既成事实，依法追究其刑事责任。

[援引法条]

《刑法》第三百一十二条规定：犯窝藏赃物罪的，处三年以下有期徒刑、拘役或者管制，并处或者单处罚金。

将借给别人的财物偷偷拿回并接受赔偿，构成什么罪

[案例]

贾某借用郭某摩托车，数周不还，郭某碍于情面，一直未讨要。某晚，郭某趁贾某家无人，将摩托车推回。次日，贾某将摩托车丢失之事告诉郭某，并提出用4000元予以赔偿。郭某故意将真相隐瞒，接受了贾某的赔偿。郭某的行为构成犯罪吗？

[法律解析]

郭某将摩托车偷偷推回不构成犯罪。因为盗窃罪是指以非法占有为目的。本案中，郭某擅自取回摩托车的行为，虽然在客观上属于秘密占有，但因摩托车本来就是他自己的财产，谈不上"以非法占有为目的"，在主观上难以认定有盗窃的故意。但此案另一个情节是郭某隐瞒了事实真相，接受了贾某的赔款。其行为已经构成了诈骗罪，应当依此追究其刑事责任。

[援引法条]

《中华人民共和国刑法第二百六十六条》规定：诈骗罪是指以

非法占有为目的,用虚构事实或者隐瞒真相的方法,骗取数额较大的公私财物的行为。

私自吸收公众存款,属于非法集资吗

[案例]

宋某出资办了一家文化公司。宋某为扩大公司经营规模开始向朋友借钱,许诺到期返还5%～20%不等的高额利息。其间,宋某以高额利息为诱饵,先后变相非法吸收杨某等30余位事主借款1500余万元。见宋某一直无法还钱,债主们到派出所报了案。宋某以涉嫌吸收公众存款罪被逮捕。

[法律解析]

本案中,宋某采用高利率的方式吸收朋友的钱款,这不仅侵犯了国家的信贷管理秩序,还给公众带来风险,造成财产损失。因此,宋某的行为属于非法集资,应依法受到处罚。

[援引法条]

我国《刑法》规定:非法吸收公众存款罪,是指单位或个人违反国家规定,非法吸收公众存款或变相吸收公众存款,是扰乱金融秩序的行为。

非法出售个人信息,要承担责任

[案例]

2007年3月至2008年10月间,被告人张荣涛依托某公司,以为客户查询信息为名,从被告人卢哲新、李磊、吴晓晨手中购买信息后再非法出售给调查公司的张荣浩、任发等人,共计约700次,从中获利3.6万元。出售大量公民个人信息怎样定罪?

[法律解析]

北京市朝阳区人民法院经审理认为,被告人张荣涛等人法制观念淡薄,以牟利为目的,依托调查公司,非法经营为他人追讨债务、调查个人隐私等业务,严重扰乱了市场秩序,情节严重,事实清楚,证据确实、充分,但指控被告人张荣涛等犯非法获取公民个人信息罪的罪名不当。被告人获取公民个人信息的行为发生于刑法修正案(七)颁布之前,当时刑法并未单独对上述行为予以规制,根据罪刑法定原则和刑法溯及力的规定,被告人的行为应适用行为发生时的法律,构成非法经营罪的共犯。法院依法判决:被告人张荣涛犯非法经营罪,判处有期徒刑二年九个月,罚金五万元。

[援引法条]

《宪法》规定:中华人民共和国公民的人格尊严不受侵犯。中华人民共和国公民的通信自由和通信秘密受法律的保护,除因国家安全或者追究刑事犯罪的需要,由公安机关或检察机关依照法律规定的程序对通信进行检查外,任何组织或者个人不得以任何理由侵犯公民的通信自由和通信秘密。

第十六章　正当防卫：理清罪与非罪的界限

故意伤害还是正当防卫

[案例]

2002年1月1日晚7时许，李振华、于东顺、李振喜、李振江、李殿峰、李振全6人酒后来到被告人张洪经营的"三姐发廊"，于东顺无故滋事，从发廊厕所出来，边系裤子边向发廊女服务员提出要求提供色情服务，遭到女服务员拒绝。于东顺等人仍不罢休，在店中对女服务员进行辱骂。被告人张洪进入店中进行劝解，李振华持玻璃杯将张洪前额砸伤，张洪拨打110报警。后李振华、于东顺、李振喜、李振江、李殿峰与张洪发生厮打，张洪拿起在门口做饭使用的一把菜刀，先后将与其厮打的李振华、于东顺、李振喜、李振江、李殿峰5人砍伤。其中，李振华、李振喜、李殿峰的损伤程度为轻伤（偏重）；李振江、于东顺的损伤程度为轻微伤。自卫与故意伤害如何认定？

[法律解析]

二审检察机关认为，上诉人张洪面对正在进行的不法侵害，采取自卫行为，虽然持械连伤5人，但未明显超过必要限度，其行为属于正当防卫，不构成故意伤害罪。

［援引法条］

《刑法》第二十条规定：为了使国家、公共利益、本人或者他人的人身、财产和其他权利免受正在进行的不法侵害，而采取的制止不法侵害的行为，对不法侵害人造成损害的，属于正当防卫，不负刑事责任。

逃跑中砸伤对方算故意伤害吗

［案例］

自诉人朱培章与被告人朱秀金两家原有矛盾。2002年7月24日5时许，朱培章拿着铁叉坐在本村十字路口说脏话。这时朱秀金在一村民家里打牌。朱秀金走出去，问朱培章骂谁，朱说骂派出所处事不公，朱秀金不让骂。这时朱培章起身拿着铁叉追刺朱秀金，朱秀金连躲带往南跑，朱培章在后面穷追不舍。追出五六米远，朱秀金从地上拾起一块砖，砸在朱培章的腿上，朱培章仍追赶朱秀金，朱秀金又从地上拾起一块砖，砸在朱培章的腿上，朱培章倒地。经法医鉴定，朱培章右胫骨粉碎性骨折，系轻伤。朱培章向法院提起刑事附带民事诉讼，指控朱秀金犯故意伤害罪，要求追究朱秀金刑事责任，并赔偿其经济损失。朱秀金是否犯故意伤害罪？

［法律解析］

律师解答：被告人朱秀金无罪，应驳回自诉人朱培章要求被告人朱秀金给予民事赔偿的诉讼请求；被告人朱秀金的行为属于正当防卫。

[援引法条]

《刑法》第二十条规定：为了使国家、公共利益、本人或者他人的人身、财产和其他权利免受正在进行的不法侵害，而采取的制止不法侵害的行为，对不法侵害人造成损害的，属于正当防卫，不负刑事责任。

互殴中正当防卫的认定

[案例]

2007年2月22日8时许，鲁山县下汤镇村民严某与邻居李某因琐事在门前发生争吵，后双方家属发生厮打。在厮打过程中，被告人严某某（严某之子）、李某某（李某之子）及其兄弟，三人搂抱着翻倒地上，严某某将李某某下嘴唇咬伤。经法医鉴定，被害人李某某的伤情属轻伤。对被告人的行为能否认定为正当防卫？

[法律解析]

普通民事纠纷致矛盾升级，发生打斗，双方在主观上均有侵害对方的故意，但现有证据证实双方只是一种互殴行为，并不是单方不法侵害行为。因此，在双方徒手打斗的过程中，被告人将被害人嘴唇致伤，此伤害行为不具有正当防卫的属性。

[援引法条]

《中华人民共和国刑法》第二十条规定：为了使国家、公共利益、本人或者他人的人身、财产和其他权利免受正在进行的不法侵害，而采取的制止不法侵害的行为，对不法侵害人造成损害的，属于正当防卫，不负刑事责任。

因受侵害杀人是正当防卫吗

[案例]

2001年6月2日晚10时许，郑某办完事后欲租车回单位。此时，酒后从"红太阳"酒家出来的郭某看到郑后无故辱骂，二人发生争执。争执中，郭扬言"把你搞定"，郑遂到另一酒家后院躲避。郭返回"红太阳"酒家要求一同喝酒的同事高某、杜某等人帮忙，并四处寻找郑。后几人发现了郑对其围打，郑掏出随身携带的水果刀刺了郭腹部1刀，并刺伤高臂部后逃跑。高见状，指使杜在"红太阳"酒家拿了两把菜刀，二人分别持一把菜刀追赶。当他们追上郑逃至的机动三轮出租车时，先持菜刀威逼三轮车司机离开，又逼郑下三轮车，并扬言要砍死他。郑提出商量解决争执，或报警解决纠纷，被高等人拒绝，高等人还用菜刀拍打三轮车企图拉郑下车。高见郑仍不下车，遂将三轮车掀翻。郑从车内爬出，用水果刀在高胸前刺了3刀后逃离现场。高经抢救无效于当日死亡；郭伤情经鉴定属重伤。郑逃回单位后，即向单位保卫部门投案。

[法律解析]

本案中，从整个事件的发展过程看，郑某并无过错，始终处于防卫、被动的地位，即使其刺倒高某逃跑中，杜某仍将菜刀甩出打他，可以看出被害方侵害他的明显意图，已构成严重暴力犯罪，且郑某逃离现场后即跑到单位投案。可见，郑某主观上无伤害被害方的犯罪故意，客观实施的是为保护其正当权利免受非法侵害而采取的防卫行为。

［援引法条］

《中华人民共和国刑法》第二十条规定：为了使国家、公共利益、本人或者他人的人身、财产和其他权利免受正在进行的不法侵害，而采取的制止不法侵害的行为，对不法侵害人造成损害的，属于正当防卫，不负刑事责任。

追赶歹徒中将其撞死怎样定罪

［案例］

33岁的黄中权是长沙"的哥"。2004年8月1日晚，两男青年坐上了他的车，途中坐在副驾驶员位置的乘客要求他停车，并掏出了一把长约20厘米的水果刀实施抢劫。两男子抢走黄中权身上的200元现金和一部手机后，扔掉车钥匙仓皇逃跑，黄中权捡回车钥匙后立即驱车追赶。追出一段路后，他发现两歹徒正要坐"摩的"逃跑，黄将"摩的"撞倒后继续追赶歹徒，这时，其中一男子边跑边持刀回头朝黄挥舞，当车追至与两人并排时，其中一人跑到一段围栏内与黄中权相持，大约10秒钟后，该男子又向距围栏几米处的布艺城西头楼梯台阶方向跑，黄驾车赶上去，从后撞击致其倒在楼梯台阶处死亡。随后黄报警，并向公安机关交代了案发经过。

［法律解析］

法院认为，姜伟与同伙实施抢劫后逃离现场，针对黄中权的不法侵害行为已经结束。此后黄中权驾车寻找并追赶姜伟及同伙，姜伟一边逃跑一边持水果刀对坐在车内的黄中权挥动，其行为是为阻止黄中权继续追赶，并未形成且不足以形成紧迫性的不法侵害，故黄中权始终不具备正当防卫的时间和条件。黄中权被法院以故意伤害罪判处有期徒刑3年6个月。

［援引法条］

《刑法》第二百三十四条规定：故意伤害他人身体的，处三年以下有期徒刑、拘役或者管制。犯前款罪，致人重伤的，处三年以上十年以下有期徒刑；致人死亡或者以特别残忍手段致人重伤造成严重残疾的，处十年以上有期徒刑、无期徒刑或者死刑。本法另有规定的，依照规定。

用事先准备的刀具防卫是否正当防卫

［案例］

2007年底，王海委派店员姜华到县城货运站取退款时，与货运站的工作人员即被告人贾贵及李某、王某等人发生争吵，李某、王某想用铁棍殴打姜华，被贾贵制止。姜华吵架后认为吃了亏，便邀集了被害人李东等八人在汽车站门口聚集，被告人贾贵得知姜华聚集了一伙人后，便到货运站房间内木箱里拿了把刀放在床上叠好的被子里，尔后又继续卸货，卸完货后贾贵坐在店门口休息，此时姜华带领被害人李东及付平、付仁等八人到达货运站，被害人李东上前要贾贵跪着赔礼道歉，并用手指被告人贾贵的颈部，往墙上挤，姜华等也参与殴打贾贵，李某、王某见状上前帮忙，贾贵被围殴，并被打倒在店面门口的地面，贾爬起来往店内退，李东等人追过来继续殴打，打斗至店面内的房间时，被害人李东从后面拦腰抱住贾贵，贾贵从床上被子中拿出事先准备好的刀朝抱住其腰部的被害人李东捅了一刀，刺中李东的右大腿，致其失血性休克死亡。对被告人贾贵行为的定性，有"故意杀人""正当防卫""防卫过当"三种意见。

[法律解析]

被告人的行为具有防卫性和过当性二重性，符合除了防卫限度外的其他正当防卫条件，但超越了正当防卫的限度条件，系防卫过当，构成故意伤害罪。

[援引法条]

《刑法》第二十条规定：为了使国家、公共利益、本人或者他人的人身、财产和其他权利免受正在进行的不法侵害，而采取的制止不法侵害的行为，对不法侵害人造成损害的，属于正当防卫，不负刑事责任。 正当防卫明显超过必要限度造成重大损害的，应当负刑事责任，但是应当减轻或者免除处罚。

私闯住宅被打，打人者的行为属于正当防卫吗

[案例]

张某认为住在他家前面的任某家的后院占了他们家的宅基地，多次要求任某拆除后院墙，但任某认为自己没有侵占其宅基地。一日上午，张某带其妻子胡某及另一男子携带大锤及镐等工具来至任某家后院墙外拆墙。任某听到声音后，来到后院，从墙头上抛瓦片击打下面的三人。其妻刘某知道情况后跑去打电话报警。后来三人用工具将任某家的后门撞开。三人将锤镐等工具放在门外，然后空手进了任家后院。报警回来的刘某被迎面来的胡某用瓦片击中头部晕过去。之后任某手持木棍将胡某击中头部流血倒地。后张某等人将胡某送往医院。胡某经鉴定颅骨损伤，构成重伤。刘某经鉴定为轻微伤。

[法律解析]

事后防卫，即明知侵害已经终了而继续防卫，加害于侵害人，这在主观上是故意的，是一种报复侵害行为。任某的行为属于事后防卫，应当按照故意伤害罪处理，但是考虑到张某等人对损害的发生也有过错，任某一时激愤伤人，主观恶性较小，应当从轻处罚。

[援引法条]

《中华人民共和国刑法》第二十条规定：正当防卫明显超过必要限度造成重大损害的，应当负刑事责任，但是应当减轻或者免除处罚。

正当防卫是否适用法定不起诉

[案例]

唐某在市场卖水果时与桑某发生争执，桑随即纠集多人到现场，持木棍对唐实施殴打，为了不让唐逃跑，桑将唐紧紧抱住，其他人仍在殴打唐，唐为了逃脱，持水果刀刺了桑左后背两刀，致其重伤。唐在逃跑过程中被桑叫来的其他人打倒在地，造成轻微伤。公安机关以唐某涉嫌故意伤害罪将该案移送检察机关审查。一种意见认为，应对唐某做出法定不起诉处理。第二种意见认为，应根据高检院《人民检察院刑事诉讼规则》将案件退回公安机关处理。

[法律解析]

检察机关认定唐某的行为属于正当防卫，不负刑事责任，依照《刑事诉讼法》第一百四十二条第一款对唐某做出了不起诉决定。

[援引法条]

《刑事诉讼法》第十五条规定：对于情节显著轻微、危害不大，不认为是犯罪的，应当撤销案件，或者不起诉，或者终止审理，或者宣告无罪。

狗咬人，人打狗是不是正当防卫

[案例]

黑龙江省北安农垦法院长水河办案组受理了一起饲养动物致人损害赔偿纠纷。起因是李某在牵着自家饲养的狗散步时狗挣脱了狗链，将路人王某咬伤，王某情急之下将狗踹死，王某提起诉讼要求李某赔偿因治疗狗咬伤发生的医疗费，而李某也要求王某赔偿自己因狗死亡造成的经济损失。本案究竟是正当防卫还是紧急避险呢？

[法律解析]

本案中王某本身并没有过错，错在动物饲养人没有尽到管理责任，所以王某的损失应由李某来赔偿，因李某存在过错在先，故李某因狗死亡造成的经济损失也应由自己承担。

[援引法条]

我国《民法通则》第一百二十七条规定：饲养的动物造成他人损害的，动物饲养人或管理人应当承担民事责任；由于受害人的过错造成损害的，动物饲养人或者管理人不承担民事责任；由于第三人的过错造成损害的，第三人应当承担民事责任。

女车主驾车撞死劫匪，法院称系正当防卫

[案例]

2008年7月13日凌晨4时许，被告人莫宗壮、庞成贵伙同庞成添（已死亡）到被害人龙女士位于佛山市顺德区伦教街道一处住宅车库附近，莫宗壮驾驶摩托车在附近接应，庞成贵和庞成添则戴上白色手套，并各持一个铁制钻头守候在被害人住宅车库两旁。5时15分许，庞成贵、庞成添见被害人龙女士驾驶小汽车从车库出来，庞成添走到汽车驾驶室旁，庞成贵走到汽车副驾驶室旁，分别用铁制钻头敲打两边的汽车玻璃，抢走龙女士放在副驾驶室的一个装有80 360元现金和票据的手袋。在得手后，两人立即朝摩托车接应的地方跑去。莫宗壮即启动摩托车搭载庞成添和庞成贵逃跑。龙女士见此驾驶汽车追赶欲取回被抢财物。当追至小区二期北面的绿化带，被害人驾驶汽车将摩托车连同摩托车上的三人撞倒。莫宗壮、庞成贵被撞倒后爬起逃跑并分别躲藏，庞成添则当场死亡。龙女士见此驾驶汽车追赶欲取回被抢财物。

[法律解析]

法院认为，被告人庞成贵、莫宗壮无视国家法律，以非法占有

为目的，结伙采取暴力的手段当场劫取他人的财物，数额巨大，其行为均已构成抢劫罪。鉴于本案的赃款已被起回，且被告人庞成贵、莫宗壮在庭上能自愿认罪，根据两被告人在共同犯罪中的作用大小，分别酌情予以从轻处罚。遂依法判处两名被告有期徒刑12年和11年，剥夺政治权利3年，并处罚金人民币12 000元、11 000元不等。

[援引法条]

《刑法》第二十条规定：为了使国家、公共利益、本人或者他人的人身、财产和其他权利免受正在进行的不法侵害，而采取的制止不法侵害的行为，对不法侵害人造成损害的，属于正当防卫，不负刑事责任。

调戏妇女被杀，法院怎样判

[案例]

被告人张淑焕经他人介绍与李风春相识后恋爱，于1998年5月非法同居。同年7月中旬，李风春与好友贾斌共同吃晚饭，晚饭后贾斌提出去歌舞厅，被李风春拒绝。李风春将此事告诉了被告人，被告人因前夫有外遇而与之离婚，故对此事深感疑虑，并怀疑李风春有外遇，为此二人发生争吵。争吵中李风春提出此事可向贾斌了解情况。7月22日下午2时许，贾斌来到李风春家中，当得知李风春外出未归时，遂对被告人进行调戏，被告人表示反对。贾斌仍继续纠缠。被告人借口喝水而脱身，去另一房间取出一把小宝剑（金属制工艺品），藏在身后回到原房间。当贾斌再次调戏时，被告人手持小宝剑朝贾斌的胸部猛捅。在贾斌反抗过程中，被告人又朝其腹部、背部等处连捅二十余剑，贾斌因心脏被刺破当场死亡。被告人行凶后，委托李风春之嫂报警，公安机关将等候的被告人抓获。

[法律解析]

天津市高级人民法院认为，被告人与被害人素无矛盾或积怨。案发当日，被告人在遭到不法侵害时，持械反抗属防卫性质，但被告人手持利器对徒手的被害人要害部位连续捅刺20余刀，致被害人当场死亡，其防卫行为构成了防卫过当。 判决：被告人张淑焕犯故意杀人罪，处有期徒刑8年。 被告人张淑焕赔偿刑事附带民事诉讼原告人丧葬费人民币1万元。

[援引法条]

《中华人民共和国刑法》第二十条规定：为了使国家、公共利益、本人或者他人的人身、财产和其他权利免受正在进行的不法侵害，而采取的制止不法侵害的行为，对不法侵害人造成损害的，属于正当防卫，不负刑事责任。 正当防卫明显超过必要限度造成重大损害的，应当负刑事责任，但是应当减轻或者免除处罚。

销售纠纷促成人身伤害怎么判

[案例]

被告人薛某系深圳创维集团驻南通TV办事处员工，负责TV电器的销售工作。2004年10月20日上午，薛某带领深圳创维集团驻南通TV办事处促销小组的员工在市供销家电超市门前从事促销活动。17时许，本市石镇五星电器商场负责人丁某至促销现场找薛某，以深圳创维集团驻南通TV办事处销售给其商场的VCD、DVD影碟机有质量问题为由，欲强行将TV促销小组摆放在促销现场的电视机用来抵换VCD、DVD影碟机，薛某没有同意，一边让同事魏某、朱某看管好电视机，一边拨打110向市公安局报警。此时，丁某乘隙将TV促销小组用于广告宣传的气拱门搬到自己的面包车上，被薛某发现后即上前制止，双方发生揪打，其间，薛某用拳将丁某左眼击伤。经市公安局法医鉴定：丁某的伤情为重伤，伤残程度为7级。公诉机关指控被告人薛某故意伤害他人身体致人重伤，其行为已触犯刑律，构成故意伤害罪。

[法律解析]

律师解答：被告人薛某为了使集体财产免受正在进行的不法侵害上前制止，其行为属正当防卫，但用拳将被害人丁某左眼击伤，明显超过必要的限度，造成丁某重伤的后果，应当负刑事责任，但是依法应当减轻处罚。判处有期徒刑一年，缓刑一年较为恰当。

[援引法条]

《刑法》第二十条第二款规定：正当防卫明显超过必要限度造成重大损害的，应当负刑事责任，但是应当减轻或者免除处罚。

见义勇为转变成故意伤害

[案例]

2010年7月25日凌晨，镇江新区大港街头5名男子对两名年轻女子言语挑逗、调戏。两女孩受惊之下躲进"毛胡子大排档"。排档老板戴宏富（绰号"毛胡子"）对尾随而来的男子进行指责，不料遭到殴打，导致头部受伤。在双方发生争执后，被害人晓飞用碎啤酒瓶对被告人戴宏富实施侵害后逃离现场。被告人戴宏富持刀追赶，并出于激愤持刀捅刺被害人晓飞胸、腹部两刀，致被害人晓飞死亡。

[法律解析]

法院认为，被告人戴宏富在两名女青年被他人纠缠、骚扰时，能制止对方的不法行为，该行为属见义勇为。但被害人晓飞用碎啤酒瓶对被告人戴宏富实施侵害后已逃离现场的情况下，被告人戴宏富仍持刀追赶，并出于激愤持刀捅刺被害人晓飞胸、腹部两刀，致被害人晓飞死亡，被告人戴宏富的行为从初始的见义勇为转变成故意伤害对方的行为，故构成故意伤害罪。一审判处其有期徒刑3年，缓刑4年。

[援引法条]

《刑法》规定：正当防卫明显超过必要限度造成重大损害的，应当负刑事责任，但是应当减轻或者免除处罚。

第十七章 农村问题：社会转型中的大问题

村民委员会的性质是什么

［案例］

甘肃民勤农民苟勋田认为村里把土地随便给开发商，与村民委员会发生争执，投书报社询问村民委员会是干什么的，有什么权限。村民委员会的法律地位何在？

［法律解析］

《村民委员会组织法》第二条规定了村民委员会的性质，村民委员会是村民自我管理、自我教育、自我服务的基层群众性自治组织，实行民主选举、民主决策、民主管理、民主监督。可见村民委员会不是一级政府，只是基层群众性自治组织。

［援引法条］

《村民委员会组织法》第一条规定：为了保障农村村民实行自治，由村民依法办理自己的事情，发展农村基层民主，维护村民的合法权益，促进社会主义新农村建设，根据宪法，制定本法。

村民委员会的任务有哪些

［案例］

北京延庆大学生村官李某初到任时，前任村委考问他为什么要到乡下来当村官,知不知道村民委员会的任务包括哪些。大学生村官如果连这个基本知识都不知道的话,很难获得村民的信任。

[法律解析]

村民委员会的主要职责是:1. 办理本村的公共事务和公益事业;2. 调解民间纠纷;3. 协助维护社会治安;4. 向人民政府反映村民的意见、要求和提出建议;5. 支持和组织村民发展经济;6. 管理本村的土地和其他集体财产;7. 宣传宪法、法律、法规和国家政策;8. 维护村民的合法权利和利益;9. 开展精神文明建设活动;10. 协助乡镇人民政府开展工作。

[援引法条]

《村民委员会组织法》第二条、第五条、第六条、第七条的相关规定。

乡镇人民政府与村民委员会是什么关系

[案例]

山西吕梁中阳县某村集体购买安装太阳能灶,村委会的筹款计划引起纷争,镇人民政府决定取消安装,引起村民异议。镇政府有权决定村民事务吗?

[法律解析]

镇政府可以指导,但是无权决定村民事务,并且不得干预依法属于村民自治范围内的事项。

[援引法条]
《村委会组织法》规定：乡镇人民政府对村民委员会的工作给予指导、支持和帮助，但是不得干预依法属于村民自治范围内的事项。

村民委员会设立、撤销、范围调整的程序是什么

[案例]
河南内乡某村村委会主任当选不久，其儿子因为与邻村女孩谈恋爱与女孩家人发生争执，引起两村部分村民斗殴，于是村里部分人提出撤销村委会，另行组织选举"三人领导"。村民委员会设立、撤销、范围调整的程序提议有法可依吗？

[法律解析]
这种提议没有任何法律依据。村委会的设立、撤销、范围调整，由乡、民族乡、镇的人民政府提出，经村民会议讨论后，报县级人民政府批准。

[援引法条]
《村民委员会组织法》规定：村委会的设立、撤销、范围调整，由乡、民族乡、镇的人民政府提出，经村民会议讨论后，报县级人民政府批准。

村干部借款村委会用，由谁负责还款

[案例]
2005年8月30日，甲作为村干部向乙借款5000元，并声明

这钱是村委会借用，乙表示如果是村委会借钱他不放心，但如果由甲个人借钱可以。于是甲就以个人名义立下欠据一张，并约定利息千分之三。甲随后将借来的5000元入了村集体经济账目。后因村干部交替，村集体迟迟未能归还这笔债务。

[法律解析]

律师认为，应当由村委会偿还这笔债务，由甲承担连带还款责任。理由是：乙基于对甲信用的信任而借款给村集体，甲在该笔债权债务的发生过程中起到的是一种保证人的作用，因此，做出这种意见。

[援引法条]

《中华人民共和国担保法》第六条规定：保证是指保证人和债权人约定，当债务人不履行债务时，保证人按照约定履行债务或者承担责任的行为。

村民委员会制定的村规民约有效吗

[案例]

某村委会因为本村大多村民家里养了狗，且狗没有圈养经常发生将其他村民咬伤的事件，为此，村委会主任即召集村委会成员开会，经村委会全体成员表决一致通过制定了一项"打狗令"的村规民约：从即日起，养狗的村民必须将自家的狗进行圈养管理好，否则，一经发现狗跑了出来，任何村民发现后都可将狗打死不管，且一律罚款50元。某日，村民王某的狗挣脱了绳索从家里跑了出来，正好被在村中巡逻的打狗小分队发现，当即将狗打死。王某听说自家狗被打死遂要求打狗队赔偿，打狗队以村里有村规民约为由拒绝赔偿。

[法律解析]

村民委员会制定的村规民约无效。《村民委员会组织法》第十条规定："村民委员会及其成员应当遵守宪法、法律、法规和国家的政策，遵守并组织实施村民自治章程、村规民约，执行村民会议、村民代表会议的决定、决议，办事公道，廉洁奉公，热心为村民服务，接受村民监督。"该条进一步明确了村委会仅是根据村民会议或村民代表会议的决定、决议具体组织实施村规民约的执行主体，而非村规民约的制定主体。

[援引法条]

《村民委员会组织法》第二十七条规定：村民自治章程、村规民约以及村民会议或者村民代表会议的决定不得与宪法、法律、法规和国家的政策相抵触，不得有侵犯村民的人身权利、民主权利和合法财产权利的内容。村民自治章程、村规民约以及村民会议或者村民代表会议的决定违反前款规定的，由乡、民族乡、镇的人民政府责令改正。

村民告倒村委会和开发商，罢免村主任

[案例]

岐头村有20亩黄金宝地，按城市规划属于建设环岛中心娱乐城用地。2000年7月，时任村委会法定代表人韩世利在村委少

数人的配合下，背着全村1000多人，不召开村民大会，以每亩土地15万元的低廉价格，擅自与第三人陈钧签订了《土地综合开发项目合作合同》。以自然人身份签订合同的陈钧在得到这片土地使用权之后，迅速向工商部门登记成立了闽东汇景房地产开发有限公司。就这样，一片本用于建设自己家园的黄金地，在全村群众毫不知情的情况下，成了别人桌上的"盘中羹"。全村千余群众火气十足，不得不借助法律手段来维护自己的权益。

[法律解析]

2001年11月1日，宁德市中级人民法院对岐头村826名村民状告岐头村委会与第三人陈钧合作开发房地产合同纠纷案做出一审判决，确认被告福建省宁德市蕉城区城南镇岐头村委会与第三人陈钧签订的土地综合开发项目合作合同无效。

[援引法条]

最高人民法院《关于审理农村承包合同纠纷案件若干问题的意见》规定：村民与村委会之间因承发包合同侵犯村民利益而发生纠纷的，村民可以以村委会为被告直接向法院提起民事诉讼。

缓刑犯能否竞选村委会成员

[案例]

原告马某因故意伤害罪于2004年5月被法院判处有期徒刑二年，缓刑三年。2004年12月20日，马某所在村进行村民委员会换届选举，马某参加竞选当选为村委会主任。2005年1月21日，被告夏庄镇人民政府依据《山东省村民委员会选举办法》第二十六条"村民委员会成员被依法追究刑事责任的,自人民法院判决书生效之日起,其村民委员会成员职务相应终止"之规定,在马某所在村张贴公告,宣布马某的村委会主任职务相应终止。2005年2月,原告马某不服被告的公告行为提起行政诉讼。

[法律解析]

法院认为,村委会成员不仅具有遵守法律的义务,而且应当成为遵守法律和政策的模范。本案中,原告在服缓刑期间担任村主任,不符合该职务的任职要求,也不便于公安机关对其本人进行考察和管理。因此,被告以公告的形式终止上诉人的村主任职务符合立法宗旨,判决驳回原告的诉讼请求。

[援引法条]

《山东省村民委员会选举办法》第二十六条规定:村民委员会成员被依法追究刑事责任的,自人民法院判决书生效日起,其村民委员会职务相应终止。

未经村民大会讨论决定,村委会与他人签订的合同无效

[案例]

某村有一栋停用多年的村办厂房。2001年12月6日,村委会主任王某经村党小组长会议决定(未召开村民大会),以村委会的名义与邻村祝某签订房屋买卖合同,将厂房作价2万元卖给祝某。半年后,以黄某为代表的390户村民以房屋买卖合同无效诉诸法院。祝某认为,其与村委会没有存在恶意串通等情况,依照合同法,房屋买卖合同应属有效。

[法律解析]

律师认为,从本案看,作为第三人的祝某,其应当知道,购买村民集体所有的房屋与购买自然人或法人的房屋有所不同,村委会处分房屋必须经村民大会讨论决定这一前提程序,其在签订合同之前也有义务和责任了解这些情况。综上,祝某的善意取得不成立。

[援引法条]

《物权法(草案)讨论稿》第五十九条规定:集体经济组织的管理人员做出的决定违反法律、章程等有关规定,侵害集体经济组织成员权益的,该集体经济组织的成员可以通过诉讼等方式维护集体所有权以及成员的权益。

村委会主任擅自填写借条中利息合理吗

[案例]

刘萍是某村村民,因做煤炭生意,资金较为雄厚。2007年2月13日,村委会向刘萍借款50万元用于该村村民福利的发放,2007年7月24日,村委会又向刘萍借款50万元用于该村基础设施建设,双方当时并未对这两笔借款约定利息。之后,身为大塘村村主任的刘红(系刘萍之弟)在未经村民会议讨论情况下即在借条下方注明"同意按月息一分计息"的字样。事后,刘红多次催讨借款未果,最后诉至法院,要求某村委会偿还借款本金及利息。

[法律解析]

律师认为,虽然刘红是村委会主任,但对巨额借款约定利息应由村委会提请村民会议讨论决定,刘红的行为属无权代理。

[援引法条]

《村民委员会组织法》第十九条规定:涉及村民利益的下列事项,村民委员会必须提请村民会议讨论决定,方可办理……(四)村办学校、村建道路等村公益事业的经费筹集方案。

以村委会名义招待他人,餐费由谁负

[案例]

黄某系甲村的会计,多次以其村委会的名义在况某经营的饭店安排招待他人,至2004年3月,累计欠招待费13 000元,黄某以甲村委会的名义写下欠条交给况某,但该欠条上未加盖甲村的公章,只有黄某以经手人签名。此后,况某多次向甲村和黄某催要,黄某和甲村之间相互推诿。为此,况某将甲村委会和黄某起诉到法院,请求法院依法判决二被告共同付给欠款。甲村委会辩称没有委托黄某招待他人。

[法律解析]

律师认为,黄某的行为完全符合表见代理的法定构成要件,构成表见代理,因该表见代理行为产生的后果,依法应由被代理人即本案的被告甲村委会承担,如果甲村委会认为因黄某的该行为给其村造成损失,其村承担清偿责任后,有权依法向黄某追偿。

[援引法条]

《中华人民共和国合同法》第四十九条规定:行为人没有代理权、超越代理权或者代理权终止后以被代理人名义订立的合同,相对人有理由相信行为人有代理权的,该代理行为有效。

村委会有权"出租"集体林地吗

[案例]

2006年5月16日,信阳市李家寨镇某某村民委员会将本村集体所有的8500亩山林以30 000元的价格"出租"给苏某某开发经营,租期限为70年,村委会主任殷某某代表该村委会签名,并加盖该村委会公章。同年11月24日,双方通过信阳市浉河区公证处办理了合同公证书。同年12月23日,苏某某通过信阳市浉河区林业局取得了林权证。2008年6月5日及10月15日由殷某某出具收条,先后两次共收到苏某某所付"租金"30 000元。某村村民认为某某村委会和苏某某的行为侵犯了其合法权益,向浉河区法院提起诉讼。

[法律解析]

浉河区人民法院经审理认为,某某村委会在承包人不是某某村村民的情况下,既未召开村民大会亦未召开村民代表会议集体研究决定此发包林地事项,即擅自以30 000元的明显低价将集体林地

8500亩以70年的最长期限承包给本集体经济组织外的苏某某开发经营，显然违反《农村土地承包法》，依法判决某某村委会与苏某某签订的林地租赁合同无效，双方均未上诉，南田村委会退苏某某款30 000元。

[援引法条]

《合同法》第五十二条（五）项规定：违反法律、行政法规强制性规定的合同无效。

对经营户隐瞒事实，村委会应承担缔约过失责任

[案例]

某城郊接合部有一小型杂货市场，系某地村委会于1997年以王某等20个最初经营户预交的两年租金所建。1999年5月12日，即租赁合同到期前一个月，村委会书面通知王某等经营户于1999年6月30日到村委会办公室续签合同，通知无其他条款内容。此后，王某等为继续经营做了大量准备。但当王某等去续签合同时，却被告知村委会将通过公开招、投标的方式来决定新一轮的租赁户。双方协商未果，王某等遂起诉至法院，要求判令村委会履行合同并赔偿损失。

[法律解析]

律师认为，从本案来看，应当认定合同未成立，因为从6月12日原租赁合同到期至起诉时止，双方并没有重新签订正式书面合同。虽然合同尚未成立，但双方显然已形成了一种法律上的联系。

同时，村委会在订约过程中，故意隐瞒了招投标这个重要事实或未及时告知，也未对装修等行为进行告诫和提醒，违背了依诚实信用原则所产生的附随义务，其过错是明显的。因此，村委会应承担缔约过失责任。综上所述，本例中王某等要求村委会履行合同的请求依法不能成立，但可根据缔约过失责任要求村委会赔偿损失。赔偿范围即信赖利益的损失，包括各种合理的直接支出和费用及可客观预见范围内的应得而未得的利益。

[援引法条]

《合同法》第四十二条规定：当事人在订立合同过程中，故意隐瞒与订立合同有关的重要事实，给对方造成损失，应当承担损害赔偿责任。

村委会能否收取村路使用费

[案例]

麻岭村委会里有一座集体所有的山岭，山岭被开发为采石料场。不少货车司机经过村委会的村路在料场运输砂石。由于货车的重压，村路变得坑坑洼洼。村委会经过民主协商后决定向路过村路的货车司机收取路面使用费。以用来维修路面。关于村委会是否有权收取路面使用费存在争议。

[法律解析]

路面受损的直接原因不能确定为具体的货车。可是使用村路不一定要等路面损坏才付费。路面受损要支付的是赔偿款。村委会向司机收取的费用为使用路面的使用费。因此收取的对象为众多使用村路的货车司机。

[援引法条]

《公路法》规定：村路不属于公路的范畴。村路是让众人通行的，它更是由村委会管理的土地。依据《村民委员会组织法》规定，村委会可以采用使用村提留维修路面。

乡党委书记挪用村委会的公款是否构成挪用公款罪

[案例]

被告人常某原系某乡党委书记，该乡处于城乡接合部，2002年4月该乡下属的铁西村委会要建设一个建材装饰大市场，并将该市场的建设工程包给了某建筑工程公司。在建设初期由于资金周转不灵，该建筑工程公司（个人承包性质）的经理雷某找到他的熟人该乡时任党委书记常某要求帮忙。常某了解到雷某的来意后，随即带领雷某到该乡所属的大南村委会。经村长同意，常某向村委会借款5万元，常某给大南村出具了借款条，后常某将该5万元，又借给了雷某。半年后，雷某将该款还给常某，常某还给了大南村委会。群众举报，检察机关立案，并以被告人常某犯挪用公款罪，向法院提起公诉。

[法律解析]

从本案来看，第一，村委会是农村基层的村民自治组织，实行独立核算。常某到村委会去借公款，他利用的不是其职务上的便利，因为没有村委会领导同意常某是拿不到村委会的公款的，确切地说他利用的只是其职务上的影响力。第二，常某挪用的公款是村委会的公款，而不是其任职的乡政府的公款。我国刑法没有明文规定，挪用本单位以外的资金构成挪用公款罪。常某行为不符合挪用公款罪的构成要件，常某的行为不构成挪用公款罪。

[援引法条]

《刑法》第三百八十四条规定：挪用公款罪，是指国家工作人员，利用职务的便利，挪用公款归个人使用，进行非法活动的，或者挪用公款数额较大，进行营业活动的；或者挪用数额较大，超过三个月未还的行为。

村委会有权变更鱼塘承包经营权吗

[案例]

1991年12月10日，原告张立苗与码头镇桃园村8组签订了一份鱼塘承包合同。合同由张立苗、8组组长孙永年签字，群众代表数人和桃园村村长吴正保签名，桃园村委会加盖了公章，码头镇法律服务所予以见证。1995年1月，被告桃园村委会以要提高承包指标、完善承包合同为理由，要求原告张立苗终止履行与组里签订的承包合同，张立苗表示不同意。1995年4月16日，桃园村委会以张立苗违反计划生育政策为理由，派人从张立苗承包的鱼塘内捕捞了144.4斤鱼，以每斤3元的价格出售给同村另一村民周兆发，并强行以村委会名义将此鱼塘发包给周兆发，周兆发随即将刚购买的鱼又放回该鱼塘。原告张立苗于1995年4月18日起诉至淮阴县人民法院。

[法律解析]

淮阴县人民法院经审理认为：原告张立苗与所在的 8 组签订的鱼塘承包合同，未违反法律规定，属有效合同，应受法律保护。被告桃园村委会非法干预原告张立苗对承包合同的履行，已侵犯了原告合法的承包经营权，应承担民事责任。依照《中华人民共和国民法通则》第八十一条第三款、第一百零六条第二款之规定，于 1995 年 9 月 19 日判决如下：原告张立苗与桃园村 8 组签订的鱼塘承包合同属有效合同，合同应继续履行。

[援引法条]

《中华人民共和国民法通则》第八十一条规定：公民、集体依法对集体所有的或者国家所有由集体使用的森林、山岭、草原、荒地、滩涂、水面的承包经营权，受法律保护。承包双方的权利和义务，依照法律由承包合同规定。

失去宅基地的责任在谁

[案例]

1995 年 9 月，原告张绍起以自己有两名子女，长子须照顾身有残疾的次子为由，与村委会协商愿交出自己现有旧房及宅基地，请求村委会调分两块合并一处的宅基地。1996 年 3 月，原告及同村三户村民同时书写了宅基地用地申请。由于当时原告两名子女年龄尚小，其他三户村民子女也均不满 18 周岁，当时在场的乡农房管理员提出，年龄必须改为 18 周岁。1996 年 5 月 21 日建房申请被批准，4 户村民中包括原告先后建起新房。同年 10 月

9日,乡政府给原告下达土地违法案件行政处罚决定书。此后,村委会又以借用名义将村办小学校迁入原告新建之房上课至今。1997年10月,原告以赔偿之诉向天津市第一中级人民法院提起民事诉讼。

[法律解析]

法院认为,基于本案原告目前所提证据足以证实其因被欺骗才导致行使权利受到限制,这种权利受限又是因二被告在行政管理工作中所生行政阻断行为所致,据此认定二被告已构成民事侵权,应承担侵权责任;对原告之诉讼请求中合理部分应予支持。判决:邢各庄村民委员会赔偿原告张绍起建房直接费用122 469元,赔偿原告张绍起其他经济损失人民币18 580元;西塔庄乡人民政府对上述两项承担连带赔偿责任。

[援引法条]

《民法通则》第一百一十七条规定:侵占国家的、集体的财产或者他人财产的,应当返还财产,不能返还财产的,应当折价赔偿。损坏国家的、集体的财产或者他人财产的,应当恢复原状或者折价赔偿。受害人因此遭受其他重大损失的,侵害人并应当赔偿损失。

村委会工作人员失误,承包合同补偿款能否追回

[案例]

1992年3月16日,彭季利将自己承包经营的鱼池,未经被告靳庄村委会同意,转让给原告董恩忠,转让期限从1992年3月

16日至1998年12月底，转让费6000元；鱼池现有设备完全由董恩忠所有。协议签订后，鱼池转由原告董恩忠经营，原告即给付了第三人彭季利转让费3000元。1992年8月18日，因国家征用土地搞开发区建设，原告经营的鱼池包括在开发区内。原告董恩忠与被告靳庄村委会达成解除鱼池承包合同、补偿经济损失的协议。履行时，原告按协议第三条之规定领取了基建投资损失费3830元，果树损失费250元，设备投资款3188元，合计7268元。协议第四条规定被告靳庄村委会向董恩忠提供补偿23 183市斤稻谷或按粮食局议价标准（0.42元/斤）折成现金9736.86元。但在发放此款时，由于被告工作人员的失误，将此款发给了原合同承包人彭季利，致使原告董恩忠没有得到应有的补偿。尔后，原告曾向天津市宁河县人民法院法律服务中心请求解决。

[法律解析]

宁河县人民法院经审理认为，鱼池转让虽未经被告靳庄村委会同意，但原告已实际经营，而且被告也与原告签订了解除承包鱼池合同协议，对转让行为应视为被告默认，所以转让协议有效。因国家征用土地，被告与原告签订了解除承包鱼池合同、补偿经济损失的协议，符合法律规定，为有效协议。被告未履行协议义务，将应给付原告的补偿款误给了第三人，应承担责任。判决：第三人彭季利返还原告董恩忠经济补偿费9736.86元。原告董恩忠给付第三人彭季利转让费3000元。以上两项折抵后，第三人彭季利给付原告董恩忠6736.86元。被告靳庄村委会对本案给付负连带清偿责任。

[援引法条]

《中华人民共和国民法通则》第九十二条规定：没有合法根

据，取得不当利益，造成他人损失的，应当将取得的不当利益返还受损失的人。

村委会证明不能认定取得宅基地使用权

[案例]

原告孙某与被告李某系同村村民，原告孙某以其享有该村一宗土地的宅基地使用权为由，诉请法院请求被告将在该地块上种植的树木清除或者由原告排除妨碍。庭审中，原告向法庭提交了某街道某村委会出具的证明一份，证实其拥有该地块的宅基地使用权，证明内容为"我村居民孙某2006年在老村拆除旧房再重新建房，新建房屋在老村，东至空地，西至6米街，南北生活小区3米，建筑面积75平方米，南北15米，东西12.5米"，证明的下方盖有村委会的公章。原告能否仅以一份村委会的证明来实现自己的诉求？

[法律解析]

我国规定农村居民宅基地使用权的取得须经过一定的程序。其中涉及占用农用地的，要依照第四十四条的规定办理审批手续。从法律的规定可以看出，一处宅基地的取得，村民须先向村委会提出申请，由村报乡一级人民政府审核，最后由县级人民政府批准，村级包括乡一级都无审批宅基地的法定权利。

[援引法条]

《土地管理法》第六十二条规定：农村村民住宅用地，经乡（镇）人民政府审核，由县级人民政府批准。

村委会不给"出嫁女"土地补偿款构成侵权

[案例]

村委会将本村的荒地转让给乡企业管理站,并获得土地补偿款。村委会以"村民集体讨论"的方式通过了这笔土地补偿金的分配方案,但"出嫁女"莫新初未在其列,理由是"莫新初已嫁到外村"。而莫户口一直在村里,并在村里承包责任田,履行了村民义务,理应同样获得土地补偿金。莫认为村委会以莫是"出嫁女"为由拒绝分配土地补偿款的行为违反了相关法律规定,侵害了莫的合法权益。莫新初状告村委会,称村委会通过的一项决定侵犯了自己的合法权益。

[法律解析]

桂林市七星区人民法院经审理认为,被告从朝阳乡企业管理站所得的土地补偿款270万元为征地人对被告集体土地所有权的补偿,该补偿款应归农村集体经济组织所有,只要是具有该经济组织成员资格的人就应该平等享有分配的权利。判决:被告桂林市七星区朝阳乡莫家坪村民小组二组补发给原告莫新初、莫义建(莫新初之子)土地补偿费各9000元,合计18 000元。本案案件受理费730元,其他诉讼费182元,合计912元,由被告承担。

[援引法条]

《中华人民共和国民法通则》第五条规定:公民、法人的合法的民事权益受法律保护,任何组织和个人不得侵犯。

《最高人民法院关于审理涉及农村土地承包纠纷案件适用法律若干问题的解释》第二十四条规定：农村集体经济组织或者村民委员会、村民小组，可以依照法律规定的民主议定程序，决定在本集体经济组织内部分配已经收到的土地补偿费。征地补偿安置方案确定时已经具有本集体经济组织成员资格的人，请求支付相应份额的，应予支持。

村委会私自处分承包土地被告上法庭

［案例］

1983年开始，某村委会将集体山场分作村民自留山。1987年11月6日，县林业局与该村委会签订了一份国乡（村）联营造林协议书。协议约定：村委会将其集体山场交与林业局统一规划，投资造林、抚育。林木成才后，收益按三七比例分红。联营协议终止日期为2015年12月31日。嗣后，县国有林场承接了联营造林协议书中载明的林业局的全部权利和义务。2006年9月，原告25名村民领取了林权证，林权证确认了原告对自留山的林地承包经营权。2008年3月份，村委会换届，在办理交接手续时，村民发现原村委主任刘某已于2006年11月12日以村委会的名义与县国有林场签署了一份联营山场补充协议，将原协议的履行期限延长至2035年止。村民认为，未经村民授权，私自签订补充协议侵犯村民自主经营权，遂以村委会和县国有林场为被告诉至法院，请求确认补充协议无效。

［法律解析］

土地承包权是一种物权，任何人、单位、组织不得侵害。在山场已经分作自留山并经确权的情况下，村委会的行为属将无权处分的权利在协议中转让，是对村民自主经营权的侵害。因此原告25名村民完全具有程序意义上的诉权（起诉权）。对于符合起诉要件之诉，法院应当及时受理，不得拒绝司法。

[援引法条]

《合同法》第四十八条规定：行为人没有代理权、超越代理权或者代理权终止后以被代理人名义订立的合同，未经被代理人追认，对被代理人不发生效力，由行为人承担责任。

村委会违反国家政策发包土地的行为无效

[案例]

2000年9月5日，某村村民委员会（以下简称村委会）响应上级号召，与该村6组丁某等37户村民（以下简称37户村民）中的36户签订了土地承包协议书，采取"反租倒包"的形式，共租37户村民土地89.6亩，未明确约定租赁期限，租金抵作37户村民应缴的农业税收。村委会租下后便将该地承包给邻村杜某等人种植蔬菜，后杜某等人弃种，该地撂荒。2003年1月18日，村委会便将89.6亩中的59.38亩土地租赁给徐某经营花木栽培，约定租期20年，租金按年给付并逐年上涨。2005年4月，37户村民以村委会和徐某签订的租地合同侵犯了他们土地承包经营权而诉至法院，要求徐某退还经营花木的59.38亩土地。

[法律解析]

法院经审理认为，59.38亩土地属37户村民的承包地无争议。

村委会租赁给徐某的合同，违反中共中央200118号制止"反租倒包"的政策，属无效合同。37户村民要求收回土地，其诉讼请求应当支持。考虑到徐某栽培花木移植的季节性，应给予适宜花木生长移植期，并给一个月的移植时间。2005年7月4日判决徐某于2006年4月30日前将租赁栽培花木的59.38亩土地返还给37户村民，诉讼费用由村委会负担。

[援引法条]

《中华人民共和国民法通则》第六条规定：民事活动必须遵守法律，法律没有规定的，应当遵守国家政策。

户口未迁入，不给征地补偿款合法吗

[案例]

李林，女，原籍陕西省商洛市某村，2007年与西安市草滩街办某村村民王某结婚。婚后第二天王某持村委会开具的介绍信到当地派出所办理其妻李林的户口迁移手续，因当时李林所在地区正实行户籍改革，所在辖区户口统称为居民家庭户口，不区分城市和农村，当地派出所以此为由拒绝为李林办理准迁证。后李林遂到商洛市老家派出所开具证明，说明当地其户口的真实状态为农业家庭户口，但草滩派出所仍拒绝为其办理户口迁移手续。李林遂在其户口未迁移的情况下在王某所在村组实际生产生活。2009年王某所在村组土地被征收，村委会以李林未在其设定的户口迁移日前迁入户口为由拒绝为其发放土地补偿费50 000元。李林为此多次找村委会协商此事，但都未解决，遂起诉到法院。

[法律解析]

未央区人民法院经过审理全部支持了李林的诉讼请求，认为李林户口未能迁入是非其本人原因造成的，应视为具有集体经济组织成员资格，应该予以分配土地补偿款 50 000 元。

[援引法条]

《最高人民法院关于审理涉及农村土地承包纠纷案件适用法律若干问题的解释》第一条规定：下列涉及农村土地承包民事纠纷，人民法院应当依法受理：（一）承包合同纠纷；（二）承包经营权侵权纠纷；（三）承包经营权流转纠纷；（四）承包地征收补偿费用分配纠纷；（五）承包经营权继承纠纷。

外来常住人口如何发放农业集体收益

[案例]

原告王洪森一家于 1997 年从垦利县东麻王村迁入东营市东营区辛店街道办事处唐家村，是该村的法定公民。2001 年 6 月 27 日，被告东营市东营区辛店街道办事处唐家村民委员会依据被告做出的《关于对部分外迁人口发放招标款问题的处理意见》，与党支部共同协商，对本村部分迁入的常住户（包括本案原告王洪森一家）分配招标款做出处理意见：一、建筑工程招标款王洪森户每人领取 4000 元；二、今后该户不再享受村民享受的分款、分宅基地等任何福利待遇。原告认为被告违反了法律规定，请求法院依法确认该处理意见违法无效，并予以撤销。

[法律解析]

法院认为，被告做出的《关于对部分外迁人口发放招标款问题的处理意见》超越职权，违反法定程序。根据《中华人民共和国行政诉讼法》第五十四条第二项第三目、第四目、最高人民法院关于执行《中华人民共和国行政诉讼法》若干问题的解释第六十条第二款之规定，判决：一、撤销被告唐家村委会于2001年6月27日做出的《关于对部分外迁人口发放招标款问题的处理意见》。二、责令被告唐家村委会于本判决生效之日起30日内履行法定职责。案件受理费50元，由被告承担。

[援引法条]

《中华人民共和国村民委员会组织法》第二十四条规定：涉及村民利益的下列事项，经村民会议讨论决定方可办理……（二）从村集体经济所得收益的使用……（六）宅基地的使用方案。

矿产资源不属村委会处分的承包地

[案例]

1999年，某村村民张某与该村委会签订沙坑承包协议，双方约定：由张某承包该村西口沙坑8亩，经营沙子，并一次性交清承包费10万元，村委会提供料场，一切资源费用由村委会负责。该协议签订后，张某即向村委会交纳了承包费10万元，并开始开采。2002年9月，市国土资源局以张某未取得采矿许可证非法采砂为由，对其处以追缴非法所得5万元，罚款2万元的行政处罚。张某遂以该村委会为被告向法院提起诉讼，认为该罚款应由村委会承担，请求法院判令村委会返还承包费10万元，并赔偿各项损失8万元。

[法律解析]

法院认为，矿场资源依法属于国家所有，村委会不享有所有权，不具有发包资格，该协议应属无效；原、被告违法签订该协议，其主观上均有过错，各自损失应各自承担。被告因该协议取得的承包费应当返还给原告。原告提出的因经营而遭受的损失及被告提出的恢复土地原貌的损失分别由各自承担。综上，法院判决：确认张某与村委会的承包协议无效；村委会于判决生效之日起10日内返还张某承包费10万元；驳回张某其他诉讼请求。

[援引法条]

《中华人民共和国矿产资源法》第三条规定：矿产资源属于国家所有，由国务院行使国家对矿产资源的所有权。

女儿上大学后承包地被抽走，村民状告村委会获支持

[案例]

1999年春，叶某代表全家与村委会签订承包合同，承包本村6亩土地，承包期限为30年。2005年10月，叶某的女儿小红考上大学。次年夏，村委会以小红已考上大学到外地就读为由，将属于小红的1.2亩承包地抽回，另行发包给本村村民钱某。在多次索要该承包地未果的情况下，叶某将村委会与钱某一并诉诸法院。

[法律解析]

法院认为，原告叶某与村委会所签订的土地承包合同真实有效，合同双方应当按合同约定认真履行各自的义务。在承包期内，被告村委会无权抽回叶某的承包地另行发包给他人；由于该宗土地被被告钱某所占有，故应由钱某返还。法院依法缺席判决钱某限期返还叶某的1.2亩承包地，诉讼费由被告村委会负担。

[援引法条]

《中华人民共和国农村土地承包法》第二十六条规定：承包期内，发包方不得收回承包地。承包期内，承包方全家迁入小城镇落户的，应当按照承包方的意愿，保留其土地承包经营权或者允许其依法进行土地承包经营权流转。

村委会擅自变更土地承包主体应承担过错责任

[案例]

梁金先、梁金菊、梁金美、梁东先与梁金龙、梁金敏同系梁玉太、刘秀章的子女。1980年我国实行家庭联产承包责任制时，梁金先、梁金菊、梁金美、梁东先与梁玉太、刘秀章、梁金龙、梁金敏作为一承包经营户，以梁玉太为户主向贵州省大方县大方镇新铺村委会承包马路组9.47亩耕地管理经营。1984年，梁金敏婚嫁到大方县小屯乡石墙村嘎木组，将其承包土地份额自行划出管理使用。尔后，梁金先、梁金菊、梁金美、梁东先先后婚嫁到上海、江苏等地居住，其户籍仍保留在大方县大方镇新铺村马路组。1997年，梁金龙与魏忠永结婚。1998年，国家深化农村改革，决定将土地承包期延长50年，大方镇新铺村委会与梁玉太户续订延长土地承包合同,确认梁玉太户承包耕地9.47亩,承包人口4人,即梁玉太、刘秀章、梁金龙、魏忠永。2003年,大方县建设火电厂,征用了梁玉太户承包的大部分耕地,依法对该承包户进行了经济补偿。2004年初,梁金先、梁金菊、梁金美、梁东先返回大方镇新铺村,索要土地补偿费,与梁金龙发生纠纷。2004年5月26日,新铺村委会向梁金龙出具证明,确认延长土地承包合同书中的承包户人口4人为梁玉太、刘秀章、梁金龙、魏忠永。梁金先等4人将大方镇新铺村委会诉至法院,请求确认其对9.47亩土地享有承包权。

[法律解析]

毕节地区中级人民法院经审理认为:大方镇新铺村委会在执行第二轮土地承包时,将梁玉太户的承包人8人变更为4人,并将新增人口第三人魏忠永列为承包人范围,该行为违反了我国农业承包政策规定的"第二轮承包是在第一轮土地实行家庭联产承包经营的基础上,承包土地使用期限为50年,不准将原来的承包地打乱按现有人口重新承包,对于因家庭人口增减发生的承包地差异,实行既不调进,也不调出的原则,即实行'增人不增地,减人不减地'"的原则,其应承担过错责任,该行为应予以纠正。

[援引法条]

根据最高人民法院《关于审理农业承包合同纠纷案件若干问题的规定(试行)》第三十九条规定:人民法院在审理专业承包和招标承包的农业合同纠纷时,除适用本规定的有关规定外,还应依照合同订立时的有关法律、法规和政策的规定处理。

村委会发包违民主议定原则，该承包合同无效

[案例]

2001年6月，来自山东省临邑县城的退休职工许宪林承包了当地梆子村一片闲散多年的坑塘、荒地开挖鱼塘养鱼，这块属于本村第五生产小组集体所有的46亩土地承包给许宪林30年，由许宪林一次性交纳承包费6900元，并在合同第六条中约定"合同期内如遇国家、政府征地，其征地费归乙方（注：梆子村委会）所有"。后许宪林取得了加盖有临邑县人民政府和梆子村委会公章的土地经营权证，该证中载明可耕地25亩。进入2002年，梆子村划归为临邑县恒源经济开发区，村委会更名为居委会。梆子居委会又分4次将发包给许宪林土地中的43.45亩，租赁给了经济开发区管委会用于修建厂房、公路，期限50年，并约定由承租方按每年每亩350千克小麦、350千克玉米进行定期补偿。2002年、2003年的土地补偿费，由于许宪林主张自己的承包权利，已均由梆子居委会兑现给了许宪林。2004年，第五生产小组96户村民也向梆子居委会追索43亩租赁土地的补偿款，一纸诉状将梆子居委会和许宪林推上了法院被告席。本案一审后，经上诉进入二审。

[法律解析]

2006年底，德州市中级人民法院经二审开庭审理，做出终审判决：一、撤销临邑法院关于梆子居民委员会和许宪林所签订土地承包合同无效的判决；二、驳回96户村民要求确认许宪林与梆子居民委员会所签订土地承包合同无效的诉讼请求;三、自 2004 年起至土地承包合同期满,开发区管委会所给付的有关本案土地承包合同的土地租赁费,其中的 30% 归许宪林,70% 归 96 户村民所在的梆子村第五生产小组全体村民。

[援引法条]

最高人民法院《关于审理农业承包合同纠纷案件若干问题的规定》第二十五条规定:对发包方违背集体经济组织成员大会或者成员代表大会决议,越权发包的,应当认定该承包合同为无效合同,并根据当事人的过错,确定其应承担的相应责任。属前款规定的情形,自承包合同签订之日起超过一年,或者虽未超过一年,但承包人已经实际做了大量的投入的,对原告方要求确认该承包合同无效或者要求终止该承包合同的,人民法院不予支持。但可根据实际情况,依照公平原则,对该承包合同的有关内容进行适当调整。

宅基地房转让不能过户,买家付款 9 年后被判退房

[案例]

2004 年,家住黄埔区的黄氏父子与曾氏父子签订《转让房屋协议》,协议约定,将位于黄埔某村的一套宅基地房卖给曾氏父子,价款 23 万元。据了解,该房屋没有办理报建手续,没有取得集体土地房地产证。《转让房屋协议》中注明,该房屋的房地产证正在办理中。但一直到 2012 年,该房屋仍未能过户。于是,黄氏父子起诉要求确认协议无效,返还房屋。曾氏父子则认为,我国法律并未禁止农村房屋的合法流转,在已经支付房款并已实际居住9年的情况下,黄氏父子的要求不合理。一审判决买方房屋物归原主,卖方返还房款。

[法律解析]

黄埔区法院一审认为,宅基地使用权的取得、行使和转让,适用《土地管理法》等法律和国家有关规定。双方转让该房屋及其土地使用权,违反了我国法律法规关于宅基地不得转让的禁止性规定,因此,双方签订的《转让房屋协议》无效。一审判决买方房屋物归原主,卖方返还房款。

[援引法条]

我国《土地管理法》规定:农村村民一户只能拥有一处宅基地。

第十八章　环境保护：守护自然，传承文明

轮船海上燃油泄露要被追责

［案例］

2003年8月5日凌晨约4时25分，东方刚露鱼白，从河北黄骅港驶来的"长阳"轮船停泊在上海黄浦江码头一侧，正在卸煤。一艘不知名的小船撞击了一下"长阳"轮，总吨位为1.2万吨的散货船"长阳"轮船仅晃动了一下，"长阳"轮船的左舷船尾油舱已破损，泄漏事故造成长200米、宽20米的油带。此案责任怎样确认？

［法律解析］

这是上海近7年来最大的燃油泄漏事故。总溢油量为85吨，受污染的海岸线长8公里。当月18日，肇事逃逸船"浙长兴货0375"轮终于在浙江湖州长兴的一家虹港造船厂被查获，公安干警初步审查了解，事故完全是由操作不当造成的。"8·5"泄油事故，责任者是"浙长兴货0375"轮当事人，被撞船舶"长阳"轮因没有及时做出有效处理，也有责任。按照"谁污染，谁赔偿"原则，"长阳"轮的船东中海集团将担负赔偿责任，中海集团将向"浙长兴货0375"轮索赔。上海海事局危防处负责人表示，此案正在进一步调查、取证中，随后将移交司法部门按有关法律追究当事

者的责任。

[援引法条]

《环境保护法》第三十一条规定：因发生事故或者其他突然性事件，造成或者可能造成污染事故的单位，必须立即采取措施处理，及时通报可能受到污染危害的单位和居民，并向当地环境保护行政主管部门和有关部门报告，接受调查处理。

办厂造成污染，被告被追责

[案例]

被告人杨军武独资开办的运城市天马文化用纸厂（以下简称天马纸厂）将含有挥发酚等有毒有害物质的污水排入引黄干渠，随干渠内的供水流入樊村水库，污染了水体，致使本市北城供水系统被污染，供水中断三天，公共财产遭受重大损失。杨军武承认天马纸厂的污水曾经流入引黄干渠，但是辩称引黄干渠放水时，该污水已经被排除干净，樊村水库和供水公司供水系统被污染，并非该厂污水所致，责任应当由引黄管理局承担。

[法律解析]

被告人杨军武犯重大环境污染事故罪，判处有期徒刑二年，并处罚金5万元人民币。被告人杨军武赔偿附带民事诉讼原告人引黄管理局经济损失24.6万元（含已付的3万元）；赔偿水库管委会经济损失37 495元（含已付的3万元）；赔偿供水公司经济损失75 320元。

[援引法条]

《中华人民共和国水污染防治法》第二十一条规定：禁止向水体排放油类、酸液、碱液或者剧毒废液。

《中华人民共和国刑法》第三百三十八条规定：对违反国家规定，向土地、大气排放、倾倒或者处置有放射性的废物、含传染病病原体的废物、有毒有害物质或者其他危险废物，造成重大环境污染事故，致使公私财产遭受重大损失或者人身伤亡严重后果的，处三年以下有期徒刑或者拘役，并处或者单处罚金；后果特别严重的，处三年以上七年以下有期徒刑，并处罚金。

污染检测谁说了算

[案例]

广东省肇庆化工厂坐落在肇庆市端州区西郊龟顶山脚。1992年6月29日，肇庆市环境保护监测站对该厂界噪声进行监测，原告的厂界噪声，昼间为75分贝，夜间为72分贝。原告对原监测结果有异议，监测站1993年4月15日再次对原告的厂界噪声进行监测，其厂界噪声为78分贝，实际日间厂界噪声为75分贝，夜间监测时间为23时，测得厂界噪声为72分贝。监测站依据测定的数据，确认肇庆化工厂厂界噪声昼间超工业区标准10分贝，夜间超工业区标准17分贝，遂以肇环字〔1993〕17号文向原告发出《关于限期缴纳超标准排污费的通知》，要求原告在1993年5月30日前缴交10个月（即1992年7月至1993年4月）的超标准噪声排污费人民币24 000元。原告不服该处罚决定，于1993年7月15日向肇庆市中级人民法院提起诉讼。原告认为被告适用法律法规不当,行政处罚决定书中做出的处罚,没有法律依据,证据不足,行政处罚不当。

[法律解析]

广东省肇庆市中级人民法院审理后认为:原告厂区坐落在本市端州区西郊龟顶山脚,在城区功能区的划分上,属工业区范围。环保局对城区功能区域的划分,经报市政府同意批准,是合理合法有效的。监测站对原告的厂界噪声进行监测,其选择的测点是在原告的厂界外,具体测点位置的选定,属监测站的职权范围,其监测操作过程,符合规范要求;所测定的结果是合法有效的。被告根据监测站的监测结果,依据有关法律、法规规定,核定征收原告10个月噪声超标准排污费人民币24000元,是正确的。

[援引法条]

中华人民共和国国家标准《工业企业厂界噪声标准》规定:各类标准适用范围由地方人民政府划定。

《中华人民共和国环境噪声污染防治条例》第十条规定:县级以上地方人民政府,应当根据国家环境噪声质量标准中规定的各类适用区域,具体划定本行政区域中的各类生活环境区域。

一次测试结果不能规避污染责任

[案例]

梅林供销服务公司所属生态试验场9口鱼塘与赣加稀土有限公司西侧围墙相邻。赣加稀土有限公司废水曾流经西侧围墙排出,造成鱼塘周围土壤吸附酸性物质,如遇雨天,酸性物质随雨水冲刷渗入鱼塘，产生污染。1986年至1991年期间，鱼塘鱼苗每年发生大面积死亡，赣加稀土有限公司均给予梅林供销服务公司赔偿。废水排放改道后，1992年3月，赣加稀土有限公司委托赣州地区环境监测站对鱼塘及周围土壤进行环境现状调查，结果表明：鱼塘周围土壤为酸性红壤，测定项目在正常值范围，鱼塘水质基本满足国家《渔业水质标准》。据此，赣加稀土有限公司拒绝了梅林供销服务公司1992年的赔偿要求。梅林供销服务公司遂于1992年8月起诉至江西省赣县人民法院，称：环境不断变化，一次测试结果不能说明整个环境现状，鱼塘周围土壤吸附酸性物质渗透是有时间性的、间断的，请求赣加稀土有限公司继续赔偿1992年污染损失，并承担治理费用。赣加稀土有限公司答辩称：原告鱼塘水质经测试，符合养鱼标准，不同意赔偿及治理。

[法律解析]

经委托赣州地区环境监测站再次对原告1~9号鱼塘水质进行鉴定，鉴定结论表明只有8号、9号两口塘的水pH值符合淡水渔业标准，其他鱼塘水pH值都不符合标准。鉴于此事实，赣县人民法院主持双方调解。调解中，被告赣加稀土有限公司对法院委托鉴定结论无异议，双方自愿达成赔偿调解协议。

[援引法条]

《中华人民共和国环境保护法》第四十一条规定：造成环境污染危害的，有责任排除危害，并对直接受到损害的单位或者个人赔偿损失。

养猪场也要有环保工程保证

[案例]

被上诉人东莞市环保局于1994年同意上诉人清溪三阳实业公司在东莞市清溪镇三阳实业公司投资兴建生猪养殖场,但规定上诉人的整个环保工程竣工后,必须报被上诉人派员检查核准才能试产。上诉人根据被上诉人的批复及市有关部门的批准,于1995年下半年开始兴建养猪场,但上诉人在防治污染设施未建成投入使用、防污设施未经东莞市环保局验收合格的情况下开始购入种猪进行繁殖,并逐渐扩大养猪规模。被上诉人在对上诉人依法履行了处罚告知程序后,按上诉人的申请举行了听证会。被上诉人于同年9月28日以上诉人违反《中华人民共和国环境保护法》第二十六条的规定,并根据该法第三十六条的规定,对上诉人做出了处以5万元罚款和责令上诉人停止养猪、停止引进新猪苗、两个月内将现在存栏猪处理完毕的处罚决定。东莞市清溪三阳实业公司不服该处罚决定,遂起诉至东莞市中级人民法院。

[法律解析]

东莞市中级人民法院一审认为,被告处罚原告的事实清楚,证据确凿。原告养猪场的防治污染的设施尚未建成,主体工程即投产使用,根据《中华人民共和国环境保护法》第三十六条规定,对建设项目的防治污染设施没有建成就投入生产或者使用的处罚的形式是且只能是责令停止生产或使用,另外还可以并处罚款。

[援引法条]

《中华人民共和国环境保护法》第二十六条第一款规定：建设项目中防治污染的设施必须与主体工程同时设计、同时施工、同时投产使用。

恶臭气体污染环境受制裁

[案例]

原告路达（厦门）工业有限公司主要从事各种卫浴设备、黄铜阀门及水道器材零配件等产品的生产，其中黄铜铸造工序在生产过程中有刺鼻的恶臭气体排出。因此，在审批该项目时，厦门市环境保护局在原告报送的《建设项目环境影响报告表》中批复："同意在水产学院的机械工厂兴建路达工业有限公司，对大气污染较严重的铸造及噪声较严重的工序应放到杏林冶炼厂生产……"1990年下半年，原告擅自将黄铜铸造车间迁入集美分厂并投入生产。在生产过程中排放出的恶臭气体污染着周围环境，尤其是与原告一路之隔的福建省体育学院时常受到恶臭气体的侵袭，不少师生夜里经常不能入眠，口干、喉痛、咳嗽、胸闷等病症增多，一些班级无法正常训练，大运动量项目成绩下降。该院师生不断向被告及有关部门反映原告排放恶臭气体，干扰该院教学、生活秩序，强烈要求环保部门责令该车间搬迁。环保部门调查后做出责令该车间搬迁、并处罚款的决定。原告诉称：原告将铸造车间并入集美分厂后，经被告所属的厦门环境监测站对该车间的粉尘、噪声、废气进行实地监测，认为基本符合环保要求，同意正式投产后，原告才正式投产。

[法律解析]

厦门市开元区人民法院审理认为：按国内有关环境管理实践并借鉴国外办法，恶臭污染是根据人群嗅觉感官判断进行鉴别和确定的。原告在生产过程中排放的恶臭气体，确实污染大气环境，严重侵害了省体育学院师生身体健康，干扰了教学、生活秩序，其行为违反了《中华人民共和国大气污染防治法》第二十六条的规定，被告做出的厦环保字〔1992〕103号决定，事实清楚，证据确凿，适用法律、法规正确，程序合法。

[援引法条]

《中华人民共和国环境保护法》第三十六条规定：建设项目的防止污染设施没有建成或者没有达到国家规定的要求，投入生产或者使用的，由批准该建设项目的环境影响报告书的环境保护行政主管部门责令停止生产或者使用，可以并处罚款。

《中华人民共和国大气污染防治法》第四十条规定：向大气排放恶臭气体的排污单位，必须采取措施防止周围居民区受到污染。

独资建厂生产各种塑料玩具，要控制污染

[案例]

被告凯达公司于1981年9月，与深圳特区招商局签订协议，在蛇口工业区独资建厂生产各种塑料玩具，投资1600万美元，职工1200人，产品畅销国际市场。1982年2月，该公司开始正式生产后，浇模车间产生恶臭和有毒气体，未经处理，即向大气排放，呛人喉鼻，使人呼吸困难；同时，机器发出的噪声，震耳欲聋，使人烦躁。对此，附近企事业单位、机关团体、居民纷纷向监测站反映，要求政府严肃处理。环保部门责令其限期治理污染，被告公司拒不执行，环保部门将其告上法庭。被告答辩称："1983年10月22日前，原告从未向我公司提供有关环境污染方面具有法律效力之科学鉴定资料和国家有关标准，却指控我公司在生产中有噪声和排放恶臭，使人困惑不解。"

[法律解析]

深圳市中级人民法院审理后认为，被告在建厂、生产过程中，不仅没有向环保部门提出环境影响报告书，申报生产原材料的化学成分，而且要求环保部门提出恶臭根源和科学数据，是完全没有道理的。当原告依法向被告提出限期治理污染后，被告于1983年12月24日停机生产，但从1984年1月3日到13日又开机生产，继续排污。被告的以上行为都是违法的，应停止污染并接受处罚。

[援引法条]

《中华人民共和国环境保护法（试行）》第六条规定：一切企业、事业单位的选址、设计、建设和生产，都必须充分注意防止对环境的污染和破坏。在进行新建、改建和扩建工程时，必须提出对环境影响的报告书，经环境保护部门和其他有关部门审查批准后才能进行设计；其中防止污染和其他公害的设施，必须与主体工程同时设计、同时施工、同时投产；各项有害物质的排放必须遵守国家规定的标准。已经对环境造成污染和其他公害的单位，应当按照谁污染谁治理的原则，制订规划，积极治理。

状告电磁辐射污染要有证据

[案例]

被告南靖分公司及原告张德新、吴小健于2001年间分别购买了南靖县山城镇荆江路29号荆江小区A-701室、702室、703室,并分别取得房产权证。被告南靖分公司购置701室后,被告漳州分公司在该室建设移动通信基站。2003年8月26日,经福建省人民政府无线电管理委员会办公室漳州市管理处批准,该基站取得"无线电台执照"。诉讼的基站启用后,两原告不断到有关部门反映,该基站有"电磁辐射污染"和"噪声扰民"的问题,并向南靖法院提起诉讼,要求拆迁该基站。

[法律解析]

南靖县人民法院经审理认为:污染环境造成他人损害的是一种特殊的侵权行为,应适用无过错责任原则,即不论行为人主观上是否有过错,只要客观上给他人造成了污染环境的损害结果,且不存在法定的免责事由,就应承担相应的民事责任。同时,根据《民法通则》的规定,行为人承担民事责任应以"违反国家环境保护法律规定污染环境"为前提。而本案诉争的移动通信基站的噪声及电磁波辐射经检测,均没有超过国家规定的标准,也就不存在污染环境的侵权行为,至于原告主张被告设立的移动通信基站发出的噪声及电磁波辐射有违反国家环境保护法律规定污染环境的行为,则应由原告再进行进一步的举证,否则就应承担不利的法律后果。

[援引法条]

《关于民事诉讼证据的若干规定》第二条规定:当事人对自己

提出的诉讼请求所依据的事实或者反驳对方诉讼请求所依据的事实有责任提供证据加以证明。没有证据或者证据不足以证明当事人的事实主张的,由负有举证责任的当事人承担不利后果。

环保局为什么没有告赢水利局

[案例]

1999年3月15日,南漳县环保局到南漳县水利局对其生活污水进行取样抽检,经检测发现其排放的污水中,两项指标即COD和BOOD5超标排放。2000年6月28日南漳县环保局向南漳县水利局送达了南环费字(2012000C060)号征收排污费通知书和(2000C68)征收排污费缴费通知书,要求南漳县水利局在20日内限期缴纳2000年元月至6月生活污水超标排污费3238.68元。南漳县水利局逾期未缴纳。南漳县环保局遂于2000年8月17日向南漳县水利局邮寄送达了南环限字(2000C050)号限期缴费通知书,2000年9月7日,南漳县环保局向南漳县水利局送达了南环罚告(2000G122)号行政处罚告知书,同年9月18日,南漳县环保局对南漳县水利局做出南环罚字(2000G115)号行政处罚决定。南漳县水利局不服,于2000年9月20日向南漳县人民政府申请复议,南漳县人民政府逾期未做出复议决定。南漳县水利局在法定期限内向人民法院提起行政诉讼。

[法律解析]

法院经审理认为,南漳县环保局做出处罚决定应依据《中华人民共和国水污染防治法》,该法规定缴纳排污费的对象是"企业事业单位",不包括国家行政机关。南漳县水利局以南漳县环保局没有按《湖北省排污费征收管理实施办法》规定的"使用自来水单位其用水量按水表的计量计算"排污量,而只是简单地以南漳县水利局的申报作为依据,在没有查清事实的情况下做出处罚决定,本院查证并经双方质证属实,故对南漳县水利局的意见予以支持。遂判决撤销南漳县环境保护局2000年9月18日做出的南环罚字(2000G115)行政处罚决定。

[援引法条]

最高人民法院〔1993〕16号函指出:人民法院审理行政案件对地方性法规的规定与法律和行政法规不一致的应当执行法律和行政法规的规定。

达标排污不能免除民事责任

[案例]

2000年A市某化工厂、玻璃钢厂在未经相关环境影响评价审批的情况下(至2002年4月市环保局为两厂补办了相关手续),将厂址搬迁至地处A市城郊的村镇。两厂生产过程中有苯乙烯、二甲苯、丙酮等低毒物质无组织挥发排放,还有噪声在夜间对居民的睡眠有较大影响。两厂附近居民多次向A市环保局举报,A市环保局也多次要求两厂整改。2002年数次监测报告表明,除夜间厂界噪声超过《工业企业厂界噪声标准》外,其余达到标准排放。化工厂经采取措施后,2003年3月21日环境监测站对噪声进行验收监测,噪声已不再超标。但附近居民王某等8人因两厂生产过程中排放的气味、粉尘、噪声对生活所造成的损害依然存在，无法忍受，为此诉至 A 市人民法院，要求判令化工厂、玻璃钢厂立即停止侵害。被告达标排放污染物的行为是否免除其侵权民事责任？

[法律解析]

最高人民法院《关于适用〈中华人民共和国民事诉讼法〉若干问题的意见》第七十四条规定：在因环境污染引起的损害赔偿诉讼中，对原告提出的侵权事实，被告否认的，由被告负责举证。法院判决被告化工厂、玻璃钢厂立即停止对原告造成的环境污染侵害。

[援引法条]

最高人民法院《关于民事诉讼证据的若干规定》第四条规定：因环境污染引起的损害赔偿诉讼，由加害人就法律规定的免责事由及其行为与损害之间不存在因果关系承担举证责任。

自家门前也不能随意使用自制乙炔发生器

[案例]

1989 年，被告人李亚平自制浮桶式乙炔发生器一套，放置于自家门前临街处，从事电气焊业务。1991 年 4 月 5 日，廊坊市劳动人事局、廊坊市公安局、廊坊市环境保护办公室联合发布了《关于禁止使用浮桶式乙炔发生器的通告》。此后，被告人李亚平仍然无视上述通告要求，继续在临街处使用该乙炔发生器从事电气焊业务。1997 年 2 月 15 日上午 9 时许，该乙炔发生器发生爆炸,将本村儿童于正川当场炸死,于正杰被炸伤。被告人李亚平及其辩护人辩称,受害人的死伤后果是其二人燃放鞭炮所致。

[法律解析]

廊坊市安次区人民法院经公开开庭审理认为,被告人李亚平违反易燃易爆物品管理规定,使用自制的浮桶式乙炔发生器,且因管理不善导致该发生器发生爆炸,造成一人死亡、一人重伤的严重后果,其行为已构成违反危险物品管理规定肇事罪。被告人给受害人造成的经济损失应予赔偿,但附带民事诉讼原告人超出法律规定要求赔偿部分不予支持。被告人李亚平及其辩护人认为于正杰的重伤、于正川的死亡是该二人燃放鞭炮所致的辩护意见与事实不符,不予采纳。被告人李亚平犯违反危险物品管理规定肇事罪,判处有期徒刑三年。被告人李亚平赔偿附带民事诉讼原告人于英祥因于正川死亡造成的死亡补偿费、丧葬费共计 9800 元;赔偿附带民事诉讼原告人于正杰医疗、营养、护理、伤残补助、今后治疗、交通等费用共计 53 689.3 元,限于本判决生效后一个月内付清。

[援引法条]

《刑法》第一百三十六条规定:违反爆炸性、易燃性、放射性、毒害性、腐蚀性物品的管理规定,在生产、储存、运输、使用中发生重大事故,造成严重后果的,处三年以下有期徒刑或者拘役;后果特别严重的,处三年以上七年以下有期徒刑。

《民法通则》第一百一十九条规定:侵害公民身体造成伤害的,应当赔偿医疗费、因误工减少的收入、残废者生活补助费等费用;造成死亡的,并应当支付丧葬费、死者生前扶养的人必要的生活费等费用。

能否对刺鼻气体行使诉讼权

[案例]

王某与杜某系邻居关系，仅一墙之隔。2003年，杜某在其房屋院落内开设喷漆厂，杜某在生产过程中，因喷漆形成大量刺鼻气体经常飘落到左邻右舍。特别是王某家，只要杜某家中的喷漆厂营业，王某家中只得门窗紧闭，影响了王某及其家人的正常生活，为此双方经常发生纠纷。后双方协商未果，王某向法院提起诉讼，要求停止侵害、排除妨碍。我国《大气污染防治法》规定有关空气污染应由环境保护行政机关处理，此案是否属于人民法院受案范围？

[法律解析]

法官认为，该案属于相邻方面纠纷，当事人之间就相邻方所产生气体、噪声、震动等请求人民法院判令对方停止侵害的诉讼属于平等主体之间的民事关系，符合民事诉讼法规定的民事案件受案范围。有关行政法规规定的行政部门对大气污染的处理，是行政机关对环境污染的行政管理关系，与民事法律关系不能混淆。虽然本案中杜某家排放的因喷漆形成的刺鼻气体未经有关部门鉴定，但从其对王某家生活带来的影响看，可以认为杜某家所排放的刺鼻气体已经污染了环境，并损害了他人，杜某对自己的行为应承担完全责任。

[援引法条]

《民法通则》第一百二十四条规定：违反国家保护环境防止污染的规定，污染环境造成他人损害，应当依法承担民事责任。

邻居开饭店造成环境污染成被告

[案例]

陈洪森等 27 位原告与被告邸哲明开设酒店的房屋同在蚌埠市交通路"交通花园"小区。27 位原告系该区三栋坐北朝南住宅楼（均为六层）的部分住户，被告在该区开办了恒丰大酒店，从事餐饮业（未办理工商登记）。该酒店所处的裙楼为二层楼房，坐东朝西，位于 2 号住宅楼和 1 号、3 号住宅楼（1 号楼在东、3 号楼在西，两楼相连）之间，与住宅楼垂直连成一体。被告开设的酒店的灶间（在二楼）上方为原告宋在文的住房，灶间引风机的声音对周围的住户形成噪声污染。被告辩称没有造成小区环境污染以及二楼平台是其购买房屋附属物。

[法律解析]

安徽省蚌埠市龙子湖区人民法院经审理认为，原、被告各方相邻，应以有利于生产、方便生活来处理相邻关系。被告邸哲明在没有取得工商营业执照的情况下，开设酒店，产生的噪声和排放的油烟造成周围环境污染，干扰了 27 位原告正常的生活，其应承担民事责任。被告饭店灶间引风机发出的声音，被告提供的证据不能证明没有造成噪声污染，故原告要求被告停止侵害、排除妨碍的请求，于法相符，法院予以支持。

[援引法条]

《民法通则》第八十三条规定：不动产的相邻各方，应当按照有利生产、方便生活、团结互助、公平合理的精神,正确处理截水、排水、通行、通风、采光等方面的相邻关系。给相邻方造成妨碍或者损失的,应当停止侵害,排除妨碍,赔偿损失。

被告养鸽与原告患病有无因果关系

[案例]

吴毅与丁正才同住一单元,其中吴毅住底楼103室,丁正才住顶楼403室。丁正才自幼(8岁开始)爱好养鸽,1981年,其在自家楼顶搭建了两个鸽舍,饲养了60多只信鸽。信鸽每天放飞两次,每次约1小时。2004年12月,吴毅被确诊患了隐球菌肺炎。因鸽粪中存在大量隐球菌,故吴毅认为自己患病是丁正才鸽粪污染所致,遂要求丁正才停养信鸽,但遭到了丁正才的拒绝。2005年1月25日,吴毅向金坛市人民法院提起诉讼。丁正才辩称:养信鸽几十年,经常打扫鸽舍并消毒;隐球菌病的感染途径较多,吴毅患病与自己养鸽不存在因果关系,故请求法院驳回其诉讼请求。

[法律解析]

江苏省金坛市人民法院经审理认为,本案属相邻环境污染侵权纠纷案件,是特殊侵权,适用举证责任倒置原则,侵权行为与损害结果是否存在因果关系的举证责任应由被告承担。吴毅提交的照片、证人证言等能够证明丁正才养鸽产生的鸽毛、鸽粪及污水污染了周围居民的生活环境;其提交的医学论著所载明的定论——鸽粪是人类隐球菌病的最主要传染源,证明了吴毅患隐球菌肺炎与丁正才养鸽污染之间存在因果关系的可能性很大。故法院做出民事判决：丁正才于本判决生效之日起 20 日内拆除鸽舍、停止养鸽。

[援引法条]

《民法通则》第八十三条规定：不动产的相邻各方，应当按照有利生产、方便生活、团结互助、公平合理的精神，正确处理截水、排水、通行、通风、采光等方面的相邻关系。给相邻方造成妨碍或者损失的，应当停止侵害，排除妨碍，赔偿损失。

水产养殖遭污染案，举证缺乏官司未赢

[案例]

2002 年 3 月 20 日，孙大年和新沂市港头镇戴沟村村委会签订农业专业承包合同，约定孙大年承包沂河堰边电灌站排水沟的水面进行水产养殖，期限 11 年。2004 年 4 月 12 日，新沂市通力氨基酸厂（以下简称通力厂）与新沂市港头镇人民政府签订租赁合同，约定新沂市港头镇人民政府将新港造纸厂的部分资产出租给通力厂使用和经营，期限 15 年。2004 年 5 月中、下旬，孙大年承包的排水沟里的鱼开始逐渐死亡。2004 年 6 月 29 日，孙大年以通力厂排污导致其鱼大量死亡为由向新沂市人民法院起诉，要求通力厂赔偿损失 113 900 元及鉴定费 1000 元。

[法律解析]

江苏省新沂市人民法院经审理认为，孙大年诉称废水造成鱼死亡，虽举出一系列证人出庭作证，但证人只是泛泛证明了通力厂排

放的废水通过闸门渗漏到排水沟内，且证人均居住在通力厂周围，不同程度受到厂子影响，其证言具有一定的倾向性，不能作为定案依据；审理中孙大年亦未能举证证实其鱼死亡的真实原因。至诉讼时，死鱼已不存在，致使无法查清鱼死的真实原因，因而要求通力厂提供证据证实其行为与孙大年损害结果之间不存在因果关系已不可能。判决驳回原告的诉讼请求。

［援引法条］

《民事诉讼法》第六十四条规定：当事人对自己提出的主张，有责任提供证据。

无举证的排污行为可以适用推定

［案例］

原告陈某系种植户。2006年5月，原告繁育的秧苗出现死亡现象。经相关部门实地勘察后排除了病虫害的可能。原告认为造成秧苗死亡的原因是用了被污染的河水进行了灌溉。为此，原告将与河相邻七家钢丝绳生产企业列为被告，诉至法院，要求七被告赔偿损失。但在诉讼过程中，原告未能举证证明各被告存在排污的行为，其主张河水受到污染是不争事实，而唯一的原因就是这几家排污企业所致，因此，对于各被告的排污行为无须举证，完全可以适用推定。

［法律解析］

侵权民事责任的构成要件一般均为四要件，即侵权行为、过错、损害结果及行为与损害结果之间的因果关系。由于环境污染侵权民事责任属于无过错责任,因此其民事责任的构成要件仅为污染环境的行为、损害结果及污染环境的行为与损害结果之间的因果关系。就一般侵权诉讼而言,受害人负有就民事责任的构成要件承担举证责任。但作为环境污染侵权纠纷而言,由于环境污染侵权极其复杂且受害人一般处于弱势地位,受害人的举证能力有限等因素,往往产生因果关系的举证不充分,难以追究侵权人的民事责任,不能充分保护受害人的合法权益的现象。为此,最高人民法院《关于民事诉讼证据的若干规定》规定,因环境污染引起的损害赔偿诉讼,由加害人就法律规定的免责事由及其行为与损害结果之间不存在因果关系承担举证责任。

[援引法条]

《最高人民法院关于民事诉讼证据的若干规定》规定:因环境污染引起的损害赔偿诉讼,由加害人就法律规定的免责事由及其行为与损害结果之间不存在因果关系承担举证责任。

排出的废水造成鱼类大量死亡被判赔偿

[案例]

广西大新县渔业协会利江河响水河段网箱养殖示范基地位于大新县桃城镇西北部利江河段。原告孔庆聂于2005年12月取得水域滩涂养殖使用证,使用期限均为2005年10月30日至2015年10月30日。2008年10月20日该河段网箱养殖示范基地被认定为广西壮族自治区无公害农产品产地。2009年1月23日上午8

时，大新县渔政监督管理站接到该基地养殖户黄坚报称网箱多种鱼类出现浮头大量死亡的现象。2月8日大新县环境保护局做出《关于利江河响水坝渔业污染事故的调查报告》，认为造成这次利江河响水坝网箱及自然鱼类死亡的主要原因是由于广西大新荟力淀粉有限公司将超标的洗木薯废水排入利江河，导致该河段河水水体缺氧，河中鱼类因缺氧而死亡。本案双方当事人争议焦点主要有：一是被告有无超标排污污染原告的养殖水域，二是被告的排污行为与原告的损失是否存在因果关系。

[法律解析]

大新县法院受理后，经主持双方进行调解无效，遂依照《中华人民共和国民法通则》第一百一十七条、第一百二十四条、《中华人民共和国环境保护法》第四十一条第一款、《中华人民共和国民事诉讼法》第六十四条、第一百二十八条、《最高人民法院关于适用＜中华人民共和国民事诉讼法＞若干问题的意见》第四条、《最高人民法院关于民事诉讼证据的若干规定》第四条第一款第（三）项之规定，判决被告广西大新荟力淀粉有限公司赔偿原告孔庆聂因本次渔业污染事故造成的经济损失计人民币93 771.90元；案件受理费2177元，由原告孔庆聂承担30元，被告广西大新荟力淀粉有限公司承担2147元。

[援引法条]

《民法通则》第一百二十四条规定：违反国家环境防止污染的规定，污染环境造成他人损害，应当依法承担民事责任。

商品房楼下水泵房噪声严重，房主状告开发商

[案例]

刘某购买了宏宇公司开发的一处住房，但没有想到的是，房屋地下一层竟是给全楼供水的水泵房。在室内无背景噪声、一组屏蔽管道泵运行的情况下，实测噪声值为 46.9 分贝。刘某遂将宏宇公司推上被告席，要求宏宇公司退房并赔偿精神损害费等合计 40 多万元。目前国家和地方没有室内环境噪声检测方法和标准，但依照"城市区域环境噪声标准"，不得不在室内测量时，室内噪声限值应低于所在区域标准 10 分贝，即不得超过 35 分贝。

[法律解析]

法院判决认为，按照国家标准城市区域环境噪声标准所确定的范围，刘某一家所居住的小区属于以居住为主的区域，夜间环境噪声标准值应适用一类标准即不超过 45 分贝。根据环境保护监测站的监测结果，被告水泵运转所产生的噪声高于国家标准中城市区域环境噪声相应标准，故被告的侵权行为成立，其作为噪声污染的加害人应向原告承担相应民事责任。遂判决宏宇公司赔偿刘某一家精神损害抚慰金 6 万元，并赔偿监测费 325 元。

[援引法条]

《中华人民共和国城市区域环境噪声标准》规定：城市 1 类标准夜间最高限值 45 分贝，适用于以居住、文教机关为主的区域。乡村居住环境可参照执行该类标准。

生活污水排放鱼塘,原被告双方和解

[案例]

1997年,徐立江承包了河南省渑池县城关镇东关村徐家寨水库进行渔业养殖,承包期限20年。1998年渑池县教培中心搬迁至渑池县城北新校址,经渑池县城建部门规划施工,将生活污水排入原告徐立江承包的水库中,给水质造成了一定的污染。经原告徐立江反映,渑池县水利局渔政站出面调解,徐立江与渑池县教培中心于1998年11月9日达成协议,渑池县教培中心一次性补偿徐立江养鱼损失20 000元,徐立江允许渑池县教培中心在其承包水库其间(至2016年)向水库中排放生活污水,并保证无纠纷发生。随着时间的推移,渑池县教培中心生活污水的排放量也较以前增加了许多,导致原告徐立江1999年至2000年投放的50 000尾鱼苗全部死亡。2002年3月,原告徐立江向人民法院提起诉讼,要求判令被告渑池县教培中心改变污水水路,消除污染源,赔偿经济损失10万元。被告认为,学校的排污管道是由政府城建部门规划设计后铺设的,并且对原告的损失已经进行了补偿,原告也通过协议同意被告向其承包的水库中排放生活污水。

[法律解析]

经法庭调解,原告徐立江与被告协商一致,达成和解协议。2004年1月12日,原告向渑池县人民法院申请撤诉,渑池县人民法院经审查后认为,撤诉是原告享有的诉讼权利,其不要求法院对其与被告之间的民事争议做出裁判,符合自愿处分原则,应当准许。

[援引法条]

《民事诉讼法》第一百七十三条规定：第二审人民法院判决宣告前，上诉人申请撤回上诉的，是否准许，由第二审人民法院裁定。

城市排污管道破裂污染鱼塘谁担责

[案例]

2003年12月20日，养殖户郑涛发现自己承包的鱼塘出现冬季鱼浮头并有鱼死亡。经查系城市排污管道破裂，污水改道进入鱼塘所致。于是，郑涛向当地法院起诉，要求当地市政公司赔偿所有损失39 992元。一审法院经审理认为，原告虽有损害的事实，但对赔偿的具体数额没有确实证据予以证实，无法确定赔偿额。故判决驳回原告诉讼请求。郑涛不服提起上诉。

[法律解析]

二审法院认为：当地市政公司负责对辖区内的污水排放进行管理，因其排污管道破裂，给他人造成损害，应负赔偿责任。郑涛在鱼塘被污染后，申请当地渔政监督管理站对鱼塘污染进行勘验，并按当地同等塘口平均产量平均价值予以估算损失，具有客观真实性，市政公司没有相反证据予以否定，一审法院不予采信该份证据不妥，应予纠正。关于郑涛索赔二次损失7000元，在未彻底解决鱼塘污染的情况下，因其盲目购进鱼苗放养，造成的损失应自己承担。2004年10月26日，二审法院终审改判：撤销原判，市政公司10日内赔偿郑涛鱼塘损失32 992元。

[援引法条]

《民法通则》第一百二十四条规定：违反国家环境防止污染的规定，污染环境造成他人损害，应当依法承担民事责任。

村民因广播喇叭噪声状告村委会

[案例]

2000年8月，某村村民委员会为解决该村近百户村民提出的因听不到广播，生产、生活不便的实际困难，在原告周某房前约40米处安装一25瓦广播喇叭，并于每日晨7时至7时30分转播中央新闻，中午11时30分至11时45分转播区级新闻，晚17时30分至18时30分转播区级新闻和镇级广播节目，并根据不同生产季节和工作需要，临时安排村级广播与通知。2002年7月，原告自行委托区环境保护监测站进行噪声监测，监测结果为：测点1昼间73.5DB，测点2昼间73.6DB，超出国家规定标准。原告起诉至法院，要求被告停止侵害，拆除广播喇叭，并赔偿对其造成的相关损失。本案的法律关系简单，争议的核心问题主要在于农村广播到底应否列为噪声污染。

[法律解析]

针对本案，被告在原告家房前40米处安放广播喇叭，广播的音量超出国家规定的标准，影响了原告的正常生产、生活，可以认定被告播放的广播属于噪声污染。根据民法通则及环境噪声污染防治法的规定，关于环境污染损害实行无过失责任。

[援引法条]

《最高人民法院关于民事诉讼证据的若干规定》规定：因环境污染引起的损害赔偿诉讼，由加害人就法律规定的免责事由及其行为与损害结果之间不存在因果关系承担举证责任。

饭店在居宅的墙壁上打烟洞被起诉

[案例]

60多岁的原告王老太太通过按揭贷款14万元，在郑州市郊的一个小区购得一处由物业公司建的楼房。然而，物业公司私自同意相邻的饭店老板于向权，在王老太太家的墙壁上打烟洞，将自己饭店的油烟从王老太太那栋楼的烟囱排出。这样，本来饭店每天炒菜的油烟就大，再加上店内又装两台鼓风机天天猛吹，致使王老太太家里不仅到处充满了有毒的油烟，而且，新房的客厅、窗户都被油烟熏得没了眉眼。为此，王老太太向辖区的郑州高新区法院递上了起诉状，要求上述物业公司和饭店老板于向权赔偿给自己造成的损失。被告于向权为了推脱责任，说自己在王老太太家墙上打烟洞没有错，理由是经过物业公司同意的。

[法律解析]

郑州高新区法院的办案法官认真进行了审理，并多次到现场和有关部门调查取证，最终在确定原告王老太太诉讼理由成立的情况下，为了和解双方当事人多天来所积聚的怨气，达到打官司不伤感情的目的，又从社会安定、邻里友情等方面数遍对当事人说服开导，终于使双方达成协议，被告于向权于2005年4月15日前支付原告王老太太赔偿款3000元,其他损失原告自行负担,此后,原被告双方不再为此问题发生任何纠纷。

[援引法条]

《民法通则》第一百二十四条规定:违反国家环境防止污染的规定,污染环境造成他人损害,应当依法承担民事责任。

村民长期饮用矿井水砷中毒,状告化工企业

[案例]

辰溪县板桥乡中溪村居民长期饮用杉木硒矿井水,自2008年1月先后不同程度地出现头晕、口渴、恶心、四肢乏力等症状并入院治疗。经卫生部门专家组鉴定,结合患者流行病史、临床症状和尿砷检查,确认有90人为砷中毒。中毒事件发生后,怀化市环保局做出了《关于辰溪县板桥乡地下水受污染导致村民砷中毒事件污染源确认报告》,其分析结论为:金利公司自2007年12月2日至2008年1月9日期间,从柳州市分批购入硫铁矿用于生产,经监测化验,样品矿粉的砷含量达4.21%。金利公司既未对购入矿石砷含量进行分析化验,也未正常使用污染防治设施,任由大量含砷废水排入外环境。辰溪县人民检察院起诉指控被告人怀化金利化工有限公司及其负责人李德成、向先周、张绪锦、侯周琪、李德玖、朱建鸿犯重大环境污染事故罪,于2008年10月20日向辰溪县人民法院提起公诉。

[法律解析]

湖南省辰溪县人民法院审理认为,被告人怀化金利化工有限公

司在未办理安监环保手续的情况下违法组织生产,造成重大环境污染事故,致使公私财产遭受重大损失,他人身体受到危害,其行为构成重大环境污染事故罪。据此,法院判被告人怀化金利化工有限公司犯重大环境污染事故罪,判处罚金人民币60万元;同时分别判处6名被告人3年(缓刑3年)至6年有期徒刑及3万至6万元罚金。

[援引法条]

《刑法》第三十一条规定:单位犯罪的,对单位判处罚金,并对其直接负责的主管人员和其他直接责任人员判处刑罚。

外轮进港撞船,造成所载有毒物质污染海域,责任如何认定

[案例]

韩国籍"春木一号"轮(M/VNO.1CHUNGMU),于1995年3月4日装载3865.508K/L液体化学品苯乙烯单体从韩国DEASAN港开出,抵达中国湛江港第2号引水锚地后,3月9日6时20分,该轮船长与引水员在VHF通话后,在没有引水员引航的情况下自航进港。7时零8分,"春木一号"轮左舷第二货舱与"昌通一号"轮正艏呈60°角碰撞,导致第二货舱水下舷板破裂,约209.108吨苯乙烯液体泄漏入海。

1996年8月13日,韩国租赁发展有限公司向广州海事法院提出海事赔偿责任限制申请,请求准予其依照《中华人民共和国海商法》第二百零四条、第二百零七条的规定,对"春木一号"轮因碰撞造成所载有毒物质污染海域的损害赔偿责任限制在

348 863 元内。

[法律解析]

广州海事法院经审查认为：本案污染损害事故发生在我国湛江港海域，故应当适用我国法律。"春木一号"轮在严重不适航的情况下，违规冒险进港，构成了《中华人民共和国海商法》第二百零九条规定的明知可能造成损失而轻率地作为，以致酿成船舶碰撞有毒物质污染损害的严重事故。因此，申请人无权依照《中华人民共和国海商法》第二百零七条、第二百零八条的规定限制赔偿责任。申请人的海事赔偿责任限制申请理由不成立，应予驳回。

[援引法条]

《中华人民共和国船舶装载危险货物监督管理规则》第二十条规定：装载危险货物的船舶，须严格遵守港口规章和避碰规则，在气候恶劣、能见度不良或认为不能确保航行安全的情况下，不应进出港口，靠离码头。

《中华人民共和国对外国籍船舶管理规则》规定：外国船舶应在引航锚地等候引水员上船，在引航锚地以内水域不准外轮无引水员引领下航行。

住宅旁边修铁路，居民状告铁路局

[案例]

原告张尚成诉称：2005 年 12 月起，三被告在与原告住宅相邻的土地上修筑铁路路基，三被告为了省钱，路基与原告住宅距离 7 米，且将大桥路基抬高 2 米多，使原告住宅处于低洼，又无防水措施,每逢下雨,大水从桥上全部流入原告住宅,使原告11间房屋地基下沉出现裂缝,墙体松动,成为危房,由于被告在施工中堆土,致使原告住宅被盗。通车后,列车行驶产生的震动噪声很大,达到60分贝,再加上电气化铁路电磁波干扰,致使原告的手机和电视机无法正常使用,铁路路基又影响其采光,使原告及家人的精神受到了极大的痛苦,诉至法院要求赔偿各种损失152 000余元。村民住宅与电气化铁路线路安全保护区相邻,列车行车噪声及电磁辐射污染客观存在,但铁路运输企业是否应承担赔偿责任?

[法律解析]

法院开庭审理后认为,原告住宅与铁路安全保护区相邻,列车行车噪声及电磁辐射客观存在,但没有超过国家规定的限值,没有达到损害赔偿的程度,故对原告请求不予支持,驳回原告张尚成的诉讼请求。

[援引法条]

根据中华人民共和国城市区域环境噪声标准、国家关于《铁路边界噪声值及其测量办法》、中华人民共和国环境保护部2008年第38号公告关于《铁路边界噪声值及其测量办法修改方案》等法规的相关规定。

京石高速公路噪声扰民,居民状告公路局

[案例]

1992年11月,王某与拆迁人北京市综合投资公司(下称投资公司)签订拆迁安置协议,约定安置其到丰台区六里桥10号院7号楼居住。1994年5月，王某入住后发现该楼邻近京石高速公路，噪声污染十分严重，日常生活和学习受到严重干扰。王某多次要求解决噪声污染问题，均没有结果。为此，王某于2000年8月向法院提起诉讼，请求判令投资公司、北京市公路局（下称公路局）、北京市首都公路发展有限公司（下称发展公司）限期采取减轻噪声污染的措施，将住房内噪声值降低到标准值以下，赔偿从入住以来的噪声扰民补偿费每月60元，总计4500元。被告投资公司辩称，10号院的规划、设计、施工均履行了法定手续。房屋竣工后，经过了丰台区建设工程质量监督站的验收，符合交付使用条件。

[法律解析]

法院审理后认为，投资公司在开发建设7号楼时，京石高速公路已通车数年，该公司有关建楼规划手续虽符合当时规定，但并不能免除该公司对噪声污染进行治理的责任，故投资公司在治理和改善住户居住条件的问题上应承担主要责任。判决如下：一、投资公司在2个月内为原告居住的住房南侧大间、门厅及阳台安装隔声窗（双层），将住房的室内噪声降到昼间60分贝以下，夜间45分贝以下；二、投资公司、发展公司赔偿王某所受噪声污染损失每月60元，其中，投资公司负担50元，发展公司负担10元，自1994年5月起到住房安装隔声窗之月止。

[援引法条]

国家《城市区域环境噪声标准》规定：环境噪声最高限值昼间为70分贝、夜间为55分贝。

运输途中液氨泄露致损该由谁担责

[案例]

2003年11月9日,赵金华在温岭市泽国镇樟王村废旧物资调剂市场,向蔡正德(无危险化学品经营许可证)购买其存放在该市场出售的液氨,双方约定每吨2000元,货运到地(路桥化工市场)后场地费、运费、货款一并付清。尔后,狄宝富将一个液氨瓶交付给张冬生(无危险化学品运输资质和上岗资格证)承运。中午12时许,张冬生驾驶拖拉机途径峰江街道过网桥村时,液氨大量泄露,造成钟永桂等多人中毒。2004年2月9日,钟永桂以赵金华、蔡正德、张冬生为共同被告,向法院提起诉讼,请求三被告共同赔偿医疗费、误工费、住院伙食补助费损失8234.35元。被告赵金华辩称:他与被告蔡正德之间的液氨买卖合同,口头约定货运到地后付款,液氨运输途中发生泄露,当时所有权尚未发生转移,其风险责任应由被告蔡正德承担。

[法律解析]

法院审理后认为,事故发生时液氨所有权尚未转移,其风险责任应由被告蔡正德承担。由于本案不构成共同侵权,原告要求三被告共同赔偿的诉讼请求,本院不予支持。据此,法院做出如下判决:一、被告蔡正德于判决发生法律效力之日起10日内,赔偿原告钟永桂医疗费、住院伙食补助费合计6375.83元。二、驳回原告钟永桂的其他诉讼请求。

[援引法条]

《民法通则》第一百二十四条规定：违反国家保护环境防止污染的规定，污染环境造成他人损害的，应当依法承担民事责任。

《大气污染防治法》第六十二条规定：造成大气污染危害的单位，有责任排除危害，并对直接遭受损失的单位或者个人赔偿损失。

符合国家标准排污，造成污染也要承担责任

[案例]

原告自实行农业生产责任制以来，先后在其房前开挖水塘养鱼，屋后垦荒种植柑橘，在房屋周边散乱栽种有其他果树和经济林木，另有粮田、菜园和饲料地，基本沿用传统生产模式。因原告住房与二被告的生产车间（主要生产黄磷、五钠等化工产品）仅一墙之隔，长期受到二被告排放的废气、废液、粉尘的影响，原告正常种植、养殖业生产受到了不同程度的损害。原告起诉远安原宜化工有限责任公司要求赔偿其经济损失。本案所涉及的是环境污染损害赔偿责任问题，其焦点是环境污染损害赔偿责任的构成，损害事实的确认及二被告是否系共同侵权。

[法律解析]

环境污染损害赔偿责任是一种特殊侵权行为的民事责任，适用无过错责任原则。无过错责任原则是指无论行为人有没有过错，只要法律规定应当承担民事责任，行为人即应对其行为造成的损害承担责任，受害人无须就加害人的过错举证，也不必推定加害人过错，加害人也不得以其没有过错为由抗辩。法院判决被告远安原宜化工有限责任公司赔偿原告聂元祖经济损失72 582.97元；判决被告宜昌远安化工有限公司赔偿原告聂元祖经济损失4033.79元；判决被告公司停止对原告聂元祖的污染侵害；判决驳回原告聂元祖其他诉讼请求。

[援引法条]

《中华人民共和国环境保护法》第四十一条规定：造成环境污染危害的，有责任排除危害，并对直接受到损害的单位或者个人赔偿损失。赔偿责任和赔偿金额的纠纷，可以根据当事人的请求，由环境保护行政主管部门或者其他依照法律规定行使环境监督管理权的部门处理；当事人对处理决定不服的，可以向人民法院起诉。当事人也可以直接向人民法院起诉。